"十二五"高等职业教育系列规划教材

U0685378

推销技能

刘 宁 张凤英 主 编

杨秀丽 王 悦 孟 璐 肖春丹 副主编

刘 璇 郭宏宣 主 审

中国铁道出版社
CHINA RAILWAY PUBLISHING HOUSE

图书在版编目(CIP)数据

推销技能/刘宁,张凤英主编. —北京:中国铁道
出版社,2012.9
"十二五"高等职业教育系列规划教材
ISBN 978-7-113-15217-8

Ⅰ.①推… Ⅱ.①刘…②张… Ⅲ.①推销—高等职业
教育—教材 Ⅳ.①F713.3

中国版本图书馆 CIP 数据核字(2012)第 197775 号

书 名:"十二五"高等职业教育系列规划教材
　　　　推销技能
作 者:刘宁 张凤英 主编

策 划:夏 伟　　　　　　　　　　读者热线:400-668-0820
责任编辑:夏 伟 贾淑媛　　　　　　特邀编辑:李新承
封面设计:刘 颖
责任校对:张玉华
责任印制:李 佳

出版发行:中国铁道出版社(100054,北京市西城区右安门西街 8 号)
网　　址:http://www.51eds.com
印　　刷:北京市昌平开拓印刷厂
版　　次:2012 年 9 月第 1 版　　2012 年 9 月第 1 次印刷
开　　本:787 mm×1 092 mm　1/16　印张:12.75　字数:300 千
印　　数:1～4 000 册
书　　号:ISBN 978-7-113-15217-8
定　　价:28.00 元

"十二五"高等职业教育系列规划教材编审委员会

总　序

《国家中长期教育改革和发展规划纲要(2010—2020 年)》指出："职业教育要面向人人、面向社会,着力培养学生的职业道德、职业技能和就业创业能力。把提高质量作为重点。以服务为宗旨,以就业为导向,推进教育教学改革。实行工学结合、校企合作、顶岗实习的人才培养模式";《教育部关于推进高等职业教育改革创新　引领职业教育科学发展的若干意见》指出："推行'双证书'"制度,实现专业课程内容与职业标准对接;引入企业新技术、新工艺,校企合作共同开发专业课程和教学资源;继续推行任务驱动、项目导向等学做一体的教学模式"等等,都对职业教育教学改革提出了新的更高的要求。

为深入贯彻落实《国家中长期教育改革和发展规划纲要(2010—2020 年)》及《教育部关于全面提高高等职业教育教学质量的若干意见》、《教育部、财政部关于实施国家示范性高等职业院校建设计划　加快高等职业教育改革与发展的意见》、《教育部关于推进高等职业教育改革创新　引领职业教育科学发展的若干意见》等有关文件精神,有效促进和提高高职高专院校转变教育教学理念,推进教育教学改革,加快专业和课程建设,提升专业办学质量,突出专业办学特色,交流先进的教育教学经验,展示专业及课改成果,开展教学资源合作共享,黑龙江省高职高专教育财经类专业教学指导委员会与中国铁道出版社联合策划了"'十二五'高等职业教育系列规划教材"编写出版项目。根据黑龙江省高职高专财经大类专业开设情况与办学特点,组织编写了涵盖财务会计类、市场营销类、工商管理类三个二级专业类若干门核心课程的立体化精品教材。

本套教材在选题策划时期按照"五化"教材建设模式和"146"教材开发路径进行了教材编写思想与形式的创新。"五化"即人才培养职业化、课程项目工作化、教学情境一体化、课程教学行动化、课程评价多元化。"146"教材开发路径即一条途径:校企合作;4 个对接:教材内容与职业标准、教学过程与生产过程、学历证书与职业资格证书、职业教育与终身教育的对接;6 个步骤:在教材具体编写过程中,各位作者严格按照校企合作组建团队、企业调研、分析典型工作任务、开发工作过程导向教材、实施行动导向教学、过程和多元考核评价等对教学需要和教材内容进行了有机的匹配。教材按照制定编写规划、深入企业调研、确定典型工作任务、构建工作过程导向的课程体系、组建校企合作教材开发团队、专兼结合团队开发课程标准与教材内容及相应的资源等步骤规范开发，具有较强的针对性和实用性，能够有效解决教材与人才培养实际要求相脱节的问题，有利于培养学生的综合职业能力，促进人才培养质量的提高。

本系列规划教材的编写体例具有较大的创新性，根据不同课程特点和教学需要，采取多种不同的内容与结构表现形式，具有较强的灵活性和针对性，可以满足不同院校教学的需要。

本套教材的编写得到了教育部高职高专工商管理类教学指导委员会电子商务与物流分委会、黑龙江省高职高专财经类专业教学指导委员会的大力支持，多位国内知名的职教专家与教学名师对本套教材体系构架和教材编写模式以及部分课程教材编写大纲论证提出了很好的建议，对此我们深表谢意。同时，也希望一切关注高职教育发展和特色教材开发的同仁，能够共同关注本套教材的应用，希望本套教材能够得到广大教师和学生的认可和赞同。

"十二五"高等职业教育系列规划教材编审委员会

2012 年 1 月

前言

推销技能 *Preface*

本教材突出了高职高专职业教育的特色要求,体现了"以全面素质为基础,以就业为导向,以能力为本位,以学生为主体"的职业教育课程改革指导思想,将"适度、够用"的完整理论体系与体现工作过程的专业技能训练结合在一起,将关注重点放在实务操作与技能培养方面,按照学生的学习心理规律设置教材结构,通过设置一个独立完整的工作任务,设立任务目标、要求、完成步骤和任务评估标准等内容,并穿插了大量的案例分析、技能训练、实训练习、营销小故事和营销人物介绍等环节,实现以下编写目标:①理论与实践的高度融合;②高效实用的高职教育特色教材;③轻松愉快的阅读体验。本书紧密围绕企业市场销售行为的典型职业活动,将市场销售知识的内容根据学生的心理认识规律,按照工作过程的逻辑展开,强调具备市场营销推销工作从业能力所必需的基本职业技能的训练,以及与之紧密相关的知识阐述,强调规范、价值和事实的主导作用,同时力求理论体系的逻辑完整性,突出教材的实用性、真实性、完整性、新颖性和职业性,体现以下高职教育特色:

(1)适用对象为高职高专经管类专业学生、成人高等教育对象及中基层管理者。

(2)围绕实际工作需要,通过设置一个独立完整的工作任务,设立任务目标、任务完成步骤等内容,体现以工作过程为导向、以学生综合职业素质培养为目标的高职高专教材要求。

(3)书中穿插了大量的案例分析、销售小故事和营销人物介绍等内容,在增加趣味性的同时,帮助学生更多地理解市场销售理论的相关知识,实现轻松愉快的阅读体验。

(4)按照学习的心理规律,在每个完整任务的框架下,设置分节的小练习项目,帮助学生更加轻松、扎实地完成市场营销基础理论的学习。

(5)理论知识内容结合职业资格证考核理论知识点,指导学生考取职业资格证书。

本教材共分为两部分,第一部分为推销准备,包括2个项目:推销人员的基本素质和推销人员的自我推销技能。第二部分为推销实务,包括10个项目:推销信息收集与整理、有效产品展示、寻找目标顾客、接近目标顾客、顾客沟通、异议处理、促成交易的技巧、售后服务与客户维护技巧、推销团队,以及买卖合同的签订等内容。本书具有较强的实用价值,不但适合经济管理类高职高专学生作为教材使用,对中基层管理者及其他对企业市场营销工作感兴趣的人来说也是一本很好的参考书。

本书由黑龙江省职业学院的刘宁和张凤英主编;哈尔滨师范大学的杨秀丽、黑龙江省职业学院的王悦、孟璐和肖春丹任副主编;黑龙江省职业学院的刘璇和郭宏宣任主审。具体编写分工如下:刘宁和郭宏宣统稿;刘宁编写第二部分项目四;郭宏宣编写第一部分项目一,第二部分项目五、项目六;杨秀丽编写第二部分项目九、项目十、项目十二;王悦编写第二部分项目三、项目七、项目八;孟璐编写第一部分项目二、第二部分项目十一。

本书在编写和出版过程中得到了中国铁道出版社的大力支持与帮助,同时借鉴了同行专家们的许多文献和研究成果,在此一并表示由衷的感谢!

　　由于编者水平有限,加之编写时间仓促,书中难免存在一些疏漏和不足之处,恳请广大读者批评指正。

编　者

目录 *Contents*

推销技能

第一部分

推销准备

项目一　推销人员的基本素质

学习指南

【任务目标】

◎**态度目标**

1. 正确认识推销岗位,忠实履行推销人员的岗位职责。

2. 培养按计划安排开展工作的习惯。

3. 养成推销人员应具备的基本素质。

◎**技能目标**

1. 能够进行自我情绪管理。

2. 能够制订切实可行的推销工作计划,并根据实际情况对计划进行调整。

◎**专业知识目标**

1. 掌握自我情绪管理的方法。

2. 掌握工作计划制订的方法。

【任务完成步骤】

推销人员的岗位职责 ⟹ 推销人员的情绪管理 ⟹ 制订推销工作计划

任务一　推销人员的岗位职责

任务说明

　　岗位职责是指根据法人或者其他组织的规定,员工所在岗位的工作任务和责任范围。推销人员走上工作岗位的第一步便是明确其岗位职责。对于推销人员来说,其首要职责当然是向顾客销售企业生产的产品,但是销售产品远远不是推销人员工作的全部。推销人员是推销活动的主体,是企业与顾客联系的桥梁和纽带,既要对企业负责,又要对顾客负责。推销人员活跃在商品领域的各个方面和各个环节,虽然其推销对象和工作特点有所不同,但是都承担着一系列相同的基本职责。

任务指导

一、搜集信息

推销人员是企业和市场、企业和顾客之间的桥梁与纽带，容易获取产品的需求动态、竞争者的状况，以及顾客的意见等方面的重要信息。及时地获取与反馈这些信息是推销人员的一项重要职责，这不仅可以为企业制定正确的营销战略提供可靠的依据，而且有助于推销人员提高自身的业务能力。因此，推销人员要自觉地充当企业的信息收集员，深入到市场与顾客当中，在销售商品和为顾客提供服务的同时，有意识地了解并搜集市场信息。

推销人员在搜集信息时要做好以下几项工作：

（1）寻找与确定目标市场，即寻找并确定哪个地区、哪部分人是企业产品目前的需求者或未来潜在的购买者。

（2）估算目标市场的容量和可以达到的销售额。市场容量是指某具体的目标市场可能达到的最大销售额（或销售量）。市场容量的大小与目标市场中人口的多少、购买力的大小和购买欲望的强弱有关。

（3）了解目标市场需求的特点。为了更好地进行市场营销决策及开展推销活动，推销人员还应详细了解消费者的需求现状及变化趋势，他们对产品的具体意见和要求，以及对企业销售政策和售后服务的反应等具体情况，以便为企业有针对性地制定市场营销策略提供可靠依据，也为自己的推销工作提供决策依据。

（4）为企业市场营销决策当好参谋。推销人员应根据自己所了解的目标市场的需求特点，提出关于开拓市场的建议。首先，为企业生产适合目标市场需求的产品提出建议；其次，就产品如何定价、如何选择分销渠道等提出建议，参与企业的整体营销决策。

（5）了解同类产品现有竞争者的状况。推销人员既要了解竞争者的产品有什么特性，缺乏什么特性，以及哪些特性优于自己的产品，也要了解竞争者的营销战略、营销策略、营销手段、网点分布和客户状况等。

【案例1.1】

苹果公司开发的 Power Book 笔记本式计算机获得的巨大成功，是和它的推销人员密不可分的。苹果公司的第一台重达17磅的便携式计算机 Mac 在市场上失败以后，推销人员被派去观察那些使用竞争者笔记本式计算机的客户。他们注意到竞争者的产品体积更小，人们在飞机上、汽车里、家里甚至床上都可以使用，于是他们得出结论：人们真正想要的并不是小型计算机，而是可以移动的计算机，价格只是其中的一个方面。此外，推销人员还注意到，乘坐飞机的计算机用户需要一块平面移动鼠标，需要一处地方放置他们的双手。因此，Power Book 就有了两个显著的特点：跟踪球指示器及可以将手放在其上的键盘。根据推销人员提供的信息所做出的这些改变，使 Power Book 系列产品更便于使用，特点更明显。

（案例来源：作者根据相关资料整理）

二、协调沟通

推销人员运用各种管理手段和人际交往手段，建立、维护和发展与潜在顾客及老顾客之间的业务关系和人际关系，以便获得更多的销售机会，扩大企业产品的市场份额，这也是推销人

员的重要职责。

推销人员将产品推销出去,并不是推销工作的结束。顾客购买商品并使用后,会有一定的评价。这些评价会直接关系到企业及产品的声誉,以及企业及产品的市场生命。推销人员必须继续保持与顾客的联系,尽善尽美地为其提供售后服务,还可定期访问,进行节日问候,保持牢固的产销渠道,而且还要千方百计地发展新的关系,吸收并说服潜在顾客购买本企业的产品,不断开拓新市场,扩大企业的市场范围。推销成功后,能否保持和重视与顾客的联系,是关系推销活动能否持续发展的关键。推销人员在协调关系时应做好以下几方面的工作:

(1)确定主要客户的名单,建立顾客档案。

(2)根据计划与顾客进行沟通。

(3)对推销人员定期进行检查和评估。

三、销售产品

将企业生产的商品,从生产者手中转移到消费者手中,满足消费者的需要,为企业再生产和扩大再生产创造条件,是推销人员最基本的职责,也是推销工作的核心。

四、提供服务

商品推销活动本身就是为顾客提供服务的过程。"一切以服务为宗旨"是现代推销活动的出发点和立足点。推销人员不仅要为顾客提供满意的商品,更重要的是为顾客提供各种周到和完善的服务。未来企业的竞争日趋集中在非价格因素上,非价格竞争的主要内容就是服务。在市场竞争日益激烈的情况下,服务往往成为能否完成销售目标的关键因素。

推销人员所提供的服务包括售前、售中和售后服务。

1. 售前服务

售前服务是指在正式推销工作之前为潜在顾客所提供的服务。只有做好推销前的服务工作,推销才有成功的可能性。推销前的服务工作是指在商品未售出之前进行的一系列准备工作,它主要包括调查并了解顾客的需要情况,为顾客提供必要的产品样本和使用说明书,为顾客的购买提供必要的咨询服务等。推销前的服务是成功推销的前提,是达成交易的基础。

【案例 1. 2】

美国的孩之宝公司为了在中国市场上推销"孩之宝"变形金刚,曾进行了长达一年多的市场调查,并得出结论:变形金刚这种玩具虽然价格高,但中国独生子女非常多,父母舍得投资,这种玩具在中国的大城市会有广阔的市场。于是孩之宝公司先将一套《变形金刚》系列动画片无偿地赠送给广州、上海和北京等大城市的电视台播放。该电视动画片便成了不花钱的广告。《变形金刚》中充满工业社会的智慧、热情和幻想给孩子们带来了启迪和乐趣,在众多孩子的脑海中打下了深深的烙印。之后,《变形金刚》从荧屏上"下来了"。孩之宝公司将《变形金刚》投放到中国市场,孩子们简直像着了魔一样扑向商场和摊贩。从"金刚之役"中不难看到,孩之宝公司销售前细致的市场调查和巧妙的电视宣传为其产品的销售铺起了一条平坦的大道,达到了事半功倍的效果。

(案例来源:作者根据相关资料整理)

2. 售中服务

售中服务是指在推销商品的过程中,由公司或推销人员为顾客所提供的服务,主要为顾客在购买商品和运输方面提供方便条件。

售中服务主要包括为顾客提供运输、保管、装卸,以及融资、保险和运输等方面的帮助。售中服务是推销成功的关键,尤其是在产品差异和价格差别不大的情况下,顾客会选择那些能提供额外服务的厂家所生产的产品。

因此,推销人员只有做好推销过程中的服务工作,才能推销成功。一方面,顾客看重推销人员的服务精神。顾客在选择过程中,往往很重视推销人员的人品和公司信誉,真诚和信誉是顾客接受推销的首要条件。推销人员的服务精神和提供的服务项目最能说明推销人员的真诚与信誉。另一方面,顾客往往把能否提供所需的服务当做主要的洽谈条件。他们期望从推销人员所提供的服务中获得利益。

3. 售后服务

售后服务是指在完成销售后为顾客提供的各种服务,主要包括产品的安装、调试、维修、保养、人员培训、技术咨询、零配件的供应,以及各种保证或许诺的兑现等。任何顾客在购买商品后都会对购买决策进行总结。顾客总结时得出的结论,会对推销产生很大的影响。因此,只有搞好售后服务,消除顾客的不满意,强化顾客的满意,才能提高推销的知名度和美誉度,不断稳固老顾客,开发新顾客。

任务提示:在履行岗位职责时应该注意些什么?

(1)企业利益至上,推销人员的职责不仅仅是推销。

(2)信息的收集要做到全面、准确,并注意时效性。

(3)推销人员的终极目标是为顾客提供服务。

任务练习

练习项目:收集×××产品的市场信息(具体产品可以由教师与学生协商选择)

步骤1:将全部学生划分为若干小组,每组3~5人,明确小组内部分工。

步骤2:仔细分析选定产品,收集与产品相关的信息。

步骤3:小组讨论,指出该产品和同类产品比较的优劣。

步骤4:结合顾客需求,指出产品的改进方向。

步骤5:结合任务指导,完成产品信息调查分析报告。

步骤6:小组选派一名代表来展示产品信息调查分析报告。

步骤7:小组互评,师生讨论,教师鉴定。

任务二 推销人员的情绪管理

任务说明

情绪管理(Emotion Management)是指通过研究个体和群体对自身情绪和他人情绪的认

识、协调、引导、互动和控制，充分挖掘和培植个体和群体的情绪智商，培养驾驭情绪的能力，从而确保个体和群体保持良好的情绪状态，并由此产生良好的管理效果。丹尼尔·戈尔曼认为这是一种善于掌握自我，善于控制和调节情绪，对生活中矛盾和事件引起的反应能适可而止的排解，能以乐观的态度和幽默的情趣及时地缓解紧张的心理状态。从某种程度上来说，推销人员是在失败中寻找成功的机会，因此，如何克服失败带来的负面心理影响，如何有效地管理自己的情绪就变得至关重要。

任务指导

推销是一种很艰难的工作，它的另一个名词就是"拒绝"。拒绝会给人带来悲伤、挫折和失意等负面情绪。如果推销人员不能很好地控制自己的情绪，在遇到使自己情绪激动的场合时，便会失去理智，这对于推销工作极为不利。在推销工作中，常常有人会因为一时的冲动而失去一笔生意，甚至丢掉一个客户，与其事后懊悔莫及，不如事前未雨绸缪，学习控制自己的情绪，让嘴巴服从大脑的约束，而不要使大脑跟着嘴巴走。作为一名合格的推销人员，应切记不可以让自己的情绪激动，也不要随意发泄自己的不满，必须学会管理自己的情绪，时刻保持乐观而稳定的情绪，树立良好的职业形象。

一、学会容忍

成功的推销人员必须具备容忍他人的心理素质。例如，当推销人员面对顾客提出的过分要求时，面对态度暴躁的顾客时，面对挑三拣四甚至是"吹毛求疵"的顾客时，或者面对竞争对手为了超过你而采取的一些不正当手段时……在这种情况下，你能忍得住胸中渐渐升起的怒火吗？如果不能容忍，与顾客或同行的关系可能立即就会呈现出紧张状态。也许，为了一项业务的进行，为了一项协议的达成，为了在顾客心目中树立良好的形象，你已经花费了很多精力与时间，如今因为在个别环节上沉不住气，就此前功尽弃，这值得吗？回答当然是否定的，不能因小失大。

道理谁都明白，但是要想做到在负面情绪来临时控制住自己，冷静地进行处理，并不是想象中那么简单，这需要推销人员具有良好的自控能力，将情绪的变化牢牢地掌握在自己手中：痛苦时不可过分悲伤，高兴时不可乐极生悲，厌恶时不可任性挑剔，冷淡时不可幸灾乐祸。类似的忠告，推销人员应该在每天早晨开始工作前提醒自己，因为我们已清楚地意识到，情绪失去控制不仅会严重影响与顾客及周围人的关系，而且有害身体健康。

二、善于利用对方的情绪

人是情绪化的动物，顾客亦然。推销是一个信息传递和情绪的转变的过程。大部分顾客的购买策略是建立在情绪化的、感性的基础之上的。因此，推销人员在控制自己的情绪、不把不好的情绪传递给顾客的同时，还要学会利用对方的情绪控制对方，以便产生预期的推销结果。例如，通过仔细观察，能够从顾客的情绪中发现他的态度倾向，然后通过提示或者暗示，使顾客通过情绪的变化反映出他的态度倾向，或许看重价格，或许偏好质量，或许注重品牌……一旦推销人员发现了这些特殊态度之后，就可以想办法投其所好，有效地促成销售。

三、情绪管理的步骤与方法

1. 情绪管理的步骤

情绪管理的第一步就是要学会体察自己的情绪，也就是说，要时刻提醒自己注意："我现在的情绪是什么?"例如,当你因为朋友约会迟到而对他冷言冷语时,问问自己:"我为什么这么做? 我现在有什么感觉?"如果你察觉你已对朋友的屡次迟到感到生气,你就可以对自己的生气做更好的处理。有很多人认为:人不应该有情绪,所以不肯承认自己有负面的情绪。要知道,人是一定会有情绪的,压抑情绪反而会带来更不好的结果。所以,学着体察自己的情绪,是情绪管理的第一步。

情绪管理的第二步是选择适当的方式来表达自己的情绪。再以朋友约会迟到的例子来看,你之所以生气可能是因为他让你担心,在这种情况下,你可以婉转地告诉他:"你过了约定的时间还没到,我担心你在路上发生意外。"试着把"担心"的感觉传递给他,让他了解他的迟到会带给你什么感受,这就是适当的表达方式。什么是不适当的表达呢? 例如你指责他"每次约会都迟到,为什么都不考虑我的感觉"。当你指责对方时,也会引起他的负面情绪,他会变成一只刺猬,忙着防御外来的攻击,就不会站在你的立场为你着想,他的反应可能是:"路上塞车,有什么办法! 你以为我不想准时吗?"如此一来,两人的情绪都开始变坏,更别提什么愉快的约会了。如何"适当表达"情绪是一门艺术,需要用心去体会和揣摩,更重要的是,要确实用在工作与生活中。

情绪管理的第三步是以合宜的方式纾解情绪。纾解情绪的方法有很多:有些人会痛哭一场,有些人会找三五好友倾诉一番,还有些人会逛街、听音乐、散步或逼自己做些别的事情,以转移自己的注意力;比较糟糕的方式是喝酒、飙车,甚至自杀。不过,纾解情绪的目的在于给自己一个理清想法的机会,让自己心里舒服一些,也让自己更有能量去面对未来。如果纾解情绪的方式只是狂暴的发泄,过后可能需要承受更多的痛苦,便不是合宜的方式。有了不良情绪,要勇敢的面对,仔细思考,为什么会这样? 我应该怎么做,将来才不会再重蹈覆辙? 怎么做可以降低我的不愉快? 这么做会不会带来更大的伤害? 从这几个角度去选择适合自己且能有效纾解情绪的方式,你就能够控制情绪,而不是让情绪来控制你。

2. 情绪管理的方法

(1)心理暗示法。从心理学角度讲,就是个人通过语言、形象和想象等方式,对自身施加影响的心理过程。这个概念最初由法国医师库埃于1920年提出,他的名言是"我每天在各方面都变得越来越好"。例如,有一位推销高手,他每天见客户前,都要到洗手间,对着镜子,将一只手的大拇指与食指放进自己的口腔内,进行肌肉扩张,一边扩张一边大声说:"我是最棒的! 我是最好的!",目的就是培养自己的信心。

自我暗示分消极自我暗示与积极自我暗示。积极自我暗示可以在不知不觉中对自己的意志、心理甚至生理状态产生积极影响,令我们保持好的心情、乐观的情绪和自信心,从而调动人的内在因素,发挥主观能动性。而消极的自我暗示会强化我们个性中的弱点,唤醒我们潜藏在心灵深处的自卑、怯懦和嫉妒等,从而影响情绪。

与此同时,还可以利用语言的指导和暗示作用来调适和放松紧张的心理状态,使不良情绪得到缓解。心理学实验表明,当个人静坐,默默地说"勃然大怒"、"暴跳如雷"或"气死我了"等语句时心跳会加剧,呼吸也会加快,仿佛真的发起怒来;相反,如果默念"喜笑颜开"、"兴高采烈"或"把人乐坏了"等语句,那么他的心里也会产生一种乐滋滋的感觉。由此可见,语言既能唤起人们愉快的体验,也能唤起不愉快的体验;既能引起某种情绪反应,也能抑制某种情绪反应。因此,当在工作或者生活中遇到情绪问题时,我们应当充分利用语言的作用,用内部语言或书面语言对自身进行暗示,缓解不良情绪,保持心理平衡。例如,默想或用笔在纸上写出"冷静"、"三思而后行"、"制怒"或"镇定"等词语。实践证明,这种暗示对人的不良情绪和行为有奇

妙的影响和调控作用,既可以松弛过分紧张的情绪,又可以用来激励自己。

（2）注意力转移法。注意力转移法就是把注意力从引起不良情绪反应的刺激情境,转移到其他事物上去或从事其他活动的自我调节方法。当出现情绪不佳的情况时,要把注意力转移到使自己感兴趣的事上去,例如散步、看电影、读书、打球、下棋,以及找朋友聊天等,换个环境,将有助于使情绪平静下来。这种方法,一方面中止了不良刺激源的作用,防止不良情绪的继续发展;另一方面,通过参与新的活动,特别是自己感兴趣的活动而达到增进积极的情绪体验的目的。

【案例1.3】

著名歌唱家帕瓦罗蒂30岁那年的初夏,应邀来到法国的里昂参加一个演唱会。他提前一天赶到里昂,晚上就在歌剧院附近的一个小旅馆住了下来。由于旅途劳累,为了不影响第二天的演出,帕瓦罗蒂便提早睡了。没过多久,他就被隔壁房间传来的婴儿啼哭声吵醒了。他原以为孩子哭几声就停止了,可没想到,那个孩子好像专门和他作对似的,竟一直啼哭不止。帕瓦罗蒂用被子蒙住头,可那哭声仿佛是具有魔法的歌声,颇具穿透力,不停地在他耳畔萦绕,这怎能不让帕瓦罗蒂既着急又苦恼呢? 就这样大概足足折腾了半个多小时,他全无睡意,只好披着被子在房间内踱步,心中一次次祈祷孩子的哭声尽快停止。

可那孩子的哭声根本没有停止的意思,而且每一声都跟第一声一样洪亮,无奈之下,帕瓦罗蒂索性把孩子的哭声当做歌声来欣赏了,渐渐地竟佩服起那孩子来,因为想到自己唱歌唱到一个小时,嗓子就沙哑了,而这孩子的声音却依然洪亮。

如此一想,帕瓦罗蒂立刻兴奋起来,急忙回到床上,让耳朵紧贴墙壁,细心地倾听起来。他很快就有了不同寻常的发现:孩子的哭声哭到快破的临界点时,会把声音拉回来,这声音就不会破裂,这是孩子在用丹田发音而不是用喉咙。帕瓦罗蒂也开始学着用丹田发音,试着唱到最高点,保持第一声那样洪亮,就这样帕瓦罗蒂练了一个晚上。在第二天的演唱会上,他以饱满洪亮的声音征服了所有观众。

试想,如果当时帕瓦罗蒂一怒之下离开旅馆,或去找孩子的父母抱怨一顿,那么结果会是什么样子呢? 要是那样的话,也许世界上就不会出现一位那样优秀的"男高音",帕瓦罗蒂也许就不会有今天的辉煌,而他凭着对歌唱事业的执著和乐观向上的生活态度,在处于尴尬而又苦恼的境地时,没有抱怨,而是转移注意力,积极地进行思考,从而让他从孩子的啼哭声中梳理出了演唱的真谛,把不利的困境变成了成功的机遇。

（案例来源:作者根据相关资料整理）

（3）适度宣泄法。过分压抑只会使情绪困扰加重,而适度宣泄则可以把不良情绪释放出来,从而使紧张情绪得到缓解。因此,遇有不良情绪时,最简单的办法就是"宣泄"。宣泄一般是在背地里或在知心朋友中进行的,采取的形式或是使用过激的言辞抨击、谩骂或抱怨恼怒的对象;或是尽情地向至亲好友倾诉自己认为的不平和委屈等,一旦发泄完毕,心情也就随之平静下来;或是通过体育运动、劳动等方式来尽情发泄;或是到空旷的山林原野,虚拟一个目标大声叫骂,发泄胸中怨气。必须指出,在采取宣泄法来调节自己的不良情绪时,必须增强自制力,不要随便发泄不满或者不愉快的情绪,要采取正确的方式,选择适当的场合和对象,以免引起意想不到的不良后果。

（4）自我安慰法。自我安慰法也就是鲁迅先生笔下阿Q的"精神胜利法"。当一个人遇有不幸或挫折时,为了避免精神上的痛苦或不安,可以找出一种合乎内心需要的理由来说明或辩解。例如，为失败寻找一个冠冕堂皇的理由，用以安慰自己，或寻找理由强调自己所有的东西都是好的，以此冲淡内心的不安与痛苦。这种方法对于帮助人们在巨大的挫折面前接受现实，保护自己，避免精神崩溃是很有益处的。因此，当人们遇到情绪问题时，经常用"胜败乃兵家常事"、"塞翁失马，焉知非福"和"坏事变好事"等词语来进行自我安慰，可以摆脱烦恼，缓解矛盾冲突，消除焦虑、抑郁和失望，达到自我激励、总结经验、吸取教训的目的，有助于保持情绪的安宁和稳定。

(5)交往调节法。某些不良情绪常常是由人际关系矛盾和人际交往障碍引起的。因此，当我们遇到不顺心、不如意的事情，有了烦恼时，能主动地找亲朋好友交往和谈心，比一个人独处胡思乱想、自怨自艾要好得多。例如，当在推销中遇到棘手问题，心情郁闷难以排解时，可以主动找到上级主管汇报一下近来的工作情况，请主管帮你分析一下眼前的困境；或者与有经验的同事或者同行进行交流与沟通。因此，在情绪不稳定的时候，找人谈一谈，具有缓和、抚慰和稳定情绪的作用。另一方面，人际交往还有助于交流思想，沟通情感，增强自己战胜不良情绪的信心和勇气，能更理智地去对待不良情绪。

(6)情绪升华法。升华是改变不为社会所接受的动机和欲望，而使之符合社会规范和时代要求，是对消极情绪的一种高水平的宣泄，能将消极情感引导到对人、对己、对社会都有利的方向去。例如，某推销人员因失恋而痛苦万分，但他没有因此而消沉，而是把注意力转移到工作中，立志做生活的强者，证明自己的能力。

在上述方法都失效的情况下，仍不要灰心。在有条件的情况下，去找心理医生进行咨询和倾诉，在心理医生的指导与帮助下，克服不良情绪。

情绪管理是一门学问，也是一种艺术，要掌控得恰当好处。因此，要成为情绪的主人，必先觉察自我的情绪，并能觉察他人的情绪，进而能管理自我情绪，尤其要经常保持用鲜活的心情去面对人生。

小阅读

今天我要学会控制情绪

潮起潮落，冬去春来，夏末秋至，日出日落，月圆月缺，雁来雁往，花开花谢，草长瓜熟，自然界万物都处于循环往复的变化中，我也不例外，情绪也会时好时坏。

今天，我要学会控制情绪。

这是大自然的玩笑，很少有人窥破天机。每天我醒来时，不再有旧日的心情。昨日的快乐变成今日的哀愁，今日的悲伤又转为明日的喜悦。我心中像有一只轮子在不停地转着，由乐而悲，由悲而喜，由喜而忧。这就好比花儿的变化，今天绽放的喜悦也会变成凋谢时的绝望。但是我要记住，正如今天枯败的花儿蕴藏着明天新生的种子一样，今天的悲伤也预示着明天的欢乐。

今天，我要学会控制情绪。

我怎样才能控制情绪，以使每天卓有成效呢？除非我心平气和，否则迎来的又将是失败的一天。花草树木随着气候的变化而生长，但是我为自己创造天气。我要学会用自己的心灵来弥补"气候"的不足。如果我为顾客带来风雨、忧郁、黑暗和悲观，那么他们也会报之以风雨、忧

郁、黑暗和悲观，而且他们什么也不会买。相反地，如果我为顾客献上欢乐、喜悦、光明和笑声，他们也会报之以欢乐、喜悦、光明和笑声，我就能获得销售上的丰收，赚取成堆的金币。

今天，我要学会控制情绪。

我怎样才能控制情绪，让每天充满幸福和欢乐呢？我要学会这个千古秘诀：弱者任思绪控制行为，强者让行为控制思绪。每天醒来，当我被悲伤、自怜和失败的情绪包围时，我就这样与之对抗：

沮丧时，我引吭高歌。

悲伤时，我开怀大笑。

病痛时，我加倍工作。

恐惧时，我勇往直前。

自卑时，我换上新装。

不安时，我提高嗓音。

穷困潦倒时，我想象未来的富有。

力不从心时，我回想过去的成功。

自轻自贱时，我想象自己的目标。

总之，今天我要学会控制自己的情绪。

从今往后，我明白了，只有低能者才会江郎才尽，我并非低能者，我必须不断对抗那些企图摧垮我的力量。失望与悲伤一眼就能被识破，而其他许多敌人是不易觉察的。它们往往面带微笑，招手而来，却随时可能将我摧毁。对它们，我永远不能放松警惕。

自高自大时，我要追寻失败的记忆。

纵情享受时，我要记得挨饿的日子。

洋洋得意时，我要想想竞争的对手。

沾沾自喜时，不要忘了那忍辱的时刻。

自以为是时，看看自己能否让风止步。

腰缠万贯时，想想那些食不果腹的人。

骄傲自满时，要想到自己怯懦的时候。

不可一世时，让我抬头，仰望群星。

今天，我要学会控制情绪。

有了这项新本领，我也更能体察别人的情绪变化。我宽容怒气冲冲的人，因为他尚未懂得控制自己的情绪，我可以忍受他的指责与辱骂，因为我知道明天他会改变，重新变得随和。

我不再只凭一面之交来判断一个人，也不再因一时的怨恨与人绝交，今天不肯花一分钱购买金蓬马车的人，明天也许会用全部家当来换取树苗。知道了这个秘密，我可以获得极大的财富。

今天，我要学会控制自己的情绪。

我从此领悟了人类情绪变化的奥秘。对于自己千变万化的个性，我不再听之任之，我知道只有积极主动地控制情绪，才能掌握自己的命运。

我控制自己的命运，而我的命运就是成为世界上最伟大的推销员！

我成为自己的主人。

我由此而变得伟大！

（节选自《世界上最伟大的推销员》）

> **任务提示：在推销人员进行情绪管理时应该注意些什么？**
>
> （1）要正确认识自己的情绪，不要逃避。
>
> （2）使用这些情绪管理的方法需要付出一定的努力，具有一定的想象思维能力，应根据个性选择具体的方法。
>
> （3）心理暗示法是一种行之有效的、可以每天使用的方法。

任务练习

练习项目：心态调整（在教师指导下进行）

企业一般采用"麻醉术"来调整推销人员的心理。

大家看看窗外，今天天气非常好。蓝蓝的天上白云飘飘，白云底下是我们的学校。平时大家学习都很忙，很少去看看蓝色的天空，很少去体会蓝天的心情。

今天我们来共同体会一下：

（将所有的窗帘拉上，只留一点弱光，顿时外面的声响都听不见了，室内也静悄悄的）。

现在我们不上课了，开始休息。请大家闭上眼睛，忘掉所有的事情，跟着我一起想一想。这间屋子里还剩下什么？桌子、凳子，还有我们自己。再想一想你周围坐的是谁？张××、王××，还有老师？接着想，张××出去了，王××也出去了，老师也出去了，只剩下你一个人。再想，现在屋子里只剩下你一个人，你想自己心里在想什么？你用心去静静听教室里的声音，你开始听见自己的呼吸声，你还能听见自己的心跳声。现在你开始忘记自己的心跳声，越想忘记感觉越明显。

好！现在大家都忘记了其他的事情，我们来尽情感受学习，享受学习。

请大家开始想，我今天很高兴！或者在心里默念"我今天很高兴！"，一遍接一遍。你不停地想，直到我在每个人的脸上看见笑容。

我已经在某同学脸上看见笑容了，是少女羞涩的笑！又在某同学脸上看见了，是诡秘的笑！某同学也有了，是憨厚的笑！

（大家都在笑）。

这就是"自我麻醉术"，运用它可以不断地调整自己的心理状态。

（资料来源：作者根据相关资料整理）

任务三　制订推销工作计划

任务说明

很多人认为，推销是一门艺术，不需要计划。其实，这是对推销工作的误解。在推销工作开始之前就制订周密的行动计划，对推销成功起着至关重要的作用。曾经有人问过 700 名日本最佳推销人员："你同顾客见面时，特别注意的是什么？"有 79％的人说："先收集好情报和有

关知识。"这充分说明了计划准备工作的重要性。成功的推销员之所以成功,是因为他们凡事都是谋定而后动,并且能够根据实际情况的变化随时调整计划。简而言之,他们的成功就是计划出来的。

推销计划准备工作包括了解环境、产品准备、熟悉公司情况、分析顾客情况和制订推销计划等方面内容,其中制订推销工作计划是核心。

任务指导

推销工作计划是指根据对外部环境与内部条件的分析,提出在未来一定时期内要达到的推销工作目标,以及实现目标的途径。推销工作计划是指导推销人员工作的依据,也是企业销售计划的重要组成部分。周密的计划对推销工作具有重要意义,它不仅是公司考核推销人员工作业绩的依据,也是推销人员取得良好业绩的前提和基础。就像一个企业必须要有新产品开发计划、生产计划、采购计划和资金使用计划一样,每个推销人员在开始工作前必须制订自己的推销工作计划。

一、推销工作计划的内容

推销工作计划的根本目的在于保证推销目标的实现。因此,推销工作计划制订得合理与否,关系到企业整体销售目标的实现和推销人员的实际工作效果。作为推销人员,应该懂得如何制订推销工作计划。一般说来,一份完整的推销计划包括以下内容:

1. 确定推销目标

推销目标是指在一定时期内,为完成推销任务而规定的推销活动的具体方向和总体要求,是推销活动的依据。按照推销目标的作用范围,可以分为企业目标和个人目标。

企业推销目标是为企业整个推销活动指示方向和明确要求的目标,它的实现依赖于全体推销人员的共同努力。它既是全体推销人员共同奋斗的方向,也是个人制订推销计划的基本依据。企业的推销目标包括:销售产品、获得利润、开拓新市场、提高市场占有率、提高企业信誉、宣传推广产品和收集市场信息等。

推销人员的个人目标是在企业推销目标的指导下,经过层层分解,由推销人员自行设定的、个人期望在一段时间内取得的成果。推销人员的个人目标包括销售额、回款率、毛利率和销售目标达成率等推销效益目标,以及推销活动范围、推销活动对象和时间安排等推销活动目标。

推销工作目标的设定也应遵循 SMART 原则。S 就是 specific,意思是设定目标时一定要具体,不可以是抽象模糊的;M 就是 measurable,即目标要可衡量,要量化;A 是 attainable,即设定的目标要高,要有挑战性,但不能遥不可及,一定是可达到的;R 是 relevant,指设定的目标要和你想达到的结果有关系;T 是 time bounding,指对于设定的目标,要规定在多长时间内完成。完美的推销工作目标应该是企业目标和个人目标的和谐统一。

2. 规划拜访路线

推销人员在正式开始拜访顾客前应根据推销工作目标结合顾客分类,再根据顾客的地址和方位,设计出最佳推销行动日程表及顾客拜访路线,争取以最少的时间和最高的效率完成推销工作。

3. 明确洽谈要点

明确洽谈要点就是针对洽谈对象的具体情况和待推销产品的特点,提出在推销洽谈中需要重点介绍说明的,用来刺激顾客产生购买欲望的产品特征、交易条件和服务保证等内容。明确推销洽谈要点的作用就是用来说服顾客、引导顾客和刺激顾客完成购买。如果推销人员能把推销洽谈要点与顾客的实际需求和利益结合起来,推销成功的可能性将大大增加。

4. 制定洽谈策略

推销人员应针对在推销洽谈过程中可能会出现的各种问题提前做好准备,以便到时从容应对。这些问题包括:应该用什么样的方法接近顾客?怎样在最短的时间内吸引顾客的注意?如何激发顾客的购买欲望?怎样使顾客相信和接受产品?如何促使顾客最终做出购买决定等。

5. 安排访问日程

推销人员应根据洽谈双方的时间安排,在拜访前拟定好访谈日程,掌握好谈判进度,这也是推销工作取得成功的必要条件之一。

二、推销工作计划的制订方法

由于推销工作变数较大,所以制订推销工作计划应使用滚动计划法。

滚动计划法是一种动态编制计划的方法,是按照"近细远粗"的原则制订一定时期内的计划,然后按照计划的执行情况和环境变化,调整和修订未来的计划,并逐期向后移动,把短期计划和中期计划结合起来的一种计划方法。具体来说,其编制方法如下:

(1)将整个计划期按一定的时间间隔分为若干时间段,其中第一个时间段的计划为执行计划,后几个时间段的计划为预计计划。

(2)执行计划较具体,要求按计划实施,预计计划比较粗略。

(3)经过一个时间段,根据执行计划的实施情况及环境条件的变化,对原来的计划做出调整与修改,原来的预计计划中第一个时间段就变成了执行计划。计划修订的间隔时间称为滚动期,通常等于执行计划的计划期;滚动计划的时间段可以是季、月、周或者更短的时间间隔。滚动计划的编制如图 1.1 所示。

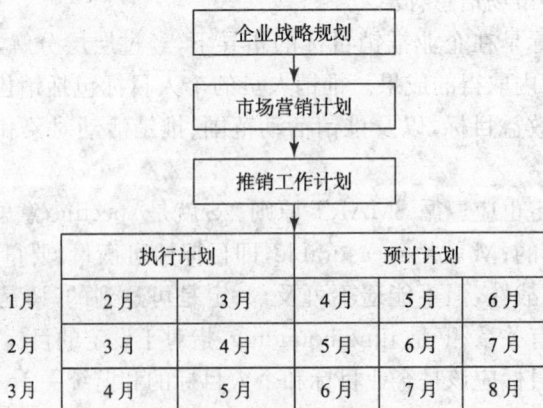

	执行计划		预计计划		
1月	2月	3月	4月	5月	6月
2月	3月	4月	5月	6月	7月
3月	4月	5月	6月	7月	8月

图 1.1 滚动计划法

小资料

常用的推销工作计划表

表 1.1～表 1.3 所示为常用的推销工作计划表

表 1.1　推销效益计划表

时间进度 计划指标	全年	月　份											
		1	2	3	4	5	6	7	8	9	10	11	12
销售额													
目标达成率													
折扣率													
毛利率													
回款率													
推销费用													

表 1.2　顾客发展计划表

现有顾客					潜在顾客				
序号	名称 或单位	顾客 类型	重点 顾客	行动 目标	序号	名称 或单位	顾客 类型	重点 顾客	行动 目标
1 2 3 ⋮	××公司 ××局 ××公司	批发 集团 终端	√	扩大销售 保持联系 防止侵害	1 2 3 ⋮	××公司 ××厂	批发 集团	√	建立感情 实现销售

表 1.3　推销活动日程表　　　　　　年　月　第　周

日期	拜访对象	顾客类型	拜访时间	拜访目的	乘车路线
×月×日	1. 张先生 2. 赵女士	批发商 生产厂	8：30～9：30(已约) 10：00～11：00(待约)	签合同 产品介绍	104 路理工大学下车 68 路林业医院下车
×月×日	1. 2.	⋮	⋮	⋮	⋮
×月×日	1. 2.	⋮	⋮	⋮	⋮

任务提示:在制订推销工作计划时应该注意些什么?

(1)计划的制订应从实际情况出发,做到目标明确,切实可行。

(2)计划中的个人目标应注意与企业目标保持一致,不能为完成个人利润指标而损害企业利益。

(3)采用滚动计划法制订推销工作计划时要注意计划的前后衔接。

任务练习

练习项目:制订推销工作计划。

步骤1:以个人为单位,每人选择一种产品。

步骤2:确定你想要达到的推销目标。

步骤3:寻找目标顾客群体,规划拜访路线。

步骤4:针对不同顾客的特点明确洽谈要点,制订洽谈策略。

步骤5:制订推销工作计划,安排访问日程。

步骤6:选派代表展示产品推销工作计划。

步骤7:小组互评,师生讨论,教师鉴定。

项目二　推销人员的自我推销技能

学习指南

【任务目标】

◎态度目标

1. 提高自身修养。
2. 养成尊重他人,以对方为中心的思想理念。
3. 建立良好的人际关系。
4. 提升个人与企业品牌的形象。
5. 展现自我魅力,提升个人自信。

◎技能目标

1. 能够提高沟通能力和团队合作能力。
2. 能够熟练掌握电话礼仪、见面礼仪、宴请礼仪、馈赠礼仪和拜访礼仪等技巧的运用。
3. 能够熟练掌握自我介绍技能。

◎专业知识目标

1. 了解仪容应如何保持与修饰。
2. 掌握推销人员的举止礼仪和交谈礼仪。
3. 理解着装的一般原则。
4. 掌握推销人员在穿正装时,应注意哪些基本常识。
5. 了解饰品应如何配戴。
6. 掌握"30秒"自我介绍技能。

【任务完成步骤】

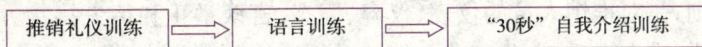

推销礼仪训练 ⟹ 语言训练 ⟹ "30秒"自我介绍训练

任务一　推销礼仪训练

任务说明

在推销工作中,礼仪就是推销员的名片,顾客由推销员的礼仪而知其修养,产生信任与否、喜爱与否或接纳与否,从而决定是否购买推销产品。因此,礼仪在推销过程中有着不可忽视的作用。

任务指导

案例导入:

王萌是某服装厂的销售员,论口才,论能力,都令老板"一百个放心"。可没想到,在一次国际性的订货会上,当他风尘仆仆地找到一家商场后,接待人员见他胡子拉碴,且又衣冠不整,看也不看他带的样品,就把他给打发走了。因为这家商场认为:"就这副样子,厂里还能生产出高档服装?"王萌好窝火,这不是以貌取人吗? 可连续跑了几家商场,费尽唇舌也没能如愿。

案例分析:

销售员的穿衣打扮,不仅体现着他本人的形象与气质,同时也能反映出他所在公司的形象和产品品牌的形象。由于王萌忽略了推销人员的礼仪问题,导致他在本次订货会上没有谈成订单。

一、什么是推销礼仪

首先,在了解什么是推销礼仪之前,我们需要知道什么是"礼仪"。

"人无礼则不立,事无礼则不成"。可见礼仪对我们有多重要,那么什么是礼仪呢? 礼仪是由两个部分组成的。第一个部分是指"礼",礼即为尊重。孔子说过:"礼者敬人也",讲的就是尊重。在我们的人际交往中,如果想要得到别人对自己的尊重,那我们需要先去尊重别人,此为礼者敬人也。第二个部分是指"仪"。仪是一种表达尊重的具体形式。如果想要尊重别人,必须要用具体的形式表现出来。所以礼仪是在人际交往中,以约定俗成的程序或方式来表现的律己、敬人的过程。

推销礼仪是将礼仪运用于推销活动中,它是指推销人员在各种公务活动和日常工作场合中待人处事的准则,是对推销人员的仪表、仪容、姿态、言谈举止和待人接物方面的规范,是推销人员的道德品质、内在素质、文化素养和精神风貌的外在表现。

礼仪小故事

某公司正在四处寻找物美价廉的劳保用品时,来了一位小伙子,他穿着黑色的西装,白色的衬衣,搭配着红色的领带和锃亮的皮鞋,的确很讲究。

　　小伙子自称是某公司的推销人员,并说自己的产品比市场价平均低15‰,而且绝对保证质量,出了问题公司负责10倍的赔偿。经理听了,觉得还不错,示意他坐下细谈。小伙子坐下来后,觉得胸有成竹,得意地跷起二郎腿,露出了白色的袜子,还随意地摇晃起来。接着小伙子又弹出一根烟,旁若无人地吸了起来。而经理办公室是一个无烟办公室,因此也没有烟灰缸。见状,经理眉头微皱了一下,又迅速归于平静。小伙子开始滔滔不绝地讲起来,一边讲一边打开样品袋,袋子内的东西十分杂乱,毛巾与劳保手套揉在一起,洗衣粉和白糖挤在一起,在袋底还有一些白粉,分不清是洗衣粉还是白糖。看到这一幕,经理的眉头又皱了起来,不动声色地盯着小伙子的一举一动,最要命的是这小伙子讲到精彩之处时,腿摇得更厉害了,而且还弹了一地烟灰。

　　当小伙子说完后,屋里的人都无语了,经理这时起身说:"小伙子,你的产品不错,价格也很优惠,如果我们需要的话,日后会再联系你,好不好?"这时小伙子的脸上露出了无法置信的表情,呆呆地站在那里。很明显,他失去了与该公司合作的机会。

　　在竞争日趋激烈的今天,推销与我们每个人都有着很密切的联系。一个人的成功从某种程度上讲就是推销自己,获得社会和他人的接受。而对于一名推销人员来说,要想保持业务的持续发展,除了具备良好的业务素质之外,掌握正确的销售礼仪同样不可或缺。销售礼仪是推销人员内在文化素养及精神面貌的外在表现。只有当你树立起了有内涵、有修养的形象时,客户才会考虑接受你,给你销售与服务的机会。

二、优秀的推销员应具备怎样的形象

　　一般说来,在推销活动中,推销人员的言行应合情合理、优雅大方、自然得体,按约定俗成的规矩办事,按大家都可以接受的礼节程序与客户相互往来,这些都是推销礼仪的基本内容。

1. 给客户留下美好的第一印象

　　美国推销大王吉拉德说过这样一句话:"推销产品前先推销自己"。第一印象的好坏在很大程度上影响着以后人们对你的评价。因此作为推销人员,要想给客户留下良好的第一印象,使他们对你的好感倍增,就必须要注重仪表礼仪。

　　(1)仪容修饰:展现积极与健康。一般而论,仪容的修饰包括3个方面,分别是:面部修饰、美发礼仪和化妆礼仪。

礼仪小故事

　　推销员小李喜欢留胡子,他认为这样才能显得自己成熟,有男人味,因而对于同事劝说自己刮干净胡子的建议不以为然。他认为,只要销售的产品质量好,价格有竞争优势,就可以把产品销售出去,而与自己是否留胡子没有丝毫关系。可是当他去拜访客户时,却被客户拒之门外。

　　点评:见面时"先入为主"的现象很常见,初次见面时形成的对个人的整体评价很难改变。如果因不注意个人的仪容而形成负面影响,势必会给推销员的谈判带来不必要的麻烦,甚至使整个计划失败。

①面部修饰。作为直接面对客户的推销人员来说，面部修饰的第一原则就是洁净，同时要保持卫生和自然，给客户以朝气蓬勃、诚实可信的感觉。推销人员应当每天早、晚洗脸并且养成每日剃须的习惯。第二原则就是要注意避免有多余的毛发，例如鼻毛、耳毛等。推销人员应当定时修理脸上的毛发。第三原则就是口部要做到无异物，无异味。切记，推销人员在宴会上或是去见客户前，一定不要吃带有刺激性气味的食物，例如葱、姜、蒜和韭菜等。

②美发礼仪。美发礼仪就是指有关人们头发的护理与修饰的礼仪规范。美发的礼仪是推销礼仪中不可缺少的一个重要组成部分。在正常情况下，人们往往都是"先看头，后看腰，再看脚"。头发的修饰，不仅可以显示美貌，还可以显示出一个人的素养。一个头发蓬乱者，必定会给人留下一个不讲卫生、乱七八糟的形象。如果你的头发十分清洁秀丽，则会给人一种温文尔雅、落落大方的感觉。那么推销人员应该怎样修饰自己的头发呢？

首先，确保头发的整洁。女士最好每周清洗 2～3 次；男士最好每天清洗一次。

其次，头发长短要适中。按照推销员行业工作性质的要求，推销员头发的长度要适中，不允许自由放任其长度。对于女性推销员来讲，可以保留长发，但不宜长于肩部，不宜挡住眼睛。如果是中长发，可以将头发盘起或扎起，最好不要散发。另外，女性推销员不准理板寸或剃光头。对于男性推销员来讲，应以短为主，不允许留长发或剃光头。不仅如此，短发也必须做到"前不覆额，侧不掩耳，后不触领"。

最后，头发造型要适合。头发的造型是指头发在经过一定修饰后所呈现出来的形状。推销员的头型一定要适合自己，符合自己的脸型、身材、气质、年龄和身份等要素。同时头型也要适合工作场所，不宜做太夸张的造型，否则难以给客户留下好感。

③化妆礼仪。化妆是通过使用美容用品来进行自我修饰、自我美化的一种行为。简单地说，化妆就是有意识、有步骤地来为自己美容。通过化妆可以使人们更加美丽，更加自信。

礼仪小故事

李倩是某知名公司的一名化妆品推销员，每天挎着一个大背包，里面装着各种眉笔、唇膏和粉底等化妆品，她挨屋走访陌生客户的小店，可是对她的化妆品感兴趣的人却很少，多数人问清她的来由后，根本不看产品，就很匆忙地说："我们这不要，你快走吧！"这样的拒绝让小李寒彻骨髓。

后来请教过行业内的老推销员后，小李开始审视镜中的自己，干燥而毫无生气的头发随便地被挽在脑后，白皙的皮肤上长着两颗痘痘，平平的眉毛配上黑黑的眼睛，眼中尽是无奈的神情，厚厚的嘴唇紧抿着。"这副模样，谁敢买我的化妆品啊！"小李终于认识到了客户拒绝自己的原因。

然后小李给自己报了一个美容学习班，学习之后，她把自己学到的化妆知识和技巧用在自己的身上。巧施粉黛的她容光焕发，再配上一身职业装，重新开始了自己的推销之旅。

点评：作为从事推销工作的职业人员，适当的化妆是必不可少的。化妆不仅仅是让自己变得美丽，变得更有自尊和自信，同时它也是尊重客户的一种表现，企业要求推销人员淡妆上岗，有助于提升企业形象。

　　有人认为：推销员每天东奔西跑，来去匆匆的，哪有闲情逸致去考虑化妆美容的事呢？客户应该给予理解。

　　这种想法实质上危害性极大，这样做，不但会使企业整体形象受损，而且还会使自己被视为不思进取、自由散漫、懈怠懒散的人，所以化妆对于一名推销员来说是十分重要的。以下就是推销人员必须要了解且需要认真遵守的化妆礼仪规范。

　　推销人员在化妆时，必须要遵循以下 5 点原则：

　　第一，淡雅。"淡妆上岗"是对推销人员在化妆时所要求的基本规范之一。淡妆，即人们平时所说的自然妆。推销人员在化妆时，应注重自然大方、素净雅致。

　　第二，简洁。推销人员的妆容应当是一种简妆。在一般情况下，只需修饰嘴唇、面颊和眼部这几个重点部位，对于其他部位，可以不做修饰。

　　第三，适度。推销人员的工作妆必须适合自己本职工作的实际需要，切记化妆的程度要适当。

　　第四，庄重。推销人员的妆容应以庄重为主要特征，千万不要过于时尚或鲜艳，否则会使人觉得轻浮随便，不务正业。

　　第五，避短。推销人员在美化自身形象的同时，不但要展示出自己的优点，更要认真地掩饰自己的缺点，弥补自己的不足。

　　除此之外，推销人员，尤其是女性推销人员，在化妆时还应注意色彩的搭配。整体色彩应以暖色为主，最好是同一色系的。化妆的主要步骤如下：

　　第一步：底妆。推销人员应选择具有保湿功能的且与肤色接近的暖色调粉底，粉底不要涂抹过厚，可用粉饼轻轻拍上一层，注意一定要涂抹均匀。

　　第二步：眼妆。推销人员可以根据自己的脸型和眉毛的形状，修剪出个人的眉形，建议整体上选择稍粗而眉峰稍锐的一类眉形，显得干练而精明。同时，选择刚劲有力的眼线可以提升眼神，可以强调妆容的职业风范；另外，在选择眼影时，颜色最好以浅色为主，不宜过深。

　　第三步：上腮红。腮红对面部妆容可以起到点缀的作用，利用其柔和的色彩提升整个妆容的亮丽度，可以在一定程度上缓和相对的严肃紧张氛围。但是要切记，腮红好似衬托红花的绿叶，与面部其他部分的彩妆相比，不可过于抢眼、鲜亮。

　　第四步：涂唇彩。在涂唇彩前，应先用唇线确定好理想的唇形，然后再将唇彩或唇膏涂在唇上。唇彩或唇膏的颜色一般宜选棕色、橙色或粉色，男士一般选择无色的唇彩或唇膏。涂完后，再仔细检查一遍。

　　第五步：睫毛修饰（男士不用）。为了使眼睛有神，彰显自信的职业风采，女性通常要进行睫毛的修饰。一般女性的工作节奏快，化妆时间有限，那么可以选择即卷型的睫毛膏，简单匀称地涂抹上，可以让你即刻拥有一双炯炯有神的眼睛。

　　第六步：喷香水。香水是推销人员用来掩盖身上的不雅体味的，而不是为了使自己香气袭人，这一点很重要。推销人员喷香水时要注意：味道要淡雅清新，不要熏鼻。使用时切勿过量，以免产生适得其反的效果。另外要注意，香水可以喷在腕部、耳部、颌下和膝后等部位，千万不要将香水直接喷在衣物上、头发上或身上其他容易出汗之处。

　　（2）服装配饰：别小看仪表的作用。

礼仪小故事

　　班·费得文是美国保险界的传奇人物,被誉为世界上最有创意的推销员。他刚入行搞推销时,着装打扮非常不得体,他的业绩也很不好,公司计划开除他。班·费得文急了,就去问他公司的一位成功人士,那位成功人士说:"那是因为你衣服搭配不协调,颜色看上去非常老土,要想有好的业绩,首先要把自己打扮成一位优秀推销员的样子。"

　　"可你知道我没有多余的钱去打扮自己!"班·费得文说。

　　"但你要了解那是在帮你赚钱,你不会多花一分钱的。我建议你去找一个专卖男装的老板,他会明白地告诉你如何打扮。你这么做又省时又省钱,这样更容易赢得别人的信赖,赚钱也就更容易了。"这位成功人士说。

　　班·费得文按照那位成功人士所说的话去做了。他找了一位男装店的老板帮他打扮一下。老板很认真地教班·费得文打领带,选西装,并告诉他如何挑选与之相配的衬衫、袜子和领带等。老板每挑一样,都会告诉他为什么要挑选这种颜色及样式。不仅如此,他还对班·费得文讲解一年中什么时候该买什么样的衣服,买什么衣服最划算。

　　从此,班·费得文焕然一新,他的穿着打扮有了专业销售员的样子,他推销起来也更有自信了。一年后,他的业绩增加了两倍。

　　点评:推销是与人打交道的工作,推销员的职业形象非常重要。客户对产品的第一印象多半来自他们对推销员本人的印象。如果推销员服装不符合基本职业标准,不懂礼仪,就很难给客户留下良好的第一印象,更别说让客户相信推销员所在的公司是一个有规模、有档次的公司,相信推销员所推销的产品是优质的产品了。所以,推销员的服装礼仪很重要。

　　①着装礼仪的基本准则。首先,在销售员工作的时候,他所穿的服装一定要以得体为标准,因为得体的着装是发家致富的"第一笔"投资。

　　得体的着装会令客户感觉你看起来既干练又有自信。一些销售员常抱怨说,天天都在外面跑,哪有时间换干净的衣服。不可否认,销售工作的确是一个非常艰苦的工作,但也是一个回报丰厚的工作。一个勤奋的销售员也应该知道,外表是他的第一张牌。

　　有一个汽车交易商准备卖一辆旧的汽车,他会怎样做呢? 直接把车开出去卖了? 不,很明显,他首先会把车送到车间里,将表面的刮痕磨光,然后重新上漆,之后还要将车内装饰一新,换上新的轮胎,调试好其他设备,使一辆旧车重焕光彩。只有这样一辆光亮照人的汽车,才可能卖个好价钱。

　　作为销售员也是一样。记住,仪表不凡,风度翩翩,会使你在客户心目中的可信度增值,合适的形象会为你的成功增加砝码。

　　如果你是一个年轻人,凭着个人喜好,穿着牛仔裤和松垮的上衣去见客户,可能会给人一种不稳重的感觉,你推销的产品会因为你的着装而变得让消费者不信任。

　　消费者非常挑剔,因为对他们来说,你是一个陌生人,他们对你的判断就在见面的前几分钟。因此在工作的时候,推销员一定要改掉自己随心所欲的穿衣习惯。你穿着的目的是在于给客户留下一个好的印象,让他们觉得你是可以信任的,所以衣服的选择一定要得体,应该与推销员所从事的职业相适应,与你的身份、年龄、气质和场合相协调,寻找一种恰到好处的

着装。

其次，作为一名优秀的推销员，切记不要紧跟时尚。一个职业从业人员，前卫的时尚主义服装不适合你的身份，它们不会对你产生任何作用。建议采用比较中庸的造型，这样一来，在追求另类新颖的年轻消费者看来，你不是太保守，对于年纪较大、思想保守的中老年客户来说，你也是一个可以信赖的人。也许大方简洁的衣服不能给你增添色彩，但是至少不会给你带来负面影响，它不会让你看起来是轻狂的或是肤浅的，相反一个循规蹈矩的形象或许能够提升你的被信任度。

一个人的长相固然有美丑之分，难以改变，但是，得体的着装却可以帮助你给别人留下良好的印象。

②男性推销员着装礼仪。在男性推销员的所有服装中，西装无疑是最重要的一种，一套合体的西装会让推销员变得光彩照人，对推销的推动作用是不容小觑的。那么推销员怎样穿西装才能符合礼仪要求呢？

第一，西装的颜色与面料。男士选择的西装应该是深色的，并且上身与下身的颜色应是一致的。很少有穿浅色西装的人，尤其是白色西装，更不要随便穿着，这种颜色的西装只能在很特殊的场合才选用。另外，男士西装的面料要求上身和下身也是一致的，最好是用毛料制作的。

第二，纽扣的扣法。西装男士穿西装时，切记纽扣不要全部扣上，最下面一粒纽扣不扣。

第三，穿衬衫的要求。衬衫应该选择领口比较硬扎、挺拔、不松软的，否则配再好的西装也会被浪费。衬衫的颜色应为白色无花纹的，选择其他颜色或是带图案的衬衫，会给客户一种不伦不类、不成熟、不稳重的感觉。另外，穿西装时，衬衫袖应比西装袖长出 1～2 厘米，衬衫领子应高出西装领子 1 厘米左右。衬衫下摆必须扎进裤内。若不系领带，衬衫的领口应敞开，最上面的纽扣不系。但若系领带，衬衫最上面的纽扣必须扣上。

第四，系领带的要求。领带是西装的灵魂，凡是参加正式交际活动，穿西装必须系领带。首先，领带的色彩和图纹可以根据西装的色彩进行配置。但不要太花哨，也不要选择颜色太怪异的。特别要忌讳那些太过女性化的色彩，如粉色、紫色等，这些颜色很可能让客户觉得你不够男性或是像一个花花公子。建议选用中性色彩且没有图案的领带。其次，领带的材质最好是丝质的，或类似丝质的化学纤维材质的。因为这种材质制成的领带，比较硬挺、耐用，并具有华丽感。最后，系领带时，领带的长度要适中，一般以到皮带扣处为最佳。如穿马甲或毛衣时，领带应放在它们里面。另外，领带夹一般夹在衬衫的第四和第五个纽扣之间。

第五，穿鞋的要求。在华尔街有这样一句话，"永远不要相信穿着脏皮鞋和破皮鞋的人"。可是到现在，还是有很多推销员借口整天要往外跑，所以只能穿着又脏又破的鞋。记住，成功要从脚下开始。皮鞋不一定要是"老人头"的，但是一定要擦得干净，而且要确信你的皮鞋是完好的。另外，推销员在穿西装时，切记不能穿布鞋、凉鞋或旅游鞋。庄重的西装要配深色的，最好是黑色的皮鞋。

第六，对袜子的要求。这个小小的细节到现在还是有很多人不注意，男士如果穿的是深色的西装，千万不要穿白色或浅色的袜子。白色袜子会泄露你的秘密，让你的客户一眼就能看出来你不是一个优秀的推销员。

③女性推销员着装礼仪。与男性推销员相比，女性推销员的着装相对丰富一点，如西装套裙、连衣裙和旗袍等，但是，在比较正式的场合，西装套裙还是首选。那么女性推销员在穿西装

套裙时,都应该注意哪些礼仪呢?

第一,大小适度,穿着到位。套裙中的上衣最短可以齐腰,裙子最长可以达到小腿中部。袖长以盖住手腕为宜。无论上衣和裙子,都不可过于肥大或过于紧身。

上衣的纽扣必须全部扣上,不要将其部分或全部解开,更不要当着别人的面随便将上衣脱下。上衣的领子要翻好,不要将上衣披在身上。

第二,内衣忌露,鞋袜得体。按服饰礼仪的要求,内衣的轮廓最好不要从外面显露出来,衬裙应以白色或肉色为主,不宜有任何图案。

女性推销员所穿的鞋,应是高跟不露脚趾的皮鞋,且鞋的颜色最好为黑色或棕色。袜子以肉色、浅棕色或浅灰色为主,鞋袜相宜,完好无损,袜口不可暴露在外面。女性推销员应随身带一双备用丝袜,以便当丝袜被弄脏或破损时可以及时更换,避免尴尬。

第三,女性推销员着装禁忌。a. 忌透。在着装时,女性注意不要将内衣透出来,这样十分不雅。b. 忌露。夏季,有些女士的衣裙以薄、露、透为新潮,穿着过于暴露的服饰,这些服饰虽然为城市增添了不少色彩,但如果推销员穿着这样的服饰去见客户,很容易分散客户的注意力,同时也会使客户怀疑推销员的专业度。所以推销员不要穿过分暴露的服饰,还要注意领口及肩头不要"走光"。c. 忌短。出入正式场合或去见客户时,裙子不宜过短,裙装应长到膝盖处,或过膝10厘米。直筒裙刚刚过膝,效果最好。

④饰品配戴礼仪。首饰是人们用来美化自身的装饰品,因质地不同,饰品的种类也是繁多的。我们通常配带首饰的作用就是装饰,但如果这种装饰给自己和别人带来不快的话,美丽也就不存在了。也许你一直不知道自己的形象是何时给别人留下了坏印象的,但从此刻起,你就要懂得遵守佩戴首饰的礼仪规范了。

第一,以少为宜。在工作中,应少带首饰,这也是为了维护自己和公司的形象。推销员身上所配带的饰品不宜超过3种。配带过多的饰品,会有弄巧成拙之感。

第二,同质同色。身上如果配带两种以上的饰品,应该保证它们是同一质地同一颜色。切记颜色不可太杂。

第三,季节规则。佩戴饰品应与季节相吻合。春秋季节可选戴耳环和别针,夏季可选择项链、手链和手镯;冬季不宜佩戴过多的饰品,因为冬季穿的衣服比较多,饰品过多反而不佳。另外,饰品颜色也要根据不同的季节而变化,例如,夏季可戴银色或艳色的饰品,冬季可戴金色或深色的饰品。

(3)仪态万千:活用肢体语言。在推销员与客户交往的过程中,约有80%以上的信息是通过举止这种无声的语言来传递的。推销员的举止可以反映出其修养水平、受教育程度和可信任程度。在与潜在的客户交流过程中,它是塑造个人良好形象的起点。更重要的是,它在体现个人形象的同时,也向外界展示了公司整体的文化精神。

推销员的仪态礼仪包括站姿礼仪、坐姿礼仪、走姿礼仪、蹲姿礼仪、手势语礼仪、眼神礼仪和微笑礼仪7个方面的内容。

①站姿。有些推销人员对站姿等身体语言不以为然,不是东倚西靠、身躯歪斜,就是低头、弯腰,要么就是晃动身体、摆弄头发。其实,这些推销人员都忽视了一个重要的问题,即站姿。站姿是一种无声的语言,能衬托出一个人的风度和气质,能传递出信息:表明推销人员是否对客户、对工作有兴趣,是否尊重客户。下面就来介绍几种标准的站姿。

站姿是静态的造型动作,是其他动态美的起点和基础。古人常说:"站如松",这说明一个

良好的站姿会给人一种挺、直、高的感觉。

基本站姿如下：

- 两脚跟相靠，脚尖分开，展开 45°～60°，成 V 字形，身体重心主要支撑于脚掌和脚弓之上。
- 两腿并拢直立，腿部肌肉收紧，大腿内侧夹紧，髋部上提。
- 腹肌和臀大肌微收缩并上提，臀、腹部前后相夹，髋部两侧略向中间用力。
- 脊柱和后背挺直，胸略向前上方提起。
- 两肩放松下沉，气沉于胸腹之间，自然呼吸。
- 两手臂放松，自然下垂于体侧。
- 脖颈挺直，头向上顶。
- 下颌微收，双目平视前方。
- 面带微笑。

基本站姿如图 2.1 所示。

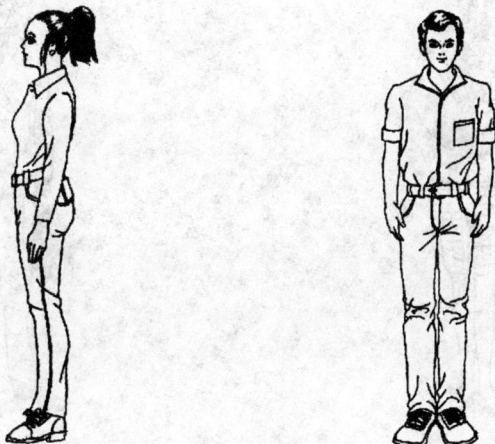

图 2.1　基本站姿

在基本站姿的基础上可以变化不同的姿态。

- 女士前搭手站姿（如图 2.2 所示）。

两脚尖展开，左脚脚跟靠近右脚中部，重心平均置于两脚上，也可置于一只脚上，通过重心的转移可以减轻疲劳，双手置于腹前。

- 男士后搭手站姿（如图 2.3 所示）。

两脚平行开立，脚尖展开，挺胸立腰，下颌微收，双目平视，两手在身后相搭，贴在臀部。

- 女士持文件夹站姿（如图 2.4 所示）。

身体立直，挺胸抬头，下颌微收，提髋立腰，吸腹收臀，手持文件夹。

- 男士提公文包站姿（如图 2.5 所示）。

身体立直，挺胸抬头，下颌微收，双目平视，两脚分开，一手提公文包，一手置于体侧。

图 2.2 女士前搭手站姿   图 2.3 男士后搭手站姿

图 2.4 女士持文件夹站姿   图 2.5 男士提公文包站姿

站立时，既要遵守规范，又要避免僵硬，所以站立时要注意肌肉张弛的协调性。强调挺胸立腰，但两肩和手臂的肌肉不能紧绷，要适当放松，气下沉至胸腹之间，呼吸要自然。并且要以基本站姿为基础，善于适时地变换姿态，追求动态美。

②坐姿。坐姿是指人在就座以后身体所保持的一种姿势。

男士基本坐姿礼仪规范如下：

• 标准式。上身挺直，双肩正平，两手放在两腿或扶手上，双膝并拢，小腿垂直于地面，两脚自然分开成 45 度夹角。

• 重叠式。右腿叠放在左腿膝上部，右小腿内收，贴向左腿，脚尖自然地向下垂。

女士基本坐姿礼仪规范如下：

• 标准式。轻缓地走到座位前，转身后两脚保持小丁字步，左前右后，两膝并拢，向下落坐，两臂自然弯曲，两手交叉叠放在两腿中部，并靠近小腹。

• 斜放式：坐在较低的沙发上时，若双腿垂直放置的话，膝盖可高过腰，极不雅观。这时最好采用双腿斜放式，即双腿并拢后，双脚同时向右侧或左侧斜放，并且与地面成 45 度左

右角。

- 重叠式：上身挺直，坐正，腿向前方，左小腿垂直于地面，全脚支撑，右腿重叠于左腿上，小腿向里收，脚尖向下。双臂交叉支撑左右腿上。特别要注意将上面的小腿回收，脚尖向下。
- 交叉式：双腿并拢，双脚在踝部交叉之后略向左侧斜放。坐在办公桌后面、主席台上或汽车上时，比较合适采用这种坐姿，感觉比较自然、舒适。

坐姿礼仪的注意要领为：入座时要轻稳。走到座位前转身后，右脚向后退半步，然后轻稳坐下再把右脚与左脚并齐。入座后上体自然挺直，双膝并拢，双腿弯曲，双肩平正放松，两臂弯曲，双手自然放在双腿上。头正，双目平视，面容平和自然。坐在椅子上，应至少坐满椅子的2/3。一般情况下，不要靠背，休息时可轻轻靠背。离座时要自然稳当，不要太快。右脚向后收半步，然后起立，起立后右脚与左脚并齐。

③走姿。走姿即行走时的姿态。行走时既要优雅而稳重，又要保持正确的节奏，这样才可体现动态之美。

走姿礼仪基本规范如下：

- 上身保持基本站姿。
- 起步时身体稍向前倾3度~5度，身体重心落在前脚掌上，膝盖挺直。
- 两臂以身体为中心，前后自然摆动，前摆约35度，后摆约15度。手掌心向内，指关节自然弯曲。
- 步伐适度。女士一般不超过30厘米；男士一般在40厘米左右。
- 步速均匀。男士：为100~110步/分钟；女士：为110~120步/分钟。大约是每2秒走3步。
- 行进中，目光平视前方，下额微收，头、背、颈成一条直线。
- 脚的位置。女士：两脚内侧成一条直线。男士：脚尖可略向外。

走姿要注意的基本要领为：在行走时，速度适中，不要过快或过慢。头正颈直，两眼平视前方，面色爽朗。上身挺直，挺胸收腹。先迈脚尖，然后脚跟落地。女性脚步应轻盈均匀，有弹性、有活力，男性脚步应稳重、大方、有力。

④蹲姿。一般而言，推销人员用到蹲姿的时候较少，但却是最容易出现错误的地方。

蹲姿礼仪基本规范如下：

- 高低式蹲姿。下蹲时一般右脚在前，左脚在后。右脚全脚着地，小腿基本上垂直地面；左脚则应前脚掌着地，脚跟提起。左膝应低于右膝，左膝内侧可靠于右小腿内侧，形成右膝高左膝低的姿态。女性应并紧两腿，男性则可以适度分开。这种蹲姿的特征是双膝一高一低。推销人员选用这种蹲姿既方便又优雅。
- 交叉式蹲姿。这种蹲姿只适用于女性。首先两腿先交叉站立，双手相叠置腿上。下蹲时，右小腿垂直于地面，全脚着地。右腿在上，左腿在下，两面交叉重叠。左膝由后下方伸向右侧，左脚脚跟抬起，并且脚掌着地。两腿前后靠紧，合力支撑身体。上身稍向前倾，臀部向下。交叉式蹲姿难度较大。

蹲姿要注意的基本要领为：下蹲时，速度不要太快，并注意与他人保持一定的距离。同时，不要正对着客户的正方向，最好选择客户的侧面。

⑤手势语。推销人员在工作中，经常会做出一些手势。手势运用得自然、大方、得体，可使人感到既寓意明晰又含蓄高雅。

• "横摆式"手势。"横摆式"手势是接待式手势的一种,该手势常表示"请进"。即五指伸直并拢,然后以肘关节为轴,手从肘前抬起向右摆置于身体右前方,不要将手臂摆至体侧或身后。同时,脚站成右丁字步,左手下垂,目视来宾,面带微笑。一般情况下,推销员要站在来宾(客户)的右侧,并将身体转向来宾。

• "直臂式"手势。"直臂式"手势也是接待式手势的一种,该手势常表示"请往里走"。即五指伸直并拢,曲肘由腹前抬起,手臂的高度与肩同高,肘关节伸直,再向要行进的方向伸出前臂。在指引方向时,身体要侧向来宾,眼睛要兼顾所指方向和来宾(客户),直到来宾表示已清楚了方向,再把手臂放下,后退一步,并说"请您走好"等礼貌用语。切忌用一个手指指点点。

• 告别手势。这是我们通常所谓的挥手道别时所用的一种手势,也是在人际交往中的常规手势。即身体站直,不要乱动,眼睛目视对方,可用右手或双手挥动,切记不要只用左手挥动。手臂尽力向前上方伸,不要伸得太低或过分弯曲。掌心向外,指尖朝上,手臂向左右挥动;用双手道别时,两手同时由外侧向内侧挥动,不要上下摇动,或根本不动。

手势语要注意的基本要领为:不自然或不雅的手势会招致客户的反感,甚至严重影响交际风度和自我形象,应特别注意避免。如当众搔头皮、掏耳朵、抠鼻孔、剔牙和咬指甲等。另外在任何情况下,不要用一个指尖指他人。当推销员说到他人时,一般应掌心向上,手指并拢伸展表示。当谈到自己时,应用手掌轻按自己的左胸,那样会显得端庄、大方、可信。

⑥眼神。眼睛是心灵的窗户,是一种含蓄的无声语言,能够有效地传递信息和表达情意,一个良好的交际形象,其目光应是坦诚、亲切、和蔼、有神的。因此推销人员在与客户交往时,应充分运用眼神的力量,传递自己的真诚与热情。

目光注视的礼仪标准如下:

• 注视范围。与客户交谈时,目光应该注视着对方。但应使目光局限于上至对方额头,下至对方衬衣的第二粒纽扣以上,左右以两面肩为准的方框中。在这个方框中,有两种注视方式:公务注视一般用于洽谈、磋商等场合,注视的位置在对方的双眼与额头之间的三角区域;社交注视一般在社交场合,如酒会上使用,注视的位置在对方的双眼与嘴唇之间的三角区域。

• 注视角度。在工作中,既要方便工作,又不至于引起客户的误解,就需要有正确的注视角度。一般而言,推销人员对客户有以下3种注视角度。

第一种:正视。正视客户是交往中的一种基本礼貌,其含义是重视对方,正视的时候,要与客户正面相向,同时还需将身体前部朝向对方。

第二种:平视。推销人员在注视客户的时候,目光与对方相比应处于相似的高度。在推销工作中,平视客户可以表现出双方地位平等和不卑不亢的精神面貌。

第三种:仰视。推销人员在注视客户的时候,有时所处的位置会比对方低,此时就需要抬头仰望对方。在仰视客户的状况下,往往可以给客户留下信任、重视的感觉。

• 注视时间。与客户交谈时,注视客户时间的长短也很重要。通常为了表示友好和尊重,注视客户的时间应占全部谈话时长的1/3左右,其他时间可注视对方脸部以外5～10米处,这样会比较自然,有礼貌。

眼神使用应注意的基本要领为:推销人员在与客户谈话时,不宜长时间直视对方的眼睛,应当将目光集中注视在对方的脸部;也要有与客户的目光接触的时候,这样能够表示出对对方的尊重,以及对话题很感兴趣。目光应随着话题内容的变换而有所反应,或喜或惊。另外,不要用俯视的眼光打量客户,这会给客户一种无礼、傲慢的印象。推销员必须正视或平视客户,

让客户有一种受尊重的感觉。最后在交谈时,不要眼神飘忽不定,或是目光闪烁,这样会给客户留下轻浮、不稳重的印象。

⑦微笑。几乎没有人不会微笑,但有相当多的人不善于利用微笑。微笑是最富吸引力、最令人愉悦,也是最有价值的面部表情。人际交往中多一分微笑,就多一分敬重、宽容和理解。一个善于利用笑容来表达美好感情的人,一定会让自己更加有魅力、有风度。

微笑的基本要求为:不发声、不露齿,肌肉放松,嘴角两端向上略微提起,面含笑意,亲切自然,使人如沐春风。微笑是发自内心的、真实感情的流露,切不可强作笑颜,假意奉承。

微笑的训练方法如下:

- 对镜练习:使眉、眼、面部肌肉和口形在笑时和谐统一。
- 诱导练习:调动感情,发挥想象力,或回忆过去美好的、愉快的经历,或展望美好的未来,使微笑源自内心,有感而发。
- 众人面前练习:按照要求,当众练习,使微笑规范、自然、大方,克服害羞的心理。

成功还是失败,或许在第一次擦肩时便已注定。漂亮的仪容、得体的着装和优美的姿态,都会给客户留下一个良好的印象。我们正在努力靠近成功,要想提高成功的几率,就试着提高自己的印象分吧!

2. 让客户为你的风度所折服

(1)递送名片的礼仪。名片是现代人际交往中的重要工具之一,在各种经济活动中被普遍使用,是最重要、最方便的销售工具之一。销售员在与客户面谈时,送给客户一张名片,不仅是很好的自我介绍,而且还与客户建立了联系,既方便又体面。不过,推销人员在使用名片时,也要注意相关的礼仪。

①递送名片礼仪。推销人员在递送名片时要注意以下几个问题:

第一,名片递送的时机。一般来讲,如果是在业务活动中初次相识,并且是值得继续联系的客户,可在刚一结识时就递上自己的名片。这有利于对方迅速了解自己的情况。如果是有约访问,客户已知来访者为何人,可在告别时取出名片交给对方,以加深对方对自己的印象。如果是在有介绍人介入商谈的场合中,可不忙于交换名片,在告别之前,递上名片即可。如果有上司在场,一定要等上司先递完名片后,销售员再递上自己的名片。

第二,名片递送的态度。出示名片应严肃认真,同时眼睛看着对方,以示对对方的尊重。名片应放在名片夹中,放在包的最外侧。另外递送名片时,应客气地对客户说:"这是我的名片,请以后多联系。"不要什么话也不说。

第三,名片递送的方法。在递出名片时,推销人员应双手握住名片的两个角,并将名片的正方向朝着客户递送过去。

②收受名片礼仪。在销售中,客户也可能送给销售员名片,销售员在收受名片时要注意以下几个问题:

第一,收受名片的方法。接受他人名片时,首先应该态度谦和,尽快起身或欠身,身体微倾,面带微笑,用双手的拇指和食指接住名片的下方两角,并且说:"谢谢"或"十分荣幸"。接到名片后,一定要看,这样表示对对方的尊重。

第二,收到名片后要回赠名片。接了他人的名片,一般应当立即回给对方一张自己的名片。没有名片、名片用完了或者忘记带名片时,应向对方做合理的解释并致以歉意,切莫毫无反应。

第三，名片的放置。拿到名片以后，切勿将其随意乱放，或看也不看随手放入口袋，这些行为都是十分失礼的。应该看完后放入西装上衣的内侧兜里，或是名片夹中。

③索要名片礼仪。"来而不往非礼也。"客户拿到你的名片时，一般都会回赠一张自己的名片。但是如果对方的身份地位极高，在你把名片递给他后，他只跟你说了一声谢谢，就没下文了。这时我们就要讲究索要名片的技巧。

第一种方法：联络法。"王经理，认识你我非常高兴，以后我还得多向您学习，不知道以后怎么跟你联络比较方便？"如果这样问的话，客户都会给。但是如果对方说："不好意思，名片用完了。"或是没带在身上，那就是对方不想再和你有任何联系，销售员就不要再要了。

第二种方法：激将法。"尊敬的刘总，很高兴今天能认识你，不知道能不能有幸和您交换一下名片？"利用这种方法索要名片，一般对方都会给。

(2)拜访的礼仪。拜访客户是推销人员销售出产品的必要程序。只有通过拜访才能将自己推销的产品介绍给顾客，引起顾客的购买兴趣，最终将产品卖出去。推销人员在拜访时，选择合适的拜访时机非常重要。

①了解客户的作息时间。站在客户的立场上寻找最方便、最合适的时间来进行商谈。一般下午的15：00～17：00是比较好的拜访时间。

行业不同，客户层级不同，拜访客户的最佳时机也有所不同，这一点需要推销人员时刻注意。

②提前预约时间。重要的大客户一般都很忙，如果不提前预约，很可能见不到被访人。预约可以使销售员有充足的时间去做准备，这将会为谈话和销售的成功奠定基础。

③把拜访时间定在特殊的时间。之所以要这样做，是因为这个时间可能没有其他竞争对手或他人的打扰。比如，在刮风或下雨天这种恶劣的时间去拜访，所有人都不愿意出门的时候，你去拜访客户，反倒会让客户感动，给客户留下一个良好的印象，他很可能会购买你的产品。

拜访客户时，销售员还要注意以下两点：

第一，不做不速之客。推销人员到客户公司或是家里拜访时应事先约好，不要搞突然袭击，这样会给客户留下一个不好的印象。

第二，信守时约，不做迟到人。"时间就是金钱"，当推销人员和客户约好时间见面时，千万不要迟到，一定要准时赴约，最好提前10分钟到。如果实在有突然情况不能按时赴约，一定要提前和客户说明理由。事后想着用其他方法来弥补。

(3)握手的礼仪。当销售员与客户见面或告别时，出于礼貌，都应该与对方握手。握手表示一种尊重，简单握握手，有的时候会让别人感到"如沐春风"。但是握手的姿势、力量与时间的长短都有着不同的寓意，那么推销人员在与客户握手时，应该注意哪些基本规则呢？

①伸手的顺序。握手的标准伸手顺序如下：

- 地位高的人先伸手。
- 男人和女人握手时，应该是女人先伸手，女士有主动选择是否进一步交往的权利。
- 晚辈和长辈握手，应该是长辈先伸手。
- 上级和下级握手，应该是上级先伸手。
- 老师和学生握手，应该是老师先伸手。

在正规的商务场合，则应该基于位高者先伸手的原则，上述5个顺序都完全适合于正规场

合,但是身份不同是不一样的。例如,女士是公关经理,男士是董事长,女士职位显然比男士低,两个单位商务交往,就是董事长地位高,因此应该由董事长先伸手。但是在一般性的社交场合,无论职位高低,仍然是女士优先,大家在一块玩,不讲职务,不讲头衔,那么在礼仪上就是女士的地位高于男士,因此应该由女士先伸手。

除了场合外,握手还有特殊性。最重要的表现是在家里或单位接待客人时,宾主之间的握手。一般的规则如下:

- 客人到达时,主人先伸手。主人先伸手表示对客人的一种欢迎。
- 客人告辞时,客人先伸手。客人辞行先伸手表示请主人留步,主人不要急着去伸手,如果主人先伸手则表示逐客。

②个人和群体握手的顺序。

- 由尊而卑:如果在场的人是一个单位的同事或是家人的话,地位高低是很容易分清的。握手由地位高的开始依次往下排。
- 由近而远:周围有四五个人,或者在宴会厅门口排队,领导排队迎候客人,就不能跳越,应该伸手和最近的人开始握手。群体和个体握手,个体没有伸手,群体的同志就不能先伸手。
- 顺时针方向前进:围在一个圆桌上,或者坐在一个客厅里面,四面都有人,握手的标准化做法是主人先和自己右手的人握手(右手的人一般是主宾),然后按顺时针方向前进。一般在社交场合人们不喜欢逆时针走,除了运动会入场式、轿车在酒店大堂停车(交通规则要求)、追悼会或遗体告别等情况外。

③握手的方法。一般情况下,标准化的手位应该是手掌与地面垂直,无论是掌心向下还是向上的手位都是禁忌且不可取的。

- 掌心向下:掌心向下给人一种傲慢的感觉,自认为是大人物,"俯视芸芸众生"。掌心向下只有交警指挥交通时才会见到。
- 掌心向上:一般情况下掌心向上是表示谦恭。但平时最好别伸,搞不好就成"乞讨状"。

④握手的时间和力量。跟别人握手,时间是很重要的一个点。例如,不太懂礼仪的男士握着女士的手长时间不放,这是一种不尊重的表现。

一般和他人的握手时间不能太短也不能太长,所谓"过犹不及"。通常和人握手最佳的时间是3～5秒钟,当然也不要一碰就跑,握手时最佳的做法是稍微用力,但是不能太狠。

⑤握手的禁忌。

- 最重要的禁忌:心不在焉,不看着对方,甚至是与旁边的人聊天。心不在焉的握手不如不握。
- 握手时戴手套:国际惯例只有女士在社交场合戴着的薄纱手套可以不摘,此外,一般用的御寒手套一定要摘。
- 在国际交往中,尤其是到西方国家去,握手要避免双手交叉握着对方的双手,即所谓"交叉握手"。

(4)称呼的礼仪。称呼是指人们在日常交往应酬时,彼此之间的称谓语。推销人员在与不同年龄、性别和身份的客户交往中,要特别注意称呼上的礼仪。能否选择正确、适当的称呼,反映着自身的教养和对客户尊敬的程度,因此不能随便乱用。一般而言,称呼分以下几类:

- 性别称谓:这是在社交场合最简单、最常用的称呼,特别是对陌生人可常用的一种称呼。这种称呼不分对方的职务、年龄和职业,如同志、先生或女士等。有时也可加上姓氏,如张先生、王女士等。

　　• 职务称谓：这是一种以被称呼人所担当的职务来作为称呼语的称谓。如经理、局长、厂长、院长和书记等。有时在职务前加上姓氏也可以，如陈院长、张书记、张主任和马经理等。

　　• 职业称谓：这是一种以被称呼人所从事的职业来作为称呼语的称谓。如老师、律师、护士和服务员等，或张老师、王律师等。

　　(5)介绍的礼仪。在销售活动中，介绍和被介绍是一个重要环节。介绍分为自我介绍和介绍他人。在介绍中，销售员应注意以下几个问题：

　　①自我介绍。

　　• 选准时机。要想自我介绍获得成功，给客户留下一个深刻的印象，首先应考虑选择适当的时机来做自我介绍。所谓适当的时机，是指客户在有兴趣、有空间、比较安静的时候。反之，则不必急于介绍。例如，客户在忙工作时，不要打扰他，以免造成不好的后果。

　　• 注重态度。自我介绍时，要落落大方，笑容可掬，态度诚恳，举止、仪表应庄重，表情亲切。

　　• 把握分寸。推销人员自我介绍时，应措辞有度，时间最好不要过长，一般1分钟为宜。

　　②介绍他人。在销售活动场合若是多人在一起，存在彼此不认识的情况时，推销人员应承担起介绍人的责任。

　　介绍他人，又称第三者介绍，它是经第三者为彼此不相识的双方引见介绍的一种介绍方式。

　　• 介绍的顺序。在为他人做介绍时，先介绍谁、后介绍谁，是非常重要的问题。根据规范，处理这一问题时必须遵守"尊者优先了解情况"的规则。在为他人做介绍前，先要确定双方地位的尊卑，先介绍地位低者，后介绍尊者，可以使位尊者优先了解对方的情况，在交际应酬中掌握主动权，以示对地位高者的尊重。

　　根据这些规则，为他人做介绍时的顺序大致有以下几种情况：

　　第一，介绍年长者与年幼者认识时，应先介绍年幼者，后介绍年长者。

　　第二，介绍长辈与晚辈认识时，应先介绍晚辈，后介绍长辈。

　　第三，介绍女士与男士认识时，应先介绍男士，后介绍女士。

　　第四，介绍来宾与主人认识时，应先介绍主人，后介绍来宾。

　　第五，介绍上级与下级认识时，应先介绍下级，后介绍上级。

　　第六，介绍职位、身份高者与职位、身份低者认识时，应先介绍职位、身份低者，后介绍职位、身份高者。

　　• 介绍的内容。在为他人做介绍时，介绍者对介绍的内容应当字斟句酌，慎之又慎。倘若对此掉以轻心，词不达意，敷衍了事，很容易给被介绍者留下不良印象。根据实际需要的不同，为他人做介绍时的内容也会有所不同。通常，有以下6种形式可供借鉴：

　　第一，标准式。适用于正式场合，内容以双方的姓名、单位和职务等为主。

　　第二，简介式。适用于一般的社交场合，其内容往往只有双方姓名一项，甚至可以只提到双方姓氏为止。接下来，则要由被介绍者见机行事。

　　第三，强调式。适用于各种交际场合，其内容除被介绍者的姓名外，往往还可以强调一下其中某位被介绍者与介绍者之间的特殊关系，以便引起另一位被介绍者的重视。

　　第四，引见式。适用于普通的社交场合。做这种介绍时，介绍者所要做的是将被介绍者双

方引见到一起,而无须表达任何具有实质性的内容。

第五,推荐式。适用于比较正规的场合,多是介绍者有备而来,有意要将某人推荐给某人,因此在内容方面,通常会对前者的优点加以重点介绍。

第六,礼仪式。适用于正式场合,是一种最为正规的他人介绍。其内容略同于标准式,但在语气、表达和称呼上都更为礼貌、谦虚。

• 介绍的举止和态度。被介绍的双方在介绍人介绍完后,应互相握手,寒暄几句。另外,介绍者为双方做介绍之前,要尽量征求一下被介绍者双方的意见。

3. 让客户"听"出你的形象

礼仪小故事

销售员:"您好,这里是××公司,请问我能帮您做点什么吗?"

客户:"你们还有特价供应的传真机吗?"

销售员:"这种传真机是您想要的那一种吗?"(此时,任何一个优秀的销售员都不会用"是"或"否"来回答这个问题,而是以问题回答并引导客户定下约会)。

客户:"是的,是我想要的那一种。"

销售员:"好极了。我可以在今天或明天和您进一步谈谈。您愿意到我的公司来吗?还是我去拜访您好呢?"

电话是表现一个人形象的重要窗口,它能体现出一个人是否具有良好的礼仪风貌,能判断出一个人的修养水准。如何接、打电话,也是一门艺术,虽然通话的双方都不曾谋面,但是通过声音,客户可以感觉到推销员的修养。因此,推销人员学习电话销售礼仪也是十分必要的。

(1)你的魅力从这里开始——接听电话礼仪。电话是推销人员从事推销工作的重要工具。对于推销人员来说,接听任何一个咨询电话,都有可能成就一个生意的机会。其实接听电话看上去很简单,但对推销人员的要求却很高,以下就来介绍几点推销人员接听电话的礼仪要求:

第一,接电话要热情。如果推销人员接电话时无精打采,毫无生气,客户是能够从你的声音中"听"出来的。因此每当我们接电话时,都要以热情、充满活力的声音回应客户。

第二,铃声不过三。电话铃声一旦响起,应立即停止自己所做之事,在铃声响过第二声时,接起电话,并且不要让铃声超过 3 响。客户长时间等待,容易对推销员产生不好的印象。如果电话响了很久,才接起电话,应该先向对方道歉:"抱歉,让您久等了。"

第三,礼貌应对。推销人员接起电话后,都喜欢问对方是谁或你找谁? 其实这是一种特别不高明的方法。一名有经验的推销员会在接起电话时这样说:"您好! 这里是××公司,我是××。"当推销员这样介绍完自己后,如果是老客户,他会很自然地告知你他是谁,有什么事情。如果客户没有说,或是来电话的是一位新客户,那我们也可以用文雅的问话方式问道:"我可以知道您的尊姓吗?"或者"请问您贵姓?"另外推销员要记注,电话形象不仅代表个人形象,更重要的是它还代表着公司形象。所以接电话要有礼貌,永远不要说"喂"。

第四,规范终止。结束通话时,应认真询问对方:"还有什么事吗?"或者"还有什么事要吩咐吗?"这样不但表示尊重对方,也是提醒对方该结束通话了。另外,挂电话时为了表示对客户的尊重,应先让客户挂断电话后,推销员再挂断电话。

第五,对客户一视同仁。无论大小客户都应一视同仁,不要在小客户面前"拿架子",不要让客户感到自己受到轻视。

第六,电话中途断线,应主动打过去。我们时常会遇到这样的情形:当通过电话与客户交谈时,电话在中途突然操作失误或没信号断线了。如果事情没有谈完,推销人员应该主动打回去以使谈话继续下去,不能因事情大致已谈完,就对此听之任之。拨通后,要向客户致歉:"非常抱歉,刚才电话断线了"。

(2)先声夺人——拨打电话礼仪。

礼仪小故事

推销员小侯在给客户打电话的中途需要用到一些资料,因此向对方说了一声"请稍等片刻",就开始查阅资料。可是,她想要找的资料临时却找不到了。过了5分钟后,她好不容易将资料搬到了办公桌上,并且终于拿起了听筒,电话却被客户挂断了。

点评:推销人员给客户打电话,必须要事先做好准备,将所需要的相关资料找齐,以免像小侯一样,出现电话打到一半时突然想起对方所要的资料没有拿,于是不得不让客户等待的情形。其实,既然是有目的地打电话,推销人员就应好好做准备,并注意相关的礼仪细节。

打电话的礼仪要求如下:

①拨打电话前做好准备工作。只有明白了打电话的目的,才能根据目的设想如何提问,在电话中可能会出现哪些情况,如客户可能不在或正在忙其他事情,以及针对这些情况又应如何处理等。另外在打电话时,一定要准备好记录本和笔,左手打电话,右手可以记录。

②打电话要有礼貌。在所有准备工作完成后,就可以给客户打电话了,打电话时,开口所讲的第一句话是给客户的第一印象,所以应当慎重。

打电话时,第一句话一定要先"自报家门"。告之对方自己的姓名,是哪个单位的。例如:"您好!我是××公司的客户经理,我叫×××,我要找中国平安保险公司哈尔滨分公司的总经理×××先生。"

若是要找的人不在,可以请接电话的人转告,如"对不起,麻烦您帮我转告×××"然后将你所要转告的话告诉对方,最后别忘了说声谢谢,并且问清对方的姓名。切记不可直接把电话挂了,这样做是一种不礼貌的行为。即使你不要求对方帮着转告,也应该说一声:"谢谢!打扰了。"打电话结束时,要道谢和说声"再见",这是通话结束的信号,也是对对方的尊重。

③掌握好通话时长。在电话礼仪中,有一种原则为"三分钟"原则。就是指推销员给客户打电话的时间,最好不要超过3分钟。如果电话时间过长,则效果会不好。这就要求推销员掌握好说话的技巧,说话内容简明扼要,干脆利索。

④打电话要看时间。推销员在给客户打电话时,一定要考虑时间的选择,一般在早上8:00前,晚上18:00后,以及中午午休时间11:00~14:00不要给客户打电话。选择合适的打电话时间,关键是站在客户的角度去考虑,当然也要依客户的熟悉程度而灵活掌握。

⑤礼貌结束通话。在通话结束时,别忘了向对方道一声"再见"、"谢谢"或是"祝你成功"等恰当的结束语。

任务练习

练习项目:试想上门推销一件产品时,需要注意哪些礼仪?

步骤1:修饰自己的仪容。

步骤2:给自己搭配一身得体的西装或套裙。

步骤3:训练仪态礼仪,让自己的举止和表情更加优雅。

步骤4:上门拜访要有礼节。

步骤5:注意递送名片、接收名片、自我介绍和握手的礼仪。

步骤6:电话回访时,推销人员所需注意的电话礼仪。

任务二　语言训练

任务说明

对许多推销业务员而言,开口说话并不难,难的是说什么,怎么说。因为许多客户往往会因为一言不合便拂袖而去或将你拒之门外。毋庸置疑,语言表达已经成为优秀推销员的一项基本技能。那么如何能让你的语言更艺术,怎么才能掌握说话的技巧呢? 这是推销人员需要学习的内容。

任务指导

一、说话的技巧

在推销工作过程中,我们处处都应注意正确地使用服务用语。服务用语是推销工作的基本工具,要使每一句服务用语都能发挥它的最佳效果,这就要求推销业务员必须讲究语言的艺术性。服务用语不能一概而论,我们应根据推销工作的要求和特点,灵活掌握。

首先,我们要正确地使用礼貌用语。例如:

- 在对客户打招呼时先说:"您好"。
- 对他人表示感谢时说:"谢谢"、"谢谢您"等。
- 打扰客户,给客户带来麻烦时说:"对不起"、"实在对不起"、"打扰您一会时间"或"对不起,我可以占用一会您的时间吗?"等。
- 由于失误表示歉意时应说:"很抱歉"、"实在对不起"等。
- 当你没听清对方说的问话时应说:"对不起,我没听清,请您重复一遍好吗?"。
- 要和客户告别时应说:"再见。"

其次,推销人在与客户说话时,要选择恰当的词语。在表达时,由于选择词语的不同有时会有几种说法,往往会给客户以不同的感受,产生不同的效果。例如:"请您这边走"。客户听起来就会觉得推销员很有礼貌,但如果把"请"和"您"省略了,变成"这边走",在语气上就显得比较生硬,变成命令式的口气了。这样会让客户难以接受。另外,在服务中要注意选择语气用语,如"几位"、"您贵姓"和"贵公司"等,这样的词语会让人听起来更加文雅。

再次,推销人员的语言要简练,语速要适中,语调要富有情感,并时时面带微笑。与客户交谈的时间不宜过长,说话的语速也不要太快或太慢。如果语速太快,会让客户感觉很急燥;如果太慢,又会让人听起来有气无力的。另外,说话的声音也不要太刺耳,语调要柔和。

最后,推销人员要掌握好"我"字的运用分寸。在人际交往中,"我"字讲得太多,过分强调,就会给人以突出自我、标榜自信的印象,这会给推销人员带来很大的麻烦,因此在与客户说话时,应用"我们"来代替"我"字。例如:"我想今天下午去你们公司,和您见面谈这件事情比较好。"可以改成:"今天下午,我们见面谈这件事情会比较好。您看我去贵公司找您,可以吗?"

二、推销语言的艺术

由于各种职业的特点不同,所以在说话时,语言的表达方式也是不一样的。那么作为一名推销人员,应该如何完美地表达出自己的语言呢?

1. 要少用否定句,多用肯定句

肯定句与否定句意义恰好相反,不能随便使用,但如果运用得巧妙,肯定句可以代替否定句,而且效果更好。例如,客户问:"这件衣服还有红色的吗?"销售员回答:"没有。"客户听了之后,一定会说:"那我就不买了。"但如果销售员换个方式回答,客户可能就会有不同的反应。例如,"真抱歉,红色进货少,已经卖完了,不过我觉得蓝色和白色更适合您的气质,您可以试一试。而且今年特别流行这两种颜色。"这样回答,就会使客户对其他商品产生兴趣。

2. 多用"是、但是"法

这是一个广泛应用的方法,它非常简单,也非常有效。具体说来,就是推销人员一方面要肯定客户的说法,另一方面又要为客户解释这种说法产生的原因。例如:

一家植物商店里,一位客户正在打量着一株非洲紫罗兰。客户:"我一直想买一棵非洲紫罗兰,但听说开花很难,我的一位朋友家的紫罗兰就从来没开过花。"

销售员说:"是的,您说得对,很多人的紫罗兰都开不了花。但是,如果您按照规定要求去做,它是肯定会开花的,这个说明书将告诉您如何照管紫罗兰,请按照上面的要求精心管理,如果仍不开,可以退回商店。"

这位销售员用一个"是"对客户的话表示赞同,又用一个"但是"解释了紫罗兰不开花的原因。这种方法可以让客户心情愉快地改变对商品的误解。

3. 展示流行法

这是一种通过揭示当今商品流行趋势的方法,劝导客户改变自己的观点,从而接受销售员的推荐。这种方法一般适用于年轻客户。例如:

一位父亲想给年轻的儿子买辆赛车,他们来到一家车行。儿子想要一辆黑色的赛车,但已脱销,销售员劝他买别的颜色,但是那位年轻人固执己见,非要一辆黑色的不可。这时,经理走过来说:"您看看大街上跑的车,几乎都是红色的。"一句话,使这位青年改变了主意,欣然买下了一辆红色的赛车。

年青人都有追赶时髦的心理,所以运用展示流行法可以起到很好的效果。

三、"练"出好口才

冰冻三尺,非一日之谈。想要成为一名说话高手,必须要日复一日地进行练习。推销人员可以进行以下 4 种练习:

1. 思辨训练

一般情况,往往心里怎么想,嘴上就怎么说,想与说,思维与表达交相传递,循环往复,以此在社会活动中交流思想,交换意见,传递信息。通过一定训练,可以思维敏捷,达到脱口而出。

• 快速表达。我们可以多做一些即兴演讲,可以验证自己是否具有敏捷的思辨能力,证实自己是否具有说话的能力。

• 发散表达。这种表达方式可以使我们的思维拓展、升华,由此及彼,举一反三。在平时要注重知识的积累,按"字—词—词组—句子—段落—篇章"进行发散,写成书面文字,然后依次通顺流畅地表达出来。

• 聚敛表达。这是与发散表达逆向的表达方式,做到"会当凌绝顶,一览众山小"。

• 延伸表达。是指思考问题朝纵向发展,向深处发掘,从简单到复杂,由平面向立体转化。

2. 快语训练

与人交谈,如果对方吞吞吐吐,客户听起来一定不感兴趣,不耐烦;若是简洁明了,雷厉风行,则会给人一种不一样的感觉。因此,快语训练必不可少。但是这种训练不是要求加快语速,好似开机关枪,而是一种不拖泥带水的说话方式。

• 快速复述。对材料内容读2~3遍后,要求训练者用略快于平时的语速复述出来。

• 快速转述。听几段不同内容的讲述录音,录音材料不宜太简单,应包含几个旨意要点或情节的转换,让训练者听后立即做分列式转述。

• 快速讲述。就熟练的事物做具体介绍,要求有条有理,不重复,不加口头禅,语速快,主旨清,条理明。

• 快速口述。对一幅图像看3~6秒,然后讲出图像的内容或所想到的内容。可以按由易到难的顺序进行,先就直观内容进行解说,然后转入细节描述,最后对其进行品评,要求有自己的思想和见解。

3. 反馈训练

谈话双方要求对对方的话有所反应,以便更好地促进交流与沟通,以此培养敏锐洞察对方的心理反应的能力。

4. 语流训练

培养完整、准确的口才表达能力,以做到讲话意思完整明了,语言生动流畅。

• 储词训练。词汇是语流的"细胞","不积跬步,无以致千里,不积小流,无以成江海"。储词训练是语流训练的基础。

• 句式训练。培养运用各种句式推动语流畅通,增强表达效果的能力。可以训练长短句的变换,以及陈述句、疑问句、祈使句和感叹句的运用等。

• 炼名训练。可以对啰嗦的长句进行删改,达到简明扼要、清楚明了的效果,也可以做一句话新闻的训练。

四、让语调更美妙

销售员说话的语气对销售过程的影响同样不可忽略。表面上每个人似乎都了解自己说话的语气,但事实上却并不一定中听。很多销售员不善于使自己的声音更动听,要实现这一点,需要养成良好的习惯。在说话时,注意语气要抑扬顿挫,舒缓有力。建议销售员可以用录音机或录音设备把自己的声音录下来,然后仔细听听,找出自己的毛病。

任务练习

练习项目：模拟向客户推销一件产品
步骤1：推销员介绍产品。
步骤2：推销员向客户推销此产品
步骤3：是否完成销售任务。
步骤4：所用时间是多少。
步骤5：教师点评，在推销产品时，推销员的语言表达有哪些优势，同时存在哪些问题。

任务三　"30秒"自我介绍训练

任务说明

在这个世界上，所有最顶尖的演说都是从自我介绍开始的，自我介绍是自我推销的钥匙，因为任何人一开口，其实就是在做自我介绍；通过自我介绍，你将学会如何包装自己和销售自己，你最大的进步就来自于无懈可击的自我介绍，销售员要想持续不断地成功与进步，那就要学会如何介绍自己。

任务指导

一、自我介绍的方式

把自己介绍给其他人，是让对方认识自己的一种方式。这是推销人员工作中最常见的一种情况。推销人员在与客户第一次见面时，如能措词适当、彬彬有礼，不仅有助于自我展示、自我宣传，而且能使客户对你产生好感，愿意与你继续交往，同时，为进一步销售工作奠定良好的基础。

对于推销人员来讲，好的自我介绍方式有以下3种：

第一种，公务式自我介绍。这种自我介绍一般是在很正式的场合所使用的。介绍的内容包括姓名、单位和职务3项。例如，"您好，我是××公司的保险推销员，我叫×××。很高兴认识您！"

第二种，社交式自我介绍。这是刻意寻求一种与交往对象进一步交流与沟通的方式的自我介绍。例如，"我是全中国最大的人寿保险公司，中国××公司蚌埠分公司的季伍利，'季'是季节的季；'伍'是队伍的伍；'利'是胜利的利。名字特别好记，谐音是'记住队伍胜利了'，我在保险公司是专门做保险推销工作的，是一名专职的保险推销员，专门送保障给千家万户；同时我在公司又兼任售后服务工作，是一名售后服务员，专门替客户排忧解难，解决疑难问题的。总而言之，我是你们大家的服务员———中国××公司的季伍利。"

第三种，礼仪式自我介绍。礼仪式自我介绍是一种表示对交往对象友好、敬意的自我介

绍。一般用于讲座、报告和演出等正规场合。例如,"各位朋友,大家下午好! 非常高兴今天能在这里认识大家。首先要感谢我的父母给我的支持,让我能自信地站在这里,我想给我们全天下最伟大的父母亲以热烈掌声,鼓励一下,好吗? (掌声)谢谢! 我叫季伍利,'季'是季节的季,'伍'是队伍的伍,'利'是胜利的利,名字特别好记,谐音是'记住队伍胜利了'。我来自天府之国四川,目前是中国人寿保险公司蚌埠分公司保险业务员中的高级主任,在此也祝福在坐的每一个朋友,新年快乐,家庭幸福,也希望每一个朋友在这 3 天能学到更多,收获更多! 谢谢大家! (掌声)"

二、学会自我介绍的技巧

第一,推销员在自我介绍时要充满自信,自然大方。推销员最终的目的是要推销他的产品,如果推销员在介绍自己时都没有底气,没有自信,那客户根本不会相信你所销售的产品是好的。所以自信很重要。

第二,要诚心诚意,不可虚假造作,既不夸大其词,也不自卑自负。推销员要切记,在向客户介绍自己时一定不要夸大自己。一旦被客户发现你说了假话,那将会对你今后的发展十分不利。

第三,介绍时要反复强调自己的姓名,加强对方的记忆。

第四,介绍时讲话要清楚,不要过急,语调适中。

第五,介绍自己姓名时要有创意、新颖,能够吸引客户。在销售中有一句经典名言:"人无我有,人有我优"。推销人员处处都要表现出创新的独特风格,如果大家都一样,就无法吸引客户的眼球。

第六,在做自我介绍的同时,辅给对方一张名片。客户通常在忙的时候,很可能会不记得你的名字,即使你已经跟他反复强调过很多次,但事后,他还是有可能忘记。所以,当推销员向客户做完自我介绍后,最好再附上一张个人名片,这样可以加强客户的记忆,如果忘了,还可以找名片看看。

三、"30 秒"自我介绍的内容

在 30 秒钟之内,一定要传达给客户以下内容,以保证客户对推销人员及接下来的谈话感兴趣。①姓名;②公司名称;③有创意的描述自己的职业;④能够带给客户的利益。

任务练习

练习项目:假设你是一名保险公司的推销员,现在向你的客户做一次 30 秒的自我介绍
步骤 1:准备以保险公司销售员为身份背景的自我介绍资料。
步骤 2:以随机方式进行自我介绍。
步骤 3:师生讨论,同学互评,教师鉴定。

第二部分

推销实务

项目三　推销信息收集与整理

学习指南

【任务目标】

◎**态度目标**

1. 养成严谨、客观的思维习惯。

2. 养成以客户的动态需求为中心的思考习惯。

3. 养成热情服务、严于律己、认真负责的职业态度。

4. 培养有效的沟通能力。

◎**技能目标**

1. 能够制作调研问卷。

2. 能够分析客户的动态需求。

3. 能够进行信息的统计与整理工作。

◎**专业知识目标**

1. 理解并掌握信息的收集方法。

2. 掌握信息整理的方法。

【任务完成步骤】

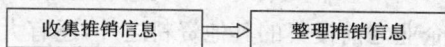

```
收集推销信息  ⟹  整理推销信息
```

任务一　收集推销信息

任务说明

　　收集推销信息是进行客户需求了解的第一步，是推销人员针对收集到的推销信息来了解客户需要的变化，并做出准确的判断，进而使推销人员了解市场环境及客户需求的重要环节。推销人员应该明确信息来源的途径，并通过有效途径收集信息，帮助企业了解客户对产品的态度及对企业的忠诚度，并提供信息支持，协助研发部门开发满足客户需求的新产品，有效地保证企业在市场中的竞争力。

任务指导

一、推销信息来源的途径

1. 建立一个顾客咨询小组

顾客咨询小组可以包括顾客代表、公司最大的客户,以及最坦诚或精明的顾客,通过对小组中顾客的调查,了解顾客意见,并将此意见反馈到企业,作为产品及服务升级的重要依据。

2. 利用政府数据资源

政府定期会通过相应的官方网站向外部发布信息。作为企业,可通过政府来了解宏观环境变化及竞争对手的发展情况,确保企业所得信息的真实性和全面性。

3. 从外界供应商购买信息

著名的信息供应商有 A. C. 尼尔森(A. C. Nielsen)公司和信息资源公司(Information Resources)。这些调研公司收集顾客样本群数据比公司自己收集数据的成本要小得多。

4. 利用网上顾客反馈系统来收集竞争情报

顾客可以通过在线顾客反馈系统、论坛、聊天室和博客等传递自己对产品或供应商的评价,并将这些信息散布给许多其他潜在购买者,也会散布给正在搜集竞争对手信息的推销人员。在聊天室里,用户可以分享经验与感受,但是聊天室的结构特点不便于推销人员收集有用的信息。为了解决这一问题,一些公司采用了结构化的系统,例如顾客讨论版或顾客评论区。

二、推销信息的资料类型

推销信息的资料主要通过调研的方式取得,其类型为一手资料和二手资料。一手资料以本次调研目的为基础,通过调研问卷等方式直接获取有效数据。这种方式的优点是,因为问题是基于此次调研目的所设计的,所以得到的数据结果准确率高,可以客观、有效地反应顾客需求的变化。缺点是缺少及时性,耗费成本高。

二手资料收集根据调查目的的不同,市场调研所采用的方法也各不相同。研究表明,单一的市场调查方法容易导致调查结果有较大的偏差,因此科学地采用适合调查目的和内容的数据收集方法显得非常重要。市场调查中搜集的二手资料来源非常广泛,除了企业内部的业务资料、统计资料、财务资料和企业之前搜集的其他资料之外,还有大量的来自企业外部的资料,如统计部门公布的资料、市场调查机构发布的统计信息、各种媒体提供的资料,以及图书馆馆藏资料等。二手资料还有一个重要的来源,就是因特网和在线的数据库。

二手资料在市场调研的前期,特别是探索性调研设计的阶段作用非常大,是一种非常重要的市场调查手段。一般来说,其作用主要有以下几个方面:

(1)确定市场调研的目的,为后期的一手资料收集提供必要的帮助。

(2)可以作为评价原始资料是否可靠的依据。

(3)为未知的调查提供调查方向。并不是每次调查都明确地知道应该调查什么项目,特别是那些探索性调查项目,二手资料可以帮助其寻找调查方向。

(4)通过连贯的市场信息,可以进行市场供求趋势分析和市场现象之间的相关和回归分析。

总之,二手资料的收集具有费用低、速度快等特点,但缺乏针对性。

因此,现阶段企业调研通常采取一手资料与二手资料相结合的调研手段来完成。

三、推销信息调查表

推销信息调查表是一种以书面形式了解被调查对象的反应和看法,并以此获得资料和信息的载体。推销信息调查表是了解推销信息的重要工具,如表 3.1 所示。

表 3.1　推销信息调查表　　　　　　　　　　　　　　NO.

项　　目	调查结论
顾客的教育背景	
对产品接受程度	
产品使用频率	

任务提示:制作推销信息调查表时应该注意什么?

(1)从现状调查中找出客户的问题点。

(2)列出该调查表中应提及的问题。

(3)提问的内容应尽量短。

(4)用词要确切、通俗。

(5)每一项提问只包含一项内容。

(6)避免诱导性及敏感性问题。

小资料

如何设计推销信息调查表

1. 设计调查表的步骤

调查的目的是为了更好地搜集市场信息及消费者需求,在设计过程中首先要把握调查的目的与要求,同时力求取得被调查者的充分合作,保证提供准确有效的信息。

(1)根据调查目的确定所需的信息资料,在此基础上进行问题的设计与选择。

(2)确定问题的顺序,一般简单、容易回答的问题要放在前面,问题排序要有关联,合乎逻辑,便于答卷人合作并产生兴趣。

(3)问卷的测试与修改。

2. 调查表设计程序

(1)确定调研目的和来源。

(2)确定数据收集方法。

(3)确定问题回答形式(开放式、封闭式和量表应答式问题)。

(4)决定问题的措词,用词要清楚,避免出现诱导性用语,考虑应答者回答问题的能力和意愿。

(5)确定问卷的流程编排。

(6)评价问卷和编排。

(7)问卷说明应使用明显的字体。

(8)获得相关方面的认可。

(9)预先测试和修订。

(10)准备最后的调查表。

(11)实施。

任务练习

练习项目：制作推销信息调查表。

步骤1：组成学生学习小组，明确组织分工。

步骤2：通过多方途径收集相关资料。

步骤3：以小组为单位，分析顾客需求，设立问题。

步骤4：根据分析结果，制作推销信息调查表。

步骤5：结合设计程序，完善推销信息调查表。

步骤6：小组选派一名代表展示推销信息调查表，并阐明设计思想。

步骤7：小组互评，师生讨论，教师鉴定。

任务二　整理推销信息

任务说明

整理推销信息是对调查、观察和实验等研究活动中所搜集到的资料进行检验、归类编码和数字编码的过程。它是数据统计分析的基础，有助于通过定量的数据反应定性的内容，为企业有效开展产品销售提供重要资料。

任务指导

一、数据整理的含义

数据整理是指根据调查研究的目的，运用科学的方法，对调查所获得的数据进行审查、检验、分类和汇总等初步加工，或对二手资料进行再加工，并以集中、简明的方式反应调查对象总体情况的过程。其任务在于使调查数据系统化、条理化和层次化，为揭示和描述调查现象的特征、问题和原因提供初步加工信息，为进一步的分析研究准备数据。

二、数据整理的作用

数据整理是从信息获取过渡到分析研究的重要过程。一般来说，数据获取提供原材料，数据整理提供初级产品，分析研究提供最终产品。同时数据整理也是提高调查数据质量和使用价值的重要步骤。因此，科学合理地整理数据对于完成推销来说具有重要的意义和作用。

1. 数据整理是完成推销工作的重要环节

整理资料的目的在于对调查资料做进一步的分析研究,发现资料中所包含的规律性关系。不管是对资料做定性分析,还是做定量分析,为了获取真实有效的结论,必须建立在调查资料准确、客观和完整的基础之上,否则如果资料本身存在漏洞或缺失,据此推出的结论就不准确。因此在开展推销工作之前,一定要认真对资料进行整理,这是进一步开展推销工作的重要前提。

2. 数据整理有利于提升数据的价值

一方面,调查对象本身非常广泛,并且处于不断的变化与发展之中;另一方面,调查者自身的知识水平和看问题的角度不同,以及调查方法本身就不是十全十美的,使得调查所取得的资料难免出现错误、虚假和遗漏。要解决这些问题,调查者除了在调查过程中精心组织并严格登记外,还要在研究阶段通过对资料的整理,对其进行全面的检查,以剔除错误,辨别真伪,弥补缺失,使调查的资料全面、真实和准确。

3. 数据整理可以激发产生新的信息

在信息资料的整理过程中,通过调研人员的智力劳动和创造性思维,使已有的信息资料发生交合作用,从而有可能产生一些新的信息资料。利用各种过往的信息资料,可以推测和估计市场的未来状态,这种预测的信息也是一种新的信息。

4. 数据整理是保存调研资料的客观要求

市场调查的原始数据,不仅是当时做出调查结论的客观依据,还是今后研究同类市场现象的重要信息来源。因此,每次市场调查都应该认真整理调查得来的原始数据,以便长期保存和研究。实践证明,一份真实、完整的原始调查数据,往往具有长久的研究价值,并且随着时间的推移,其价值将越来越大。

三、数据整理的内容

1. 数据确认

数据确认是指对原始数据或二手资料进行审核,查找问题,采取补救措施,确保数据质量。

2. 数据处理

数据处理是指对问卷或调查表提供的原始数据进行分类和汇总,或者对二手数据进行再分类和调整。

3. 数据陈示

数据陈示是指对加工整理后的数据用统计表、统计图、数据库或数据报告等形式表现出来。

四、数据整理的原则

数据整理是市场调查与预测的重要环节,为了保证数据整理工作的优质和高效,必须遵循以下 6 个原则:

1. 真实性

真实性是指数据资料必须真实,不能弄虚作假,主观杜撰。对收集到的数据资料要根据实践经验和常识进行辨别,看其是否真实可靠地反映了调查对象的客观情况。一旦发现有疑问,就要再次根据事实进行核实,排除其中的虚假成分,保证数据资料的真实性。如果整理出来的数据资料不真实,那么,比没有调研数据资料更危险。因为没有调查数据资料,最坏是做不出结论,而如果资料不真实,就会做出错误的结论,这比做不出结论更有害。因此,真实性是整理调研数据时应遵循的首要标准。

2. 准确性

准确性是指数据资料必须准确,不能模棱两可、含混不清,更不能自相矛盾。如果某位被调查者在年龄栏内填写的是 25 岁,而在工作年限栏内填写的是 10 年,这显然是不合乎逻辑的,对类似的数据资料都应认真审核处理。同时,对搜索得来的各种统计图或表格应重新计算并复核。利用历史资料时更要注意审查参考文献的可靠程度。

3. 完整性

完整性是指数据资料必须完整,不能残缺不全,更不能以偏概全。检查数据资料是否按照调研提纲或统计表格的要求收集齐全或填报清楚,应该查询的问题和事项是否都已经查询无漏。如果数据资料残缺不全,就会降低甚至失去研究的价值。

4. 统一性

统一性是指数据资料必须统一,主要指调研指标解释、计量单位和计算公式的统一。检查各项数据是否按规定收集,能否说明问题,对所研究的问题是否起到应有的作用。在较大规模的调研中,对于需要相互比较的数据更要审查其所涉及的事实是否具有可比性。如果数据资料没有统一标准,就无法进行比较研究。

5. 简明性

简明性是指数据资料必须简明,不能庞杂无序。经过整理所得的数据资料,要尽可能简单、明确,并使之系统化、条理化,以集中的方式反映调研对象的总体情况。如果整理后的数据资料仍然臃肿、庞杂,使人难以形成完整的概念,那么,就会给以后的研究工作增加许多困难。

6. 新颖性

新颖性是指数据资料要尽可能新颖。在数据整理时,要尽可能从新的角度来审视数据资料,组合调研数据资料,尽量避免按照陈旧的思路考虑问题,更不能简单重复别人的老路。只有从数据资料的新组合中发现新情况和新问题,才能为创造性研究打下良好的基础。

五、数据整理的步骤

数据资料是市场调查与预测中定量分析的依据,因此数据资料的整理也称定量资料的整理。在收集好数据资料后,为了得出正确的调查结论,需要对数据资料做进一步的整理,其一般程序包括以下几个步骤:

1. 设计数据整理方案

数据整理方案是根据资料研究的目的和要求,事先对整个工作做出全面的安排和计划。这是保证数据整理有计划、有组织进行的重要一步。其主要内容包括:确定资料审核的内容和方法;根据研究目的和任务,确定具体分组;选择资料汇总的方式;做好组织工作和实践进度的具体安排等。

2. 审核数据

对调研资料进行审查和核实,其工作是:看是否存在虚假现象,是否存在差错,重点检查数据的真实性、准确性和完整性。

3. 进行数据分组

数据分组是数据整理的关键,是指根据市场调查的目的和任务,按照整理方案中所选择的分组标志,对调研数据进行分组,为调研数据的分析预测做准备。

4. 对数据进行汇总

汇总就是根据调查研究目的把分组后的数据汇集到有关表格中,并进行计算和加总,集中、系统地反映调查对象总体的数量特征。资料的汇总技术有手工汇总和计算机汇总两大类。

5. 显示数据整理的结果

经过汇总的数字资料,一般要通过表格或图形的形式表现出来,最常见的方式就是统计表和统计图。统计图表能以直观、清晰、简化的形式将汇总的数据资料表现出来,以供调研者阅读、分析和预测使用。

六、数据审核的方法

数据的审核是对收集到的数据进行审查与核实,消除其中存在的错误或疏漏,以保证数据的准确、真实、完整和一致,达到数据整理的目的和要求。

(1)审核的内容。

①完整性审核。数据的完整性审核主要包括两个方面的内容,一是审核应该调查的单位和每个单位应该填报的表格是否齐全,有没有漏单位或漏表格的现象;二是审核每张调查表格的答案是否完整,有没有缺报的指标或漏填的其他内容。

②正确性审核。所谓数据的正确性审核,就是看数据是否符合实际和计算是否正确。数据的正确性审核一般采用 3 种方法:判断检验、逻辑检验和计算检验。

• 判断检验就是根据已知情况来判断数据是否真实和正确。如已知某单位是比较落后的单位,而调查指标的数字却明显超过先进单位,那么,对于这些数字就应设法进行进一步的审查和核实。

• 逻辑检验就是从数据的逻辑关系中来检验其是否正确和符合实际。一般来说,正确的答案是合乎逻辑的,而不合乎逻辑的答案则可能是不正确的。比如,收入与支出,播种面积与总产量,教师数与学生数,职工人数与工资总额,以及人口的年龄、文化与婚姻、职业等状况之间,都有一定的逻辑联系。如果发现支出大大超过收入、播种面积与总产量不相吻合、教师数与学生数不合比例、10 岁的孩子被填写成已婚,以及小学文化程度的人填自己的职业是中学教师等情况,显然是不符合逻辑的。

• 计算检验就是通过各种数字运算来检查各项数据有无差错。比如,各分组数字之和是否等于总数,各部分的百分比相加是否等于 1,各种平均数、发展速度、增长速度和指数的计算是否正确等,都可以通过数学运算来进行检验。此外,对同一调查指标的数字所使用的量度单位是否一致,不同表格对同一调查指标的计算方法是否统一等,也应进行必要的检查。

③时效性审核。检查调查访问时间和数据的时效性,主要是看被调查单位是否都按规定日期填写和送出资料,填写的资料是否是最新资料,从而避免将失效、过时的信息引入决策。

④一致性审核。一致性审核就是检查各种数据或各部分数据之间是否连贯、一致、对立或存在明显的差异等,目的是为了保证数据的协调、一致与可靠。

(2)审核的方式。实行一卷或一表从头审到尾的方式有利于贯彻审核的一致性原则和明确审核员的责任,而分段作业和分段审核不利于贯彻一致性原则,容易产生责任不清的问题。

(3)审核应注意问题。

①对于在调查中已发现并经过认真核实后确认的错误,可以由调查者代为更正。

②对于资料中有可疑之处或有错误与出入的地方,应进行补充调查。

③无法进行补充调查的那些有错误的数据应坚决剔除,以保证数据的真实准确。

图3.1所示为调查分析的流程。

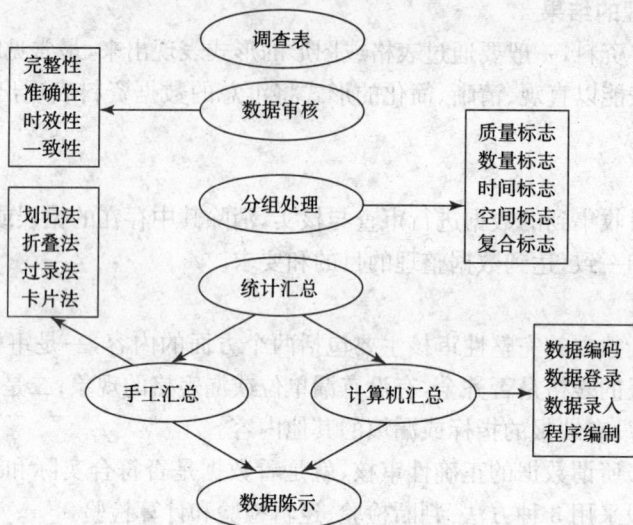

图 3.1　调查分析流程

任务提示:如何撰写数据调研报告?

(1)从现状调查中找出客户的问题点,罗列问题清单。

(2)结合市场环境的变化及顾客需求,开展调研活动。

(3)依照数据整理原则,整理数据信息。

(4)围绕数据信息,撰写具有结论性的调研报告。

小资料

麦肯锡咨询公司

麦肯锡公司是世界级的全球管理咨询公司。自1926年成立以来,公司的使命就是帮助领先的企业机构实现显著、持久的经营业绩改善,打造能够吸引、培育和激励杰出人才的优秀组织机构。

麦肯锡采取“公司一体”的合作伙伴关系制度,在全球44个国家拥有80多家分公司,共拥有7 000多名咨询顾问。麦肯锡大中华分公司包括北京、香港、上海与台北4家分公司,共有40多位董事和250多位咨询顾问。在过去的10年中,麦肯锡在大中华区完成了800多个项目,涉及公司整体与业务单元战略、企业金融、营销/销售与渠道、组织架构、制造/采购/供应链、技术,以及产品研发等领域。

麦肯锡的经验是:关键是找那些企业的领导们,他们能够认识到公司必须不断变革以适应

环境变化,并且愿意接受外部的建议,这些建议对于帮助他们决定做何种变革和怎样变革方面大有裨益。国外许多行业的公司很早就知道,他们不可能在他们涉及的所有领域都处于世界先进水平,因此没有必要拥有那些在偶然情况下才会用到的专家。

麦肯锡大多数的客户均为各国优秀的大型公司,如排在《财富》杂志500强的公司。这些公司分布于汽车、银行、能源、保健、保险、制造、公共事业、零售、电信和交通等各行各业。世界排名前100的公司中,70%左右是麦肯锡的客户,其中包括AT&T公司、花旗银行、壳牌公司、西门子公司、雀巢公司和奔驰汽车公司等,在中国有广东今日集团、中国平安保险集团等。公司遵循一个原则:除非客户自己透露自己和麦肯锡的关系,公司对客户的一切均严格保密。项目将由客户方面的指导委员会和麦肯锡项目领导小组共同来指导,具体任务将由麦肯锡公司的人员和客户方面的人员组成的专职项目小组来共同完成。

(资料来源:作者根据相关资料整理)

任务练习

练习项目:撰写数据调查报告

步骤1:以小组为单位整理和筛选数据资料。

步骤2:结合调研目的筛选相关数据信息,设计调研报告。

步骤3:用词精准,具有数据支撑,撰写具有结论性的报告。

步骤4:小组选派一名代表阐述数据结果。

步骤5:小组互评,师生讨论,教师点评。

附　录

项　目	技 能 点
推销信息的来源途径	建立一个顾客咨询小组;利用政府数据资源;从外界供应商处购买信息;利用网上顾客反馈系统来收集竞争情报
推销信息的资料类型	推销信息的资料主要通过调研的方式来获得,其类型为一手资料和二手资料。一手资料以本次调研目的为基础,通过调研问卷等方式,直接获取有效数据。这种方式的优点为:因为是基于此次调研目的所设计的调研问题,所以得到的数据结果准确率高,可以客观、有效地反应顾客需求的变化。缺点为:缺少及时性,耗费成本高
推销信息调查表	推销信息调查表是一种以书面形式了解被调查对象的反应和看法,并以此获得资料和信息的载体。推销信息调查表是了解推销信息的重要工具
设计调查表的步骤	目的是为了更好地搜集市场信息及消费者需求,设计过程中首先要把握调查的目的与要求,同时力求使问卷取得被调查者的充分合作,保证提供准确有效的信息。 (1)根据调查目的确定所需的信息资料,在此基础上进行问题的设计与选择。 (2)确定问题的顺序,一般简单、容易回答的问题应放在前面,问题排序要有关联,合乎逻辑,便于填卷人合作并产生兴趣。 (3)问卷的测试与修改

续表

项　目	技　能　点
调查表设计程序	(1)确定调研目的、来源和局限。 (2)确定数据收集方法。 (3)确定问题回答形式(开放式、封闭式和量表应答式问题)。 (4)决定问题的措词,用词要清楚,避免出现诱导性用语,考虑应答者回答问题的能力和意愿。 (5)确定问卷的流程编排。 (6)评价问卷和编排。 (7)问卷说明应使用明显字体。 (8)获得相关方面的认可。 (9)预先测试并修订。 (10)准备最后的调查表。 (11)实施
数据整理的原则	真实性、准确性、完整性、统一性、简明性和新颖性
数据整理的步骤	1. 设计数据整理方案 　数据整理方案是根据资料研究的目的和要求,事先对整个工作做出全面的安排和计划。这是保证数据整理有计划、有组织进行的重要一步。其主要内容包括:确定资料审核的内容和方法;根据研究目的和任务确定具体分组;选择资料汇总的方式;做好组织工作和实践进度的具体安排等。 　2. 审核数据 　对调研资料进行审查和核实,其工作是看是否存在虚假现象,是否存在差错,重点检查数据的真实性、准确性和完整性。 　3. 进行数据分组 　数据分组是数据整理的关键。它是根据市场调查的目的和任务,按照整理方案中所选择的分组标志,对调研数据进行分组,为调研数据的分析预测做准备。 　4. 对数据进行汇总 　汇总就是根据调查研究目的把分组后的数据汇集到有关表格中,并进行计算和加总,集中、系统地反映调查对象总体的数量特征。资料的汇总技术有手工汇总和计算机汇总两大类。 　5. 显示数据整理的结果 　经过汇总的数字资料一般要通过表格或图形的形式表现出来,最常见的方式就是统计表和统计图。统计图表能以直观、清晰、简化的形式将汇总的数据资料表现出来,以供调研者阅读、分析和预测使用

项目四 有效产品展示

学习指南

【任务目标】

◎**态度目标**

1. 养成诚实守信的思维习惯。

2. 养成以客户为中心的思考习惯。

3. 养成热情服务、严于律己、认真负责的职业态度。

4. 培养创新思维。

◎**技能目标**

1. 能够制作产品分析表。

2. 能够撰写产品表述词。

3. 有技巧地进行产品介绍与展示。

◎**专业知识目标**

1. 理解并掌握 FAB 产品呈现法则。

2. 掌握产品展示技巧要求。

【任务完成步骤】

制作产品分析表 ⟹ 撰写产品表述词 ⟹ 有效的产品展示

任务一 制作产品分析表

任务说明

产品分析表是进行有效产品展示的第一步,是推销人员针对产品特征如何满足客户需要的整体分析与判断,是推销人员介绍产品的工具。推销人员应该明确产品展示并不只是对产品特征做全面描述,客户购买的也不仅仅是产品和服务,而是要帮助客户找到解决问题和困扰的方法,是一个围绕客户需求展示产品特征的沟通过程。在进行有效产品展示之前,推销人员应提前将所有产品特征及其给客户带来的利益进行分析,制作产品分析表格,这样,在产品介绍及展示过程中就可以根据不同的客户,选择有针对性的产品特征进行展示,充分满足客户的需求。

任务指导

一、客户在购买评估选择时心中的疑问

客户在购买产品的过程中,心中会有一系列的问题,这些问题不一定会被清晰地表达出来,但都必须得到回答,否则就可能成为客户拒绝的理由。推销人员在制作产品分析表时,应充分考虑这些客户心目中的问题。客户心目中的常见问题如下:

(1)我为什么要听你讲?

(2)这是什么?

(3)对我有什么好处?

(4)那又怎么样?

(5)谁这样说的?

(6)还有谁买过?

第一个问题是"我为什么要听你讲?"推销人员在进行产品展示的过程中应抓住客户的兴趣点,把握客户的购买动机,以形象生动的方式展示产品,从一开始就要吸引住客户,把客户留在自己身边。

第二个问题是"这是什么?"这个问题也可以表达为"这个产品和我有什么关系?"这个问题应该从产品利益方面而不是从产品特征方面进行回答。如果你正在推销一部手机,你告诉客户它是 26.2 万色 TFT 液晶屏的,客户并不理解这是什么,他们更愿意知道这款手机拥有可手写触摸的、色彩逼真的、有动画效果的宽大屏幕。

第三个问题是"对我有什么好处?"人们购物是为了满足自己而不是推销人员的需求,所以从客户的角度分析和展示产品是销售的关键。

第四个问题是"那又怎么样?"即推销人员所介绍的一切优势能给客户带来什么样的利益呢? 推销人员所提供的所有信息必须与客户的个人利益紧密相关。

第五和第六个问题分别是"谁这样说的?""还有谁买过?"客户在购买过程中最担心的是存在购买风险,推销人员应该提供充分的证据来证明公司是如何保证产品购买风险最小化的。

二、根据客户心中的疑问制作产品分析表

产品分析表如表 4.1 所示。

表 4.1 产品分析表

产品特征	产品优势	利益 (给客户带来的利益)	购买动机	形象的展示方式

(1)产品特征:它是产品的组成部分,是产品自身所具有的区别于其他产品的属性,包括产品的性能、构造、功能、设计特点、使用材料和价格等内容。产品特征是关于产品的某一事实,

可以是有形的,如产品的物理、化学性能等,也可以是无形的,如公司的营销政策、推销人员的素质等。

(2)产品优势:描述的是产品特征的作用,解释了产品特征能做什么,展示了产品特征的目的和功效,是产品相对于其他产品所具备的某种特性。如采用"MM 设计理念"的轿车具有内部乘坐空间最大化的优势,"MM 设计理念"是产品特征,而"内部乘坐空间最大化"则是产品优势。

(3)利益:是指客户从产品或服务中获得的价值或好处,也就是产品的特征能给客户带来哪些方面的好处。产品利益把产品特征和产品优势与客户连在一起,利益可以让推销人员知道客户想要什么。

(4)购买动机:指产品特征所能满足的需求。确定客户的动机,可以帮助推销人员确定产品利益。

(5)形象的展示方式:是指推销人员通过各种各样的推销工具,如多媒体技术、商品质量报告、客户推荐证明和商品样品等,引起客户的注意和兴趣,增进客户的理解,使展示更具有说服力,并能留下持久印象的各种方式。

任务提示:制作产品分析表时应该注意什么?

(1)从现状调查中找出客户的问题点。

(2)列出该产品的特性及优点。

(3)找出客户使用该产品时还能进一步改善、最期望改善之处等。

(4)按优先顺序组合特性、优点及利益点。

(5)按优先顺序证明产品能满足客户的特殊利益。

💡 小资料

表 4.2 所示为高级医用手术衣公司新型外科手术衣产品分析表。

表 4.2 高级医用手术衣公司新型外科手术衣产品分析表

产品特性	产品优势	利 益	购买动机	形象的展示方式
聚酯纤维混纺面料	更耐用	顾客不必像使用全棉制服时那样反复订货	成本和利润	展示已经洗过多次的手术衣
	更好看	外科医护人员不必再为所穿手术衣难看而羞愧	自尊	让医护人员试穿,让他们亲眼看到穿上新手术衣后有多好看
	无须熨烫	节省洗衣费用	成本	将样品交给后勤部经理以求证实

续表

产品特性	产品优势	利　益	购买动机	形象的展示方式
内织不锈钢线	将静电导地	将手术室麻醉剂着火的危险减到最小	安全	有独立的测试试验机构出示的证明书
送货上门	订货后两周内送货上门	医院不必大量库存手术衣	成本	由对产品表示满意的顾客推荐

（资料来源：马克思.人员推销.北京：中国人民大学出版社,2007.）

任务练习

练习项目：制作产品分析表。

步骤1：组成学习小组,明确组织分工,每个小组选择同行业同款产品的不同企业背景。

步骤2：仔细阅读产品资料,收集同行业相关产品的资料。

步骤3：小组讨论,分析产品特征并列出目录。

步骤4：根据产品特征,分析产品优势及利益。

步骤5：结合任务指导,完成产品分析表。

步骤6：小组选派两名代表展示产品分析表。

步骤7：小组互评,师生讨论,教师鉴定。

任务二　撰写产品表述词

任务说明

产品表述词相当于为推销人员的产品展示撰写"销售词脚本",推销人员常常急于说明问题,其滔滔不绝的话语和事例如同洪水般涌向客户,而客户则在一个接一个的观点中迷失了方向。不但没有对产品形成鲜明的认识,反而增加了购买时的焦虑心理,成功的推销人员都是将产品演示分成产品利益、产品优势和产品特征等几个方面,每次只针对一个特征进行展示,并及时地总结回顾来加深客户的印象。

任务指导

一、与客户的需求相结合

客户的需求实际上就是客户的现状与目标之间的差距,客户希望推销人员所推荐的产品或服务能充分缩小这个差距,从而实现预期的目标。如果客户认为一件产品不能满足他的需求,就会转向另一件产品。所以,推销人员做产品表述词时,要把重点放在这个差距上。产品表述词既要让客户听起来舒服,又要能满足客户的需求。为了实现这一目标,推销人员应把产品的特点与客户的需求结合起来。

二、产品表述词的结构

(1)介绍。这是表述词的开头,能为下面几步定下基调。这部分反映了你想传递给客户的信息主题,以及你想在客户心中树立牢固印象的一两个重点。

(2)动机。介绍重点之后,应先告诉客户他们听你介绍的理由,激发客户的倾听兴趣。

(3)演示程序。概括你要做的事情,让客户清晰地知道他被占用的产品展示时间是如何利用的。

(4)内容。按照产品分析表的产品利益、产品优势和产品特征的顺序逐一介绍产品特点。

(5)扼要重述。在每一个部分开始前,对上一部分进行回顾。这样可以帮助那些走神的、理解慢的人,以及那些产生误解的客户。

(6)过渡。从一点转向另一点时,要加入过渡语,如"现在让我们谈谈……"或者"这个产品还可以……"

(7)回顾。讲完所有内容后,做一个总结,重申整个观点,再次强调要点,重复一遍论据,以支持刚才提出的数据。

表述话语分为以下两种:

(1)标准的表述话语。比如展示某种产品时,用"欢迎各位来宾参与我们这次的某某产品展示活动,首先来介绍一下,我们是一个什么样的公司,我们公司开发该产品动用了多少人,花了多长时间,公司的发展情况,产品的沿革,……这个产品有哪些特色和优点,它会给在座的人,甚至给企业的朋友们带来哪些好处……今天非常感谢各位的参与……"每句话都能让客户感觉到对他有帮助,这就是标准的展示话语。

(2)应用的展示话语。比如介绍机器设备时,用"当你使用产品时有几件事情请各位特别注意,因为这是一个电器产品,电器产品最重要的一个就是电源插头,当你手湿时千万不能触摸它……"这就是提醒客户了解并使用该产品时必须具备的一些常识。

产品表述词的撰写是非常重要的,而且针对不同类型的客户应该有不同的提示。要想立于不败之地,就必须做万全的准备。

在撰写产品表述词时,应使用亲切、自然的口头表述语,避免使用负面词汇。许多推销人员在产品展示时,在其正面的描述已经取得较好效果时,会不经意地使用一些否定词。如"这是一部非常好的手机,只是比较贵。""这个皮包非常好,只是7天后才会有货。"这样会增加客户的风险忧患顾虑,人们更愿意对正面的描述做出回应,如"这是一部非常好的手机,而且物超所值。""这个皮包非常抢手,我按照图片帮你进一个,只需要7天的时间。"推销人员要记得使用成功的词语而不是失败的措辞。

任务提示:撰写产品表述词时应注意什么?

(1)从现状调查中找出客户的问题点,罗列问题清单。

(2)以形象的方式展示该产品能够给客户带来的利益。

(3)围绕利益点,给客户介绍产品的优点。

(4)用产品的特征来证明产品的优点及利益。

小资料

调查结果显示,在销售陈述中使用以下 20 个词最容易赢得订单:

容易、高兴、安全、证实、价值、新的、健康、乐趣、发现、保证、利润、客户的名字、正确的、骄傲、热爱、结果、舒适、至关重要的、信任和事实。

(资料来源:安宇. 王步拿订单. 北京:北京大学出版社,2008.)

任务练习

练习项目:撰写产品表述词

步骤 1:以小组为单位,整理和改进产品分析表。

步骤 2:根据特征、优势与利益相结合的原则撰写产品表述词。

步骤 3:修饰并完善产品表述词。

步骤 4:小组选派一名代表展示产品表述词。

步骤 5:小组互评,师生讨论,教师点评。

任务三 有效的产品展示

任务说明

产品展示是推销人员的基本功,好的产品展示所产生的效果甚至大于公司和产品的知名度对客户的影响。推销人员应具有凭借自己的专业产品展示来打动客户的能力。作为推销人员,与产品打交道久了,可以称得上是这方面的专业人士,有一些专业常识可能推销人员认为很简单、很容易理解,但客户不一定理解,他并不像你那样了解产品。即使是客户很容易理解的特征,推销人员仍然要强调它的优势和利益是什么。因为消费心理研究指出,客户最关心的是产品对自己的好处,而不是产品有什么功能,所以,推销人员在向客户介绍产品,关键点是围绕客户的需要,重点突出介绍使用该产品能给他带来什么好处? 哪些好处是他现在正需要的? 经验丰富的推销人员都知道,客户之所以会购买一种商品,不外乎两种原因:信任和价值。一个优秀的推销人员通常懂得如何在最短的时间内给客户留下深刻的印象,并且让客户对你产生信任。因此,产品展示过程可大致分为两个阶段:第一,了解客户需求从而让客户产生信任;第二,在产品推销过程中让客户获得价值。

任务指导

著名的 FABE 法(功能、特点、利益和证据)广为采用,也就是先向用户介绍某类产品的功能,再介绍本产品的特点和优势,接着将本产品特点与客户关注的利益点联系起来,最后解答

一些技术问题与售后服务问题。

在与客户交往的过程中,最难判断的是他们的关注点或利益点。一个好的推销员应该借鉴华佗的治病箴言"望、闻、问、切"来弄清楚客户关注的什么。

(1)望:观察客户,识别客户的类型、素质、需求和喜好等。

(2)闻:听客户的叙述,必须给客户表白的时间,要耐心地听,高质量地听,客户没有耐心为你多讲几遍,他们也不会反复强调重点,甚至有时候他们会自然不自然地隐藏自己的真实需求,这就更需要细心地听。

(3)问:客户只知道他目前需要购买东西解决问题,却不知道买什么与怎样做,这就需推销人员担当策划师的角色,为客户提供全面、准确、最适合的策划方案。推销员要想清楚明了客户的需求,就需要通过提问和回答来反复深入地了解客户的真实想法,从而给出客户最需要的购买建议,完成销售。

(4)切:实际考察客户的状况。客户的表白和回答都不一定正确,适当的时候推销人员需要实地考察客户状况,比如装修,就需要先上门考察,再为其制定装修方案。

一、产品展示策略

1. 把握展示重点

客户购买每一样产品都有他们关心的基本利益,有其不变的大方向。例如客户选择货品运输服务时最关心的是货品能够安全、确实无误地到达目的地,因此运输业的业务代表向客户展示就必须朝着安全、准确无误的大方向去诉求,若能就此解决客户的问题及疑惑,必能赢得客户。

每一个行业销售的商品都有一些最能打动客户的诉求重点,顺着这些重点去诉求,将收到事半功倍的效果,下面的一些案例可供参考。

2. 通过证明说服客户

如何让客户相信你所说的都是事实呢? 拿出证据来,证据是最有力的说服工具。业务代表如何提供证据说服你的准客户呢? 可让客户由肢体或感官亲自感觉来满足其对证据的需求。一位销售汽车的业务代表正在为客户推荐一辆豪华轿车,他引导客户从不同的角度观看轿车的款式:让准客户用眼睛证明他所看到的汽车造型是多么的气派;请客户坐在车上,让他感受到轿车的宽敞、舒适及豪华;拿出几位商场知名人士签下的订购合约给这位准客户过目。就这样,他们开始谈到轿车的价格及交车的手续。不一会儿这位准客户就签下了一辆近120万元轿车的合约。

上面这个案例,你也许觉得不可思议或认为纯粹是运气,但是,即便是运气,这位汽车业务代表也至少做对了两件事:一是他充分掌握了准客户的需求,他知道准客户自己根本不开车,而是备有专任的私人司机,他对轿车并不是很了解,这位客户需求的重点其实只有两个字"气派"。因此,业务代表只针对"气派"这个销售重点来诉求。二是他针对销售重点,证明他推荐的轿车能满足客户的需求,例如他引导客户从不同角度来看这辆轿车的外型是如何让人一看就觉得气派非凡,他让准客户在车中亲自感觉其舒适、宽敞及豪华,他拿出商场上知名人士的订购合约来证明这辆轿车是有地位人士的最佳选择,以充分证明这辆轿车的身价不凡。

由上面的案例可知,通过证明说服客户的步骤只有两个。

(1)找出满足客户需求的销售重点。事实上,不管进行推销的过程或长或短,所花的时间或多或少,真正促成交易的原因都只有几点,客户绝对不是因为该商品的所有销售重点而购买,也不会因为你的销售重点比别人少了一两点而不购买,真正的重点在于你的销售重点中的一两样能充分地被证实可以满足他的需求。

(2)准备针对销售重点的证据。由于满足准客户的销售重点不尽相同,因此,必须针对商品的销售重点,找出证明它是事实的最好方法。

证明的方法有很多,以下9种可供参考:

①实物展示。实物展示是最好的一种证明方法,商品本身的销售重点都可通过实物展示得到证明。

②专家的证言。可收集专家发表的言论,证明自己的说词。例如,符合人机工程学设计的椅子,可防止由于不良的坐姿导致脊椎骨的弯曲等。

③视角的证明。照片、图片和产品目录都具有视角证明的效果。

④推荐信函。其他知名客户的推荐信函也是极具说服力的。

⑤保证书。保证书可分为两类,一类为公司提供给客户的保证,如一年免费保养维修;另一类为品质的保证,如获得 ISO 9000 品质认证。

⑥客户的感谢信。有些客户由于对你的公司的服务或帮助其解决特殊的问题致函以表达谢意,这些感谢信就是一种有效的证明工具。

⑦统计及比较资料。一些数学的统计资料及与竞争者的状况比较资料,能有效地证明你的说词。

⑧成功案例。可提供准客户一些成功的销售案例,证明你的产品受到别人的欢迎,同时也为准客户提供了求证的情报。

⑨公开报道。报纸、杂志等刊载有关公司及商品的报道,都可以当做一种证明的资料,让准客户对你产生信赖感。

总之,向准客户证实你的销售重点,是销售活动中不可缺少的一个步骤,因此,必须事先充分准备好最有利的证明方法。

二、产品展示方法

1. FABE 法

FABE 法是进行产品展示与说明的最有效的方法之一。其应用的关键是:第一步,介绍产品的特性;第二步,介绍产品的优点;第三步,具体阐述产品能够满足客户的利益需求;第四步,拿出证据证明上述说词的可靠性。

表 4.3 所示为 FABE 产品展示法示例。

表 4.3 FABE 产品展示法

步　　骤	应用说明	举　　例
1. F—feature（产品特性）	在销售过程中,推销人员可以针对产品性能、构造、功能、设计特点、使用材料和价格等提炼出产品的特性,但是推销人员要认识到,如果只停留在介绍产品的特性上,是很难把产品销售出去的	当销售一把六角形手柄的槌子时,如果对客户说"这把槌子的手柄是六角形,因此是把好槌子"这样的话,客户是不会买这把槌子的

续表

步　骤	应用说明	举　例
2. A—advantage（产品优点）	优点是对特性如何能被利用的进一步解释。经过对产品优点的阐述，产品的特性、特征或具有的功能意义就很容易、很清楚地让客户了解了	这把槌子的手柄是六角形的，握起来较稳，因此是把好槌子
3. B—benefit（给客户带来的利益）	利益的陈述是将优点转换成一个或更多的购买动机，即告诉客户产品将如何满足他们的需求	六角形手柄握得较牢，您钉钉子时能钉得较准，不会把钉子钉歪，同时也能使上劲，不易疲劳
4. E—evidence（证据）	证据是对以上特征、优点和利益提供的证明，提供恰当的证据可以更进一步加强说服力，消除客户的怀疑或敏感心理	让客户现场使用槌子钉一锭钉子试试看，或提供相应的质量鉴定证明文件

FABE 法应用的关键点有 3 个：一是"竞争力"，越是能多列举产品特性，越能战胜竞争者；二是"销售力"，越是能巧妙地阐述客户利益，越具有销售力；三是利用相关证据来证明，证据可以是证书、荣誉奖章或客户反馈意见等，此外，照片、图片、专家鉴定、录音和录像等都可作为对产品说明时的证据。

2. 构图讲解法

当人们听到或看到某件事情的时候，往往会在潜意识里为这件事勾勒出一幅图画，然后根据这幅画做出判断。在产品销售过程中，推销人员也可以利用这种构图的效果，达到有效刺激客户购买欲望的目的。

3. 道具演示法

为了让解说更加逼真、生动，有时候推销人员可以利用一些道具来达到锦上添花的效果。应用道具演示法进行产品解说时，有以下几个注意事项：

(1)道具不一定要大，可以是一把尺子、一支笔或一块手帕，最主要的是通过道具演示来唤起客户的想象力，引起客户的共鸣。

(2)操作时，语言、手势与道具的应用要配合协调，表情要自然、逼真。

(3)道具演示法主要是在客户确实无法体会产品特色的情况下应用，要根据所销售产品的特点决定是否采用该方法，或应用什么样的演示道具。道具演示法不可滥用，应用不好，还不如不用。

4. 产品展示的技术要求

(1)产品进行精彩示范的技术要求。

①在发现面前客户的兴趣集中点后，可以重点示范给他们看，以证明你的产品可以解决他们的问题，适合他们的需求，应有重点、有选择地示范产品。

②在示范过程中邀请客户加入，请客户亲自操作，提升客户对产品的兴趣与认同感。

③在示范过程中，推销人员一定要做到动作熟练、自信，给客户留下利落、能干的印象，同时也会对自己驾驭产品产生信心。推销人员的新奇动作也有助于提高客户的兴趣。

④在示范过程中，推销人员要心境平和，从容不迫。尤其遇到示范出现意外时，不要急躁，更不要拼命去解释。一旦出现问题，不妨表现得幽默一点，让客户了解这只是个意外罢了，谨慎地再来一次示范是必不可少的。

(2)产品示范存在缺陷的原因。

①在示范前对产品的优点强调过多,从而使客户的期望过高。

②推销人员过高估计自己的表演才能。

③在示范过程中只顾自己操作,而不注意客户的反应。

三、表达的技巧

1. 使用积极的语言

在产品展示过程中,使用积极的语言可以更好地引导客户从有利的一面看待产品,从而促进销售成交。同样的意思,用不同的陈述方式表达出来,相应的客户的接受程度也会大不一样,销售结果自然也大不相同。如果推销人员引导客户从积极的方面来看待产品,客户就会对产品产生积极的印象;反之,如果从消极的方面来表述产品,客户可能就会陷入消极的影响之中。所以,推销人员一定要使用积极的语言进行销售表述,并使之形成一种习惯,这样可以有效地提高工作业绩。

2. 提高声音的表现力

在介绍产品的过程中,推销人员要通过声音在不知不觉中打动听众,强烈地吸引客户的注意力,这要求推销人员说话自然,声音坚定有力,富有弹性。在介绍产品时尽量运用语调、速度和语言等3方面的变化,让语言染上动人的色彩,让声音体现出自然的感情流露。在陈述时要充分做到主次分明,突出重点,让客户感受到通过声音表现出来的自信,感受到你对产品的热爱和信心。声音的表现力和影响力在某些程度上取决于先天的条件,如有的人得天独厚,嗓音动听悦耳,有的人先天条件可能差一些,但这并不是决定因素,更重要的是后天的训练。声音条件不理想的人经过不断的努力训练,也可以成为讲话动听的人。

3. 赋予感情

平平淡淡的陈述会让人产生困倦乏味的感觉,推销人员应在表述时融入声音喜怒哀乐的情绪变化,这样可以有效地带动客户的兴趣。尽量使用一些可以表达感情的积极肯定词汇,如非常、很、是的、可以、喜欢和尤其等词汇,可以提升客户对推销人员及产品的认可程度。

4. 准确地回答客户的提问

使用准确、具体的词汇回答客户的提问,可以加强客户的印象及认可度,如客户问:"这台复印机的复印速度如何?"推销人员应该回答:"这台复印机每分钟可以复印100份文件",而不是回答:"这台复印机复印速度很快"。在回答提问之前,推销人员要确认已了解客户的真正和全部意图,不要急着立即回答,可以稍微等一下,给自己留一点思考时间,确认客户想通过这个问题得到什么。如果推销人员对客户的问题不是很理解,就需要向客户进行确认,而不能贸然地回答。可以采用反问的方式来了解客户更深层次的意思,比如说,"我可以这样理解吗?""你的意思是这样,对吗?"然后组织语言,确认怎样才能更准确和简洁地回答客户的问题,并预测客户可能接着会提出什么样的问题,因为第一个问题往往只是引子,客户真正想知道的是接下来的问题。

任务提示:产品展示的要点

(1)增加戏剧性,让客户有一种很轻松、愉快的感觉。

(2)让客户亲身感受,使客户能够身临其境。

(3)引用动人的实例。

（4）让客户听得懂，如果你所说的一些专用名词或术语使客户听不懂，那将是一件非常头疼的事情。所以展示时一定要注意把那些专用名词或术语的含义改换成任何人都能听得懂的大白话来向客户解说。

（5）让客户参与，让客户了解产品的特色、好处、利益及附加价值。

（6）掌握客户的关心点，应能准确地判断出客户最关心的是什么。

💡 小资料

FABE 介绍方法实例

1. DA8 的摄像头销售情境

推销人员：我们的这款 DA8 可以拍摄 200 万像素的照片，这在目前的摄像手机中处于领先地位。而且您看（从客户手里拿过 DA8 手机），这个摄像头可以旋转，可以拍摄不同角度的照片，这样就不像一般的固定摄像头手机那样，在拍摄自己的时候是看不见自己的，这款手机在拍摄自己的时候，同样可以在屏幕上进行调节，这多方便呀！今天上午有位先生，就是因为喜欢这一点，买了一部 DA8，您看（拿过销售记录），这是销售档案。

F（特征）：这个摄像头可以旋转。

A（优点）：可以拍摄不同角度的照片，这样就不像一般的固定摄像头手机那样，在拍摄自己的时候是看不见自己的，这款手机在拍摄自己的时候，同样可以在屏幕上进行调节。

B（利益）：这多方便呀！

E（证据）：今天上午有位先生，就是因为喜欢这一点，买了一部 DA8，您看（拿过销售记录），这是销售档案。

可以看到，使用 FABE 的介绍方法，使推销人员的产品介绍脉络清楚，全面专业，针对性强，能够吸引客户的强烈兴趣。

2. 客户的记忆存储力

通过客户的存储能力的调查表可以看到，不同的表达方式会产生不同的客户记忆效果，如表 4.4 所示。

表 4.4　客户存储能力调查表

表达方式	客户的记忆程度	
单纯的解说	▬▬▬	20%
示范产品	▬▬▬▬	30%
解说与示范结合	▬▬▬▬▬▬	50%
客户参与讨论	▬▬▬▬▬▬▬	70%
客户亲身体验	▬▬▬▬▬▬▬▬▬	90%

（资料来源：程华汉.金牌店员训练教程.北京：北京大学出版社，2008.）

任务练习

练习项目:有效产品展示

步骤1:以小组为单位研讨产品展示策略。

步骤2:制作产品展示工具。

步骤3:小组集体展示。

步骤4:小组互评,师生讨论,教师点评。

国家职业资格证技能观测点

1. FAB 产品呈现法则

FAB法是进行产品展示与说明的最有效的方法之一。其应用的关键是:第一步,介绍产品的特性;第二步,介绍产品的优点;第三步,具体阐述产品能够满足客户的利益需求并拿出证据证明上述说词的可靠性,如表4.5所示。

表4.5　FAB 法展示产品说明

步　骤	应用说明	举　例
1. F—feature (产品特性)	在销售过程中,推销人员可以针对产品性能、构造、功能、设计特点、使用材料和价格等提炼出产品的特性,但是推销人员要认识到,如果只停留在介绍产品的特性上,是很难把产品销售出去的	当销售一把六角形手柄的槌子时,如果对客户说"这把槌子的手柄是六角形,因此是把好槌子"这样的话,客户是不会买这把槌子的
2. A—advantage (产品优点)	优点是对特性如何能被利用的进一步解释。经过对产品优点的阐述,产品的特性、特征或具有的功能意义就很容易、很清楚地让客户了解了	这把槌子的手柄是六角形的,握起来较稳,因此是把好槌子
3. B—benefit (给客户带来的利益)	利益的陈述是将优点转换成一个或更多的购买动机,即告诉客户产品将如何满足他们的需求	六角形手柄握得较牢,您钉钉子时能钉得较准,不会把钉子钉歪,同时也能使上劲,不易疲劳

FAB法应用的关键点与FABE法应用的关键点相同。

2. 产品展示的技术要求

(1)产品进行精彩示范的技术要求与FABE法相同。

(2)产品示范存在缺陷的原因与FABE法相同。

项目五　寻找目标顾客

学习指南

【任务目标】

◎**态度目标**

1. 养成眼勤、手勤、脚勤的勤奋工作态度。

2. 养成不断寻找新顾客的工作习惯。

3. 养成热情服务、认真负责的职业态度。

4. 培养创新思维。

◎**技能目标**

1. 能够按照一定的标准，利用各种方法锁定最优质目标顾客。

2. 能够熟练运用各种方法寻找目标顾客。

3. 能够运用 ABC 管理法对手头顾客进行有效的管理。

◎**专业知识目标**

1. 掌握目标顾客的判断标准。

2. 掌握寻找顾客的方法。

3. 掌握 ABC 顾客资源管理法。

【任务完成步骤】

判断目标顾客的标准 ⇒ 寻找顾客的方法 ⇒ 管理顾客资源

任务一　判断目标顾客的标准

任务说明

　　如果没有顾客，那么一切都将无从谈起。因此，所有的推销工作都是从寻找顾客开始的。如何在浩瀚人海中找到自己的目标顾客群体，是每一个推销人员首先要解决的问题。就像你不能指望所有的人都成为你的顾客一样，也不能指望在你所有的顾客身上都能够赚到钱。而且必须明白一点:即使是全世界最棒的推销人员,也只能给一部分特定的顾客提供价值,只有这些人,才是你真正优质的目标顾客。因此,推销人员的首要任务是从看似无限的顾客群体中,通过一定的标准和各种方法,锁定最优质的目标顾客。

任务指导

一、目标顾客

目标顾客是指企业的产品或者服务的针对对象,是企业产品的直接购买者或使用者。成为目标顾客至少需要具备3个最基本的条件:要具有购买你所推销的产品或者服务的欲望;具备购买该产品或者服务的支付能力;具有购买该产品或者服务的决策权。

市场营销学根据购买者和购买目的来对目标顾客进行分类,包括以下5种:

(1)消费者市场:由为了个人消费而购买的个人和家庭构成。

(2)生产者市场:由为了加工生产来获取利润而购买的个人和企业构成。

(3)中间商市场:由为了转卖来获取利润而购买的批发商和零售商构成。

(4)政府市场:由为了履行政府职责而进行购买的各级政府机构构成。

(5)国际市场:由国外的购买者构成,包括国外的消费者、生产者、中间商和政府机构。

每种市场类型在消费需求和消费方式上都具有鲜明的特色,推销人员的目标顾客可以是其中的一种或几种。也就是说,推销人员的推销对象可以不仅包括广大的消费者,也包括各类组织机构。推销人员在确定目标顾客之前,可以通过表5.1先确定谁是你的顾客,然后再从中确定目标顾客。

表 5.1　谁是你的客户

1. 描述你的当前客户:	如果是个人,那么: 　年龄　　　　性别 　收入　　　　职业 如果是企业,那么: 　企业类型　　规模
2. 他们来自何处?	☐ 本地　　☐ 外地　　☐ 国外
3. 他们买什么?	☐ 产品　　☐ 服务
4. 他们每隔多长时间购买一次?	☐ 每天　　☐ 每周　　☐ 每月 ☐ 随时　　☐ 其他
5. 他们买多少?	按数量: 按金额:
6. 他们怎样买?	☐ 赊购　　☐ 现金　　☐ 签合同
7. 他们怎样了解你的企业?	☐ 广告:报纸、广播/电视 ☐ 口头 ☐ 位置关系 ☐ 直接销售 ☐ 其他(要注明)

续表

8. 他们对你的公司/产品/服务怎么看(客户的感受)?	
9. 他们想要你提供什么(他们期待你能够或应该提供的好处是什么)?	
10. 你的市场有多大?	按地区: 按人口: 潜在客户:
11. 在各个市场上,你的市场份额是多少?	
12. 你想让顾客对你的产品产生怎样的感受?	

【案例5.1】　　　　　　　　　顾客都是上帝吗?

不是都说"顾客就是上帝"吗,我们把顾客当上帝来服务了,可是"上帝"总让我感到很恼火,有些顾客简直是恶魔,不但没赚到多少钱,还倒贴了很多人力、物力和财力。这样的顾客一两个也就算了,问题是数量还不少。所以将顾客分类,只为质量好的顾客服务。那么,什么样的顾客是质量好的顾客? 该如何挑选质量好的顾客呢? 有没有什么标准来挑选质量好的顾客?

(案例来源:作者根据相关资料整理)

二、判断目标顾客的标准

挑选目标顾客就像钻井队寻找高产油井一样。专业的钻井队,一定要科学勘探,找到高产油井后,再架好机器开始挖井。推销人员就是钻井队,要专业,在找准目标顾客后,再聚焦最大的资源提供优质服务,这样才能获得最合理的利润。有些推销人员还没找到目标顾客,就急着提供优质服务,就像不专业的钻井队一样,没勘探清楚地下有没有油,就开始往下挖。这边挖一口井,没油;那边挖一口井,还是没油。虽然跟专业队花费的力气一样,甚至动用了更多资源,结果呢? 最后一定是空手而归。

有的顾客,推销人员下再大的工夫也赚不到钱,那是因为顾客本身不是优质的,不能给推销人员带来多大的价值,因此,再好的服务也没办法得到更多的利润。这道理跟钻井采油一样,不是每口井都是高产油井,也不是每个顾客都是目标顾客,所以,首先要判断对方是不是目标顾客,然后再决定要不要提供优质服务。

顾客关系价值可以作为判断目标顾客的标准,它是指顾客对于推销人员的价值,也可以认为是顾客给推销人员带来的收益。顾客给推销人员带来的收益越大,顾客关系价值就越高,顾客就越优质。这样的优质顾客就是推销人员需要寻找的目标顾客。

另外,推销人员不可能像政府机构那样提供无偿服务。因此,在为顾客提供服务的同时,推销人员要计算服务成本,然后和收益进行比较,才能得出准确的顾客关系价值。顾客关系价值、收益和成本三者之间的关系如下:

$$顾客关系价值＝顾客服务总收益－顾客服务总成本$$

由上述公式可以见,顾客关系价值的大小是由顾客关系总收益和顾客关系总成本共同决定的。当推销人员从顾客身上获得的总收益最大、付出的总成本最小时,顾客关系价值即实现最大化,这样的顾客一定是优质的,也就是目标顾客。总收益和总成本的差越接近于零,顾客的价值就越小,距离目标顾客就越远。

其中,总收益包括显性价值和隐性价值,即财务收入和非财务收入;总成本包括显性成本和隐性成本,例如财务支出、人力和物力等。

1. 显性价值评估

显性价值是衡量顾客质量的最重要标准,是顾客对利润率的贡献。简单地说,就是顾客让推销人员赚到了多少钱,或者是顾客的消费金额。显然,年消费金额高的顾客就要比年消费金额低的顾客价值高。

顾客显性价值的大小往往还体现在顾客的生命周期价值上,它是指推销人员未来从某一特定顾客身上,通过销售或服务所实现的预期利润。例如,在年均消费额相同的情况下,由于年轻顾客的生命周期比年老顾客的长,从终生消费总值来看,年轻顾客的价值就远远高于年老顾客。

除了生命周期外,顾客未来的支付能力、未来的需求等,都是判断生命周期价值大小的依据。

2. 隐性价值评估

隐性价值是指顾客显性价值以外的贡献。例如,顾客对市场占有率、品牌美誉度等的贡献,也可以用来评估顾客关系价值的大小。

【案例5.2】   **顾客的隐性价值**

银行大量发行信用卡的结果是很多信用卡都成了睡眠卡,为什么银行不取消对这些顾客的服务呢? 因为顾客有市场占有率的贡献。同样,对于电信企业来说,为低贡献顾客提供服务几乎是不盈利的,为什么不取消该服务呢? 还是因为顾客有市场占有率贡献。

可口可乐中国区总裁曾经说过,可口可乐在中国"绝不会漏掉一寸土地"。靠着庞大的消费群,可口可乐在中国占领了饮料市场的一大块位置。百事可乐进入中国市场后,在与可口可乐的竞争中,至今未能胜出。在争取市场时,顾客的显性收益价值退居二线,而隐性价值的市场占有率成了主线。现在,可口可乐在一些农村,推出了"一元可乐",目的是为了获取更多有市场占有率价值的顾客。

早期的美国汽车企业认为,汽车是奢侈品,要卖给上层人群,根本不需要在中低层人群的身上动脑筋;而日本汽车企业却认为,对市场占有率有贡献的顾客也是优质顾客。所以,日本人在美国推出了低中档汽车,先抢占这部分顾客。慢慢地,日本汽车占据了美国汽车市场的大半江山。只要有了庞大的市场占有率,获得收益是迟早的事。

有些人具有社会影响力,但是,他们所贡献的利润不多,又没有市场占有率价值,还要为他们服务吗? 当然要,因为他们具有品牌价值,也是优质顾客。例如,奥运会场上的运动员就是运动用品制造商的优质顾客。耐克提供运动鞋,可口可乐递上饮料,箱包、服装,甚至于牙膏、毛巾,都有制造商争先恐后地免费提供。这些举世瞩目的运动员使用了他们的产品后,产生的广告效应会传播到世界各地的每一个角落。这样的顾客提升了企业品牌的美誉度,就是优质顾客,有价值的顾客。

(案例来源:作者根据相关资料整理)

不过,在不同的时期,对显性价值和隐性价值的评价权重会有不同。在创业期,强调的是生存,要有足够的财务收入,收益价值就会放在第一位;在发展期,重要战略是扩大市场占有率,这时,占有率价值就成为重要的衡量标准;在成熟期,为了巩固市场,品牌价值就会成为更重要的标准。

3. 显性成本评估

对于那些既贡献了利润，又贡献了市场占有率价值和品牌价值的顾客，他们的顾客关系价值也未必一定高。原因在于推销人员花在他们身上的显性成本，也就是货币成本。例如，网店给顾客发货可以免运费，前提条件是顾客每次购物必须要达到一定的金额，为什么？假如顾客订购一款商品 15 元，发货的运费却要 5 元，再加上商品的进货成本、包装费、人工费和水电费等网店运营成本，不但赚不到多少钱，甚至可能赔钱。经过计算显性成本，这样的顾客显然是没有价值的，不是目标顾客。

4. 隐性成本评估

有时，虽然推销人员在顾客身上耗费的货币成本低，但是，花费的时间、体力和精力这些隐性成本过多，也制约了目标顾客的选择。而且隐性成本不列入财务核算，往往被推销人员所忽视。

例如，名牌服装店来了一位顾客，她左挑右挑，不是嫌衣领开高了，就是说布料不环保。店员陪着她挑衣服、试衣服，因此没有时间为其他顾客服务。大半天下来，她终于买了一件中档上衣，虽然从她身上赚取了足够的利润，但是店员为她服务耗费了那么多时间、精力和体力，如果把这些隐性成本节省起来为更多的顾客服务，也许收益会更大。通过计算隐性成本，这样的顾客也不是目标顾客。

因此，顾客关系价值大不大，要通过把显性价值、隐性价值、显性成本和隐性成本等 4 项指标综合起来进行分析，最后才能得出全面的结论。

最后，推销人员按照顾客关系价值，把顾客排列起来，然后还要评估推销人员自身的服务承受力，有多少承受力，就选取多少个顾客作为目标顾客。例如，推销人员目前所拥有的资源只能承受 100 个顾客，但是顾客有 300 人，那么，排在前面的 100 个顾客就是目标顾客。

任务提示：在判断谁是目标顾客时应该注意些什么？

(1)目标顾客不是潜在顾客，要注意区分目标顾客和潜在顾客的关系。

(2)隐性成本的构成比较复杂，而且对隐性成本的评估因人而异。

(3)最终确定的目标顾客是各方面因素综合考虑的结果。

任务练习

练习项目：寻找目标顾客

步骤 1：教师将全体学生分为若干小组，然后指定某产品作为待推销商品。

步骤 2：小组同学为该商品寻找顾客。

步骤 3：根据顾客关系价值对顾客进行综合分析。

步骤 4：选定顾客关系价值高的顾客作为目标顾客。

步骤 5：将分析过程整理成报告。

步骤 6：选派代表展示分析报告。

步骤 7：小组互评，师生讨论，教师鉴定。

任务二 寻找顾客的方法

任务说明

尽管开发一个新顾客的成本是维护一个老顾客的 5 倍左右,但是在市场竞争越来越激烈、市场环境变化越来越快的今天,消费者的行为及偏好的改变也是日新月异。如果推销人员不进行新顾客的开发,将会失去 30%～40% 左右的顾客。因此,推销人员只有狠抓两手———一手抓老顾客的维护,一手抓新顾客的开发,才能创造基业长青的销售业绩。

任务指导

寻找顾客的方法有很多,不同的行业、不同的推销人员所使用的方法也许大相径庭,但主要的寻找顾客的方法如下:

1. 扫街

扫街也称普遍寻找法、逐户访问法或挨门挨户访问法等,是最简单、最常用的寻找顾客的方法,当推销人员的业务对象广泛,例如保险产品推销人员,所有人都有可能成为潜在顾客时,通过对所有的有可能成为潜在顾客的对象进行联系,以寻找顾客的一种方法。或者一些针对餐饮业的业务,由于餐饮业的存在没有很强的规律性,谁也不会清楚哪条街上会开一家新的餐馆,也需要通过扫街的方式进行寻找。因此,利用扫街的方法来寻找顾客的成功率很低,但是通过扫街,推销人员可以了解更多关于市场的信息,而有些信息可能是非常有价值的。

【案例5.3】　　　　　　　　　西班牙旅游到北京上门推销

西班牙皇家马德里足球俱乐部的第二次来京,带动的并不仅仅是中国球迷的热望。日前,以马德里市市政厅经济发展部长为首的西班牙马德里市的多名政府官员联合在京推销旅游业务。

据介绍,目前西班牙急需大批会说中文的导游,政府已开始通过各种方式解决这种中文导游困境。马德里市已物色了不少来华学习中文的留学生及部分在华学习西班牙语的中国学生,其中有的已达成毕业后到西班牙做导游的协议。

据世界旅游组织预测,到 2020 年,中国将成为世界上最大的旅游客源输出国,出境人数将达 1 亿人次。刚刚开通的北京—马德里、上海—马德里航班目的地机场增设了会说中文的服务员,帮助中国乘客转机。据了解,目前西班牙欧洲航空公司提供有北京、上海直飞马德里每周各两班服务,今年 9 月 25 日,上海还将增开巴塞罗那每周两班直飞业务。

(案例来源:作者根据相关资料整理)

2. 连锁介绍法

连锁介绍法即推销人员在拜访现有顾客时,请求其为推销人员推荐其他可能购买同种产品或者服务的准顾客,以建立起一种无限扩展的联系,开发出更多的顾客。

【案例5.4】

乔·吉拉德是世界上汽车销售最多的一位超级推销人员,他平均每天要销售5辆汽车,他是怎么做到的呢?连锁介绍法是他经常使用的一个方法:只要任何人介绍顾客向他买车,成交后,他会付给这个介绍人25美元酬金。25美元在当时虽不是一笔庞大的金额,但也足够吸引一些人,举手之劳即能赚到25美元。

哪些人能当介绍人呢?理论上当然每一个都能当介绍人。可是乔·吉拉德指出,有些人由于职位的原因,更容易介绍大量的顾客,例如银行的信贷员、汽车厂的修理人员和保险公司处理汽车赔损的职员等,这些人几乎天天都能接触到有意购买新车的顾客。

那么,如何使用连锁介绍法才能更为成功、更为有效呢?

乔·吉拉德说:"我必须严格要求自己'一定要守信用'、'一定要迅速付钱'。例如当买车的顾客忘了提到介绍人时,只要有人提及'我介绍约翰向您买了部新车,怎么还没收到介绍费呢?'我一定告诉他'很抱歉,约翰没有告诉我,我立刻把钱送给您,您还有我的名片吗?麻烦您记得介绍顾客时,把您的名字写在我的名片上,这样我就可以立刻把钱寄给您。'有些介绍人并无意赚取这25美元,坚决不收下这笔钱,因为他们认为收了钱心里会觉得不舒服,此时,我会送他们一份礼物或在好的饭店安排一顿免费的大餐。"

(案例来源:作者根据相关资料整理)

3. 中心开花法

中心开花法是指在某一特定区域内选择一些有影响的人物,使其成为产品或服务的消费者,通过他们来影响该范围内的其他人,使这些人成为推销人员的顾客。应用这种方法取得成功的关键在于说服"有影响的人物"——即那些因地位、职务、成就或人格等而对周围的人有影响力的人物。只有获得中心人物的信任与支持,才能利用中心开花法进一步寻找更多的顾客。此时,推销人员只要集中精力向少数中心人物做细致工作,使他们变成忠诚顾客,通过他们的口碑传播,就可以获得更多的顾客,还可以通过他们的名望和影响力提高产品的知名度。

中心开花法比较适合新产品、高级消费品或为企业创造名望的产品。例如推销新品高级洗发水,只到理发店去销售,利用理发师的推荐来寻找顾客。此方法通常配合其他方法一起使用。

【案例5.5】 **屡次推销,江崎利一满腹顽强终售古力果**

在日本的牛奶糖市场上,一向是被"森永"与"明治"这两个糖果巨人所主宰,其他小品牌大多只能拣些糖果屑吃吃。如果是新生品牌,想要求得生存就更加困难了。

"古力果"糖果公司的老板江崎利一创业之初,面临的就是这种恶劣的环境。糖果类商品的主要战场就是零售店内的陈列架,不能在架上占得一席之地,商品即宣告死亡。然而货架是有限的,一物进必有一物出,也因此,大阪市内的零售店都不愿意为了这个毫无知名度的商品而挤掉其他品牌。尽管业务员费尽唇舌,尽管古力果的质量好,价格便宜,店主也不愿意把它摆上陈列架。四处奔波的结果却换来了一场空。江崎利一知道这样下去不是办法,左思右想,终于体会到必须"在决定性的地点拥有强大的兵力"。江崎利一想到:"石头一定是从山顶上一路滚下去的。一定要先打入一家大商店,在这家大店站稳脚跟后,小商店必定也能够接纳我们,甚至不必去推销,他们也会自动找上门来"。

江崎利一心目中的"决定性的地点"是大阪北滨地区的三越百货。赫赫有名的三越百货起初也不理睬古力果这个名不见经传的新品牌,一次、两次、三次……三越百货毫不动心。但是,江崎利一仍然以强大的兵力一次又一次地进行推销,努力了10次、20次后,三越百货终于被他的热情和坚持所感动,答应在店内试销古力果的产品。既然三越百货都摆了古力果的产品,大阪市内的其他大商店也陆续跟进了。江崎利一见机不可失,立刻在《朝日新闻》和《每日新闻》上大打广告:"营养糖果'古力果',三越百货及各大糖果店均有售"。古力果的业务员便拿着这份报纸广告到各零售店去,说服了众多的店主,迅速地抢占了一家家零售店的货架。

集中火力,强力攻击,古力果终于大放异彩,一步步登上了日本糖果霸主的宝座。如果坚持当初的散兵游勇作战方式,今天市场上可能都还不知道有古力果这种商品呢!

(案例来源:作者根据相关资料整理)

4. 资料搜索法

资料搜索法是推销人员通过搜索、整理和查阅各种外部信息资料来寻找顾客及顾客信息的方法。利用资料进行搜索的能力被专家称为搜商。搜商高的推销人员在没有见到顾客之前就掌握了顾客的大量信息,例如,顾客擅长的领域、电子信箱,以及顾客的生日、籍贯、毕业学校、手机号码和职务等,尽量做到"不见其人,却知其人",然后根据已经掌握的顾客信息初步判断顾客的个性和行为风格,提前设计好开场白及拜访细节,为初次拜访做好充分准备。

目前,可以利用的搜索工具有很多,如网上搜索、书报杂志搜索和专业杂志搜索等。其中网上搜索对于现代人来说,是最简单、最快速、最重要的搜索方法,也通常是推销人员开始寻找顾客的最佳选择。通过百度、雅虎等搜索引擎用关键词进行搜索,不要固定用一个搜索引擎,同样的关键词在不同的搜索引擎上会得到不同的搜索结果。

此外,还可以通过企业网站、专业Q群、行业协会、统计年鉴、俱乐部会员、居民委员会、广告和电话黄页等进行搜索。

【案例5.6】 你的私人信息被"出卖"没有?

大部分市民都会有这样的经历——经常接到陌生的号码来电,介绍一些新开的楼盘、投资项目、保险、车险和装潢等。令人诧异的是,电话里对方对自己的情况了如指掌。更加神奇的是,在你刚刚看完一个感兴趣的楼盘、正准备对新家装潢或者车子保险时间快到的时候,这种类似需求的电话就来得更为准时和精确了。

家住青年中路的纪先生就对这种电话很是反感。"前段时间车子保险快到了,就接到了很多这样的电话。也不知道他们是怎么知道我的信息的,连车牌号、什么时候买的车、做了几次保养,以及我住在哪里等,什么都知道,这让我很困扰,觉得自己的隐私完全被侵犯了。"纪先生郁闷地表示,能够透露自己这样精准信息的,无非是4S店、保险公司等,"肯定是这中间有个地方把我的信息告诉别人了。"

同样受到困扰的还有李小姐。最近手头上有些存款的李小姐,想购买一套新房子做投资用,自从看了一家楼盘留下了联系方式后,楼盘的促销电话就不断地来了。"连续一个星期,不停地接到电话,有本市的楼盘,还有的是连云港、山东等地楼盘的促销电话。"李小姐表示,这些电话总是在上班时打来,搞得自己十分困扰。不过,打来的电话有时候也的确让人心动,"不知道他们是怎么操作的,促销的楼盘价格和我想投资的都差不多,户型大小也差不多,要是有时间还真准备去看看。"

可以说,这种情况的发生开始变得越来越普遍,同时发生领域也越来越广。业内人士表示,主要是消费者自己留下的信息被"转手"了出去。记者上网搜索"个人信息出售"发现,网上有众多出售个人信息的帖子。全国各地区车主名单、各地区小区别墅业主名单、银行 VIP、全国官员名单、移动、联通信息、老人、小孩信息……在金钱的诱惑下,只要你想要某种信息,这些卖家都能给你搞到。

律师表示,国家在《中华人民共和国刑法修正案(七)》中明确规定,国家机关或者金融、电信、交通、教育和医疗等单位的工作人员,违反国家规定,将本单位在履行职责或者提供服务过程中获得的公民个人信息出售或非法提供给他人,情节严重的,处 3 年以下有期徒刑或拘役,并处或单处罚金。不过现在的问题却是,市民信息一旦被透露,维权将十分困难,"主要是证据的采集非常有难度,更多的还需要市民自己多加注意,从而尽量避免此类情况的发生。"

(案例来源:作者根据相关资料整理)

5. 个人观察法

个人观察法是指推销人员根据自己对所接触的个人或组织的直接观察寻找顾客的方法。利用个人观察法寻找顾客,要求推销人员具有良好的职业意识,即随时随地挖掘潜在顾客的习惯和敏锐的观察能力。有了这种意识,推销人员就能在别人不注意的时间和地点找到买主。

利用个人观察法寻找顾客的关键在于培养推销人员个人自身的职业灵感,一个优秀的推销人员应该善于寻找新顾客。在实际生活中,每时每刻都有新闻事件发生,嗅觉敏感的新闻记者总是抢先报道重大新闻。同样,潜在的顾客无处不在,有心的推销人员随时随地都可以找到自己的顾客。使用个人观察法时,推销人员首先要善于用眼睛看,即用眼睛去观察一切可能捕捉到的信息,不同的出版物,如杂志、报纸和贸易评论等都可以提供目标顾客。其次,推销人员还要善于用耳朵听,从广播或别人的谈话里发现信息,有时一位朋友无意中谈起的一条信息,对你寻找顾客可能起到良好的作用。此外,在利用个人观察法寻找顾客时,推销人员必须具有主动精神,必须充分调动各种感觉器官。

个人观察法可以说是其他各种方法的基础,因为其他任何方法的运用实际上都离不开推销人员个人的观察。运用个人观察结果寻找顾客,使推销人员直接面对市场和顾客,对提高推销能力、积累推销经验有很大帮助。

【案例 5.7】

某汽车推销员整天开着汽车在航空工业部区的街道上转来转去,寻找旧汽车。当他发现一辆旧汽车时,就通过电话和该汽车的主人交谈,并把旧汽车的主人看做一位准顾客。

一位人寿保险代理很善于察言观色。有一次,他同其他推销员在一起吃午餐,旁边有一位老人滔滔不绝地谈论他的孙子,十分得意。这位人寿保险代理认为这位老人很可能会为孙子购买人寿保险单,从而把他列入准顾客名单。

我国各地的推销员普遍运用个人观察法寻找顾客。例如,修理自行车的人注意观察骑自行车的人,修鞋工人则注意观察行人的双脚等。

在利用个人观察法寻找顾客时,推销员要积极主动,既要用眼,又要用耳,更要用心。在观察的同时,还要运用逻辑推理。有一位办公家具推销员,每天夜深人静时,在大街上四处徘徊,观察还有谁仍在办公室里工作,并记下深夜亮灯的门牌号码,次日便登门拜访,建议主人添置一套办公家具,在家里开辟第二办公室。我国也有些地方的生意人,深夜走街串巷,发现有灯光的窗口,便大声吆喝,上前叫卖各种风味小吃。

(案例来源:作者根据相关资料整理)

6. 委托助手法

委托助手法也称推销助手法或推销信息员法。所谓委托助手法,就是推销人员委托有关人员寻找顾客的方法。

在西方国家里,有些公司专门雇用一些低级推销人员寻找顾客,以便让那些高级推销人员集中精力从事实际的销售活动。这些低级推销人员往往采用市场调研或提供免费服务等措施,对某些可能性比较大的销售地区发起地毯式访问。一旦发现潜在顾客,立即通知高级推销人员或销售经理安排销售访问。也有一些企业或推销人员专门找特定行业、特定职业的工作人员为其寻找潜在顾客。此法比较适用于寻找耐用品和大宗货物的顾客,如房地产、一批灯具或一批西瓜等。

【案例5.8】

两年前,表弟领着家乡药厂的老总来上海找到我,希望借助我在上海医疗专家方面的影响力,帮助联系医生促销药厂生产的药品。这件事让我十分为难,因为,我知道凭我的关系帮助联系几家医院不会有什么问题,但上海的医院管理是一个相对规范的领域,我不想用自己的关系优势去干扰医院管理工作,造成不好的影响。而家乡药厂又是我人生的再造恩人,是他们的"贫困学生助学金"帮扶使我读完高中,考上了复旦大学,并继续资助我读完大学。我是不能忘本的。趁药厂在上海办理销售公司工商注册的几天时间里,我搞了一个药品销售渠道的调研,觉得要推销药厂生产的药品,首先需要在医生中间树立良好的认知度。而上海的医生和病人比较看重本地权威机构认定的产品。于是,我建议药厂以上海销售公司的名义向上海市高新技术成果转化认定办公室申报几个药品的"上海市高新技术成果转化A级项目认定"。

两个月后,几个药品顺利通过上海市高新技术成果转化A级项目认定。在获得认定证书后,表弟拿着它到医院推销药品,就好像获得了一张特别通行证一样,绝大部分医院和医生都接受并认可。经过半年的推销工作,几个药品已进入上海市60%的医院,两年来,几个药品的年销售额达到一个亿。

(案例来源:作者根据相关资料整理)

7. 广告开拓法

广告开拓法又称广告拉引法、广告吸引法,是指推销人员利用各种广告媒介寻找准顾客的方法。这种方法利用广告的宣传攻势把有关产品的信息传递给广大消费者,刺激或诱导消费者的购买动机和行为,然后推销人员再向被广告宣传所吸引的顾客进行一系列的推销活动。

根据传播方式的不同,广告可分为开放式广告和封闭式广告两类。开放式广告又称为被动式广告,如电视广告、电台广告、报纸杂志广告、招贴广告和路牌广告等,当潜在对象接触或注意其传播媒体时,它能被看见或听到。封闭广告又称为主动式广告,它直接传至特定的目标对象,与开放式广告相比,具有一定的主动性,如邮寄广告、电话广告等。一般来说,对于使用面广泛的产品,如生活消费品等,适宜运用开放式广告寻找潜在顾客,而对于使用面窄的产品(如一些特殊设备、仪器等)和潜在顾客范围比较小的情况,则适宜采用封闭式广告来寻找潜在顾客。在西方国家,推销人员用来寻找顾客的主要广告媒介是直接邮寄广告和电话广告。

任务提示:在寻找顾客时应该注意些什么?

(1)寻找顾客的方法还有很多,结合行业特点,不同的行业还有一些比较特殊的寻找方法。

(2)优秀的推销人员应该根据实际情况综合、灵活地运用以上方法,不可拘泥于形式。

(3)在搜集顾客资料时既要注意资料的时效性,又要注意手段的合法性。

任务练习

练习项目:利用资料搜索法寻找顾客

步骤1:教师将全体学生分为若干小组,为某商品寻找顾客。

步骤2:小组同学利用不同的搜索引擎寻找顾客。

步骤3:对寻找到的顾客资料进行仔细的分析。

步骤4:根据顾客资料拟定拜访细节。

步骤5:将整个过程整理成报告。

步骤6:选派代表展示报告。

步骤7:小组互评,师生讨论,教师鉴定。

任务三　管理顾客资源

任务说明

通过上述方法寻找到的顾客,都可能成为现实顾客。虽然都可能成交,但是为了获得最大收益,必须把这些顾客进行分类管理,以提高销售效率。可以利用 ABC 管理法来对顾客资源进行管理。

任务指导

ABC 管理法是根据顾客所贡献的销售额及未来发展潜力的大小等主要特征,运用数理统计方法,将全部顾客分为 A、B、C 3 类,A 类是管理的重点,B 类是次重点,C 类是一般,从而有区别地采取管理方式的一种定量管理方法。

推销人员使用 ABC 管理法对顾客进行分析和管理的步骤如下:

首先,收集并整理各个顾客所购买商品的数量和单价等数据,并分析其未来发展潜力的大小。

其次,对原始数据进行整理并按要求进行计算,例如计算销售额、累计销售额和累计销售额百分数等。

第三,做 ABC 分类表。按销售额的大小,由高到低将所有顾客按顺序排列,将销量、销售额、销售额百分数、累计销售额和累计销售额百分数填入;将累计销售额百分数占 70%~80% 的顾客定为 A 类,将累计销售额百分数占 80%~95% 的顾客定为 B 类,将累计销售额百分数占 95%~100% 的顾客定为 C 类。

第四,根据 ABC 分析的结果,对 A、B、C 3 类顾客采取不同的管理策略。由于 A 类顾客数量较少,购买量却占全部销售量的 80%,推销人员应该花费大量的时间和精力重点对 A 类顾客提供服务,例如建立顾客专门档案、提供销售折扣、定期走访,以及优先处理投诉等;而对数量众多,但购买量很小,分布分散的 C 类顾客,推销人员以不流失为原则,可以只提供有限的服务;B 类顾客的管理介于 A 类和 C 类之间。

推销人员利用 ABC 管理法可以保证重要顾客得到充分的重视。不过,在对顾客进行分类时,还应该结合顾客发展潜力的大小等其他因素一起进行。例如,有两名顾客,其中一名的消费能力是年均 500 元,另一名年均消费 1 000 元,如果年均消费 500 元的顾客 20 岁,而年均消费 1 000 元的顾客 70 岁,假如他们的生命期限都是 80 年,那么,从顾客的发展潜力大小来看(在去掉忠诚度等其他因素的情况下),年轻顾客要高于年老顾客。

任务提示:在管理顾客资源时应该注意些什么?

(1)销售额不是进行顾客管理的唯一指标,完善的顾客管理还应该结合其他指标一起进行,这需要推销人员不断地摸索。

(2)顾客可以分类,但是对顾客的服务不能缩水。

任务练习

练习项目:利用 ABC 管理法对顾客资源进行管理

步骤 1:将全体学生分为若干小组,由教师提供一组顾客资料。

步骤 2:各组学生利用 ABC 管理法对手头的顾客资料进行分析整理。

步骤 3:分别指出对 A 类、B 类和 C 类顾客的管理方法。

步骤 4:各组选派代表展示结果,并说明分类标准。

步骤 5:集体讨论是否还有其他分类标准。

步骤 6:教师根据讨论情况进行总结。

项目六　接近目标顾客

学习指南

【任务目标】

◎**态度目标**

1. 养成本、笔不离身,随时记录的习惯。

2. 养成勤于动脑、善于思考的习惯。

3. 养成热情服务、严于律己、认真负责的职业态度。

4. 培养创新思维。

◎**技能目标**

1. 能够收集顾客的详细资料。

2. 能够采取适当、有效的方法接近顾客。

3. 能够根据已经掌握的信息判断出顾客的类型。

◎**专业知识目标**

1. 掌握收集顾客资料的方法。

2. 掌握接近顾客的方法。

3. 掌握顾客分类的方法

【任务完成步骤】

收集顾客资料 ➡ 接近顾客的方法 ➡ 判断顾客类型

任务一　收集顾客资料

任务说明

顾客资料是推销人员的生命,没有资料,犹如巧妇难为无米之炊,掌握翔实的顾客资料是与顾客进行沟通的基础。顾客资料收集工作是推销人员日常工作的重要环节,贯穿于工作的全过程,它包括收集、整理、鉴别、管理和利用等多方面,是一项艰巨、细致、科学性很强的工作。

那么,收集顾客资料的途径有哪些? 收集顾客资料的步骤是什么? 收集顾客资料有什么标准吗? 有哪些基本的收集顾客资料的方法呢?

任务指导

推销的实质是把握人性并利用人性,因此推销人员需要事先对拜访对象做充分的了解,说到底就是要尽可能多地了解顾客的信息。而拥有自己的顾客资料库是推销人员提高工作效率的有效方法,庞大的顾客资料库不但是拓展业务的来源,更是提升自身价值的职场利器之一。

【案例6.1】　　　　　　　　　　**戴尔如何收集客户资料**

1998年7月,戴尔进入中国,厂房已经建好,工人开始上班,工厂一个季度可以生产数万台计算机,销售团队必须为每台计算机找到买家。

1998年7月17日,戴尔的所有销售代表到厦门参加直销动员大会,分析了中国个人计算机市场状况:60%的计算机采购来自商业客户,而这些商业客户80%集中在中国30多个主要城市。市场部帮助销售代表列出了近4 000个主要客户的名单,这些客户来自金融、邮电、政府、教育和制造业等领域。这近4 000个客户采购计算机的80%来自北京、上海、广州、西安、沈阳和成都等区域中心。面对变幻不定的市场,销售代表锁定北京、上海和广州的大型行业客户及机构作为关键客户进行开发。

目标确立了,下一步就是要找到销售机会。销售团队开始制订销售计划。市场部首先发动媒体攻势,报纸开始连篇累牍地介绍直销模式,讨论直销是否适合中国国情,使戴尔的每个活动都成为关注焦点。同时,8~11月,戴尔以不同的主题在北京、上海和广州举办多次大型活动,在厦门的内部销售代表打了不计其数的电话邀请锁定的客户参加这些活动,外部销售代表则将请柬送到重要客户的办公室。

每结束一个活动,销售代表都认真分析客户填写的反馈表,反馈表中有客户姓名、联系电话、通信地址、职务、客户计算机的使用数量和品牌,以及目前的采购计划和时间等信息。销售代表根据反馈表找到销售机会,接着拜访客户。

利用这些活动,销售代表和近4 000个客户建立了联系,得到了他们的资料,这些资料是赢得订单的第一步。

收集客户资料是销售的第一步。公司进入新市场时需要大量的客户资料,目的是了解市场从而制订正确的销售计划;新的销售代表刚刚开始销售时也需要客户资料,目的是找到销售机会;有经验的销售代表也需要了解客户的资料,目的是取胜。

（案例来源:中国石化报）

一、顾客资料与销售业绩的关系

推销面对的就是顾客,没有顾客,就等于没有推销对象。找准了顾客,就等于成交了50%,所以收集顾客资料是推销过程的第一步,也是至关重要的一步。

顾客资料的数量和质量与推销人员个人业绩的持续增长成正比,顾客资料的数量和质量也是需要持续开发、收集和积累的过程。只有持续的顾客开发、收集和积累的行为,才能带来顾客数量与质量的全面提高。

二、顾客资料的收集标准

1. 企业顾客资料

企业顾客资料包括顾客背景资料、组织机构、联系电话、通信地址、网址和邮件地址，区分顾客的使用部门、采购部门和支持部门，了解顾客具体是维护人员、管理层或高层，顾客同类产品的安装和使用状况，顾客的业务情况，以及顾客所在行业的基本情况等。

在收集企业顾客资料时，推销人员重点需要了解顾客最近的采购计划，例如采购时间表和采购预算，顾客进行这个项目主要需要解决的问题，以及顾客的采购决策人和影响者，包括由谁做决定、由谁来确定采购指标、由谁负责合同条款、由谁负责安装和由谁负责维护等。

企业顾客资料分为3个标准：普通资料、5项标准资料和黄金资料。

普通资料包含公司名称、联系人和联系方式等3项要素。例如：北京红红火火电缆制造厂，联系电话010—6552×××，联系人刘先生。

5项标准资料包括公司名称、联系人（最好是法人或决策者）、联系方式（座机、手机）、公司经营范围和主营产品，以及公司曾经做过哪些推广或宣传等5项要素。例如：北京志成汽车配件厂，电话010—6552×××，董事长刘大名，手机1390125×××，主营丰田、奔驰和宝马等各种型号汽车配件，曾经做过alibaba诚信通。

黄金资料是从5项标准中提炼出来的意向顾客资料，具备5项标准的所有要素，这些顾客的购买意向极强，而且推销人员与决策者关系很好。

2. 个人顾客资料

个人顾客的资料包括家庭状况和家乡、毕业院校、喜欢的运动、喜爱的餐厅和食物、宠物、喜欢阅读的书籍、上次度假的地点和下次休假的计划、行程、在机构中的作用、同事之间的关系、今年的工作目标，以及个人发展计划和志向等。

【案例6.2】　　　　　　　　　密密麻麻的小本子

几年前，山东省有一个电信计费的项目，A公司志在必得，系统集成商和代理商组织了一个有十几个人的小组，住在当地的宾馆里，天天跟客户在一起，还帮客户做标书、做测试，关系处得非常好。大家都认为拿下这个订单是十拿九稳的事，但结果却是输得干干净净。

中标方的代表是一个其貌不扬的女子，姓刘。事后，A公司的代表问她："你们是靠什么赢了那么大的一笔订单呢？要知道，我们的代理商也很努力呀！"刘女士反问到："你猜我在签这个合同前见了几次客户？"A公司的代表就说："我们的代理商在那边待了整整一个月，你少说也去了20多次吧。"刘女士说："我只去了3次。"只去了3次就拿下2 000万的订单？肯定有特别好的关系吧，但刘女士说在做这个项目之前，一个客户都不认识。

那么刘女士为什么能拿到订单呢？

她第一次来山东，谁也不认识，就分别拜访局里的每一个部门，拜访到局长的时候，发现局长不在。到办公室问，办公室的人说局长出差了。她就又问局长去哪儿了？住在哪个宾馆？她得到消息后立刻给那个宾馆打电话，说："我有一个非常重要的客户住在你们宾馆里，能不能帮我订一个果篮，再订一个花篮，写上我的名字，送到房间里去。"然后又打电话给她的老总，说这个局长非常重要，已经去北京出差了，无论如何你要在北京把他的工作做通。安排妥当后，她马上订机票飞回北京，下了飞机直接就去宾馆找局长。当她到宾馆的时候，发现她的老总已经在跟局长喝咖啡了。在聊天中得知局长会有两天的休息时间，老总就请局长到公司参观，参观完之后大家一起吃晚饭,吃完晚饭又请局长看话剧《茶馆》。为什么请局长看《茶馆》呢? 因为她在济南的时候问过办公室的工作人员,得知局长喜欢看话剧。第二天,她又安排车把局长送到飞机场,然后对局长说:"我们谈得非常愉快,一周之后我们能不能到您那儿做技术交流?"局长很痛快就答应了这个要求。一周之后,她的老总带队到山东做了技术交流,她当时因为有事没去。

老总后来对她说,局长很给面子,亲自将所有相关部门的有关人员都请来,一起参加了技术交流。在交流的过程中,大家都感到了局长的倾向性,所以这个订单很顺利地被拿了下来。当然,她后来又去了两次,第三次就签下来了。

A公司的代表听后说:"你可真幸运,刚好局长到北京开会。"

刘女士掏出了一个小本子,说:"这并不是幸运,我所有客户的行程都记在上面。"A公司的代表打开一看,发现本子上密密麻麻地记了很多名字、时间和航班,还包括他们各自的爱好是什么,家乡是哪里,这一周在哪里,以及下一周去哪儿出差等。

有没有一种资料让推销人员能够在竞争过程中取得优势、压倒竞争对手呢? 有,这类资料就是客户个人资料。只有掌握了客户个人资料,才有机会真正挖掘到客户的实际内在需求,才能做出切实有效的解决方案。当掌握到这些资料的时候,销售策略和销售行为往往到了一个新的转折点,必须设计新的思路和新的方法来进行销售。

(案例来源:作者根据相关资料整理)

三、收集顾客资料的方法

1. 网上搜索

因特网作为20世纪最伟大的技术发明之一,其功能和作用日益突出。虽然因特网的商业应用才只有十几年,但是它极大地改变了人们生活、工作、交往和交易的方式,成为经济全球化的重要标志和动力之一。现在,网络已经成为情报人员收集信息资料的最主要手段,报刊、杂志等其他信息资料收集方式已经成为了辅助手段。

因特网是一个信息资料的聚宝盆,上面有人们所需要的全部信息资料,但是能否查到有用的资料,关键在于输入搜索的关键词。由于目前的搜索引擎并不能很好地处理自然语言。因此,在提交搜索关键词时,最好把自己的想法提炼成简单的、与希望找到的信息资料内容主题相关联的查询词。

【案例6.3】

某三年级小学生,想查一些关于时间的名人名言,他的查询词是"小学三年级关于时间的名人名言"。这个查询词很完整地体现了搜索者的搜索意图,但效果并不好。因为,绝大多数名人名言并不规定是针对几年级的,因此,"小学三年级"事实上和主题无关,会使得搜索引擎丢掉大量不含"小学三年级"但却非常有价值的信息;"关于"也是与名人名言本身没有关系的词,多一个这样的词,又会减少很多有价值的信息;"时间的名人名言",其中的"的"也不是必要的词,会对搜索结果产生干扰;"名人名言",名言通常就是名人留下来的,在名言前加上名人,是一种不必要的重复。

因此,最好的查询词应该是"时间名言"。

(案例来源:作者根据相关资料整理)

2. 出席会议

各行各业召开的会议很多,如各种研讨会、说明会、展览会、洽谈会和培训会等,特别是一

些有大量精英人士参加的大小型聚会。总之,凡是已获得的大小会议(活动)信息都不要放过,要珍惜机会,千方百计地去参加。

会议期间人群集中,各个层次、各个领域的人都有可能参加。这样,推销人员就能够在比较短的时间内,快速获得各方面的资讯和信息,建立起大量的人脉关系,甚至建立起一些高层的、各个行业的人脉关系。不但如此,推销人员还可以充分利用这样的机会,提高自己的社会知名度。开会是一个最省钱、最快速、最有效地获取潜在顾客资料的好办法。

在会上收到名片后,要经常联系。有句话说得好:"联系联系,有联才有戏。"有联系,就会有信息资料,有信息资料,就会有结果——就有"戏"。随着双方的关系越来越了解、越来越熟悉、越来越好,就会有后续资源。不联系就没戏,例如对方换了电话号码,或者变换了工作地点和工作单位,联系不上了,也就没有戏了。

3. 收集媒体广告

一些地方或者行业性的报纸杂志、电视媒体,还有路牌广告,上面都有大量的信息资料,平时要注意收集,有的可以剪贴下来,有的要及时记录下来,包括企业的地址、电话、联系人和经营范围等,以及当时想到的一些要点和感悟,都要把它记下来,以免过后遗忘。

而且,经常在媒体上登广告、做报道的单位,说明他们都有做广告、扩大知名度的需求,至少也说明企业的经济效益比较好,这样的企业具备消费潜力,更有可能转变成为现实顾客。

4. 转介绍

转介绍是指通过朋友,尤其是一些有影响力的朋友的中间介绍,从而获得顾客资料的一种方法。通过朋友的介绍,可以获得大量有效的顾客资料,甚至结交一些高级顾客。一般来说,朋友的介绍胜过推销人员的千言万语,会免去很多不必要的周折,更容易得到对方的信任,使推销成功的机会大大增加。

除了以上方法外,还可以通过与其他行业的推销人员资源共享、登录招聘网站、到图书馆查阅行业出版物和实地调查等方式收集顾客资料,甚至在旅行或坐车时也可以通过结识身边的人来获得顾客资料。

四、筛选资料

将收集来的顾客资料按照一定的标准进行筛选,将可以使用的资料保留下来,没有用的删除,并且在筛选过程中选出重点公关对象,可以节约推销人员的时间,提高推销成功率。

第一步:收集的过程中判断资料的有效性,即资料登记是否完整,能否找到决策者,然后再将有效的资料划分类别,进行保存。

第二步:推销人员需要通过电话沟通,以确认资料的真实性和可靠性。

第三步:推销人员经过多次沟通后,利用 ABC 分类管理法将顾客资料划分成 A 类、B 类和 C 类。A 类在沟通过程中已有合作意向,每天均可有计划地跟进,定期进行拜访,以求尽快签单成交;B 类在沟通过程中虽未有合作意向,但具备合作的条件,需要继续跟进,随时记录顾客电话、需求及工作计划安排,尽快将该类顾客转为 A 类;C 类在沟通过程中虽不具备短期的合作条件,但有合作的可能性,需要继续加强沟通和联系。需要注意的是,如果措施得当,C 类顾客可以进一步转化为 B 类乃至 A 类顾客;如果疏于管理,C 类顾客随时可能彻底流失。

推销人员在筛选顾客资料的过程中还要注意真实性和客观性,避免资料的大量浪费,确保资料的利用率和成功率。

小资料

美国销售大师麦凯总结的"顾客的 66 个问题"

填写人	所属部门		主管		填写日期	
客户基本资料	姓名：		昵称：		职称：	
	公司名称：		住址：		电话	（公） （宅）
	出生年月日：		出生地：	籍贯：	身高：	体重：
客户教育背景	高中与就读时间：		大学：		毕业时间：	
	学校时代得奖记录：		学校时所属社团：	擅长运动是：	学习成绩最优秀的科目：	
	如果客户未上过大学，他是否在意学位：			其他教育背景：		
	是否当过兵：		退役时的军衔		对兵役的态度：	
客户家庭背景	婚姻状况	配偶姓名	配偶教育程度		配偶兴趣/活动/社团	
	结婚纪念日：	子女姓名、年龄：	子女教育：		子女喜好：	
客户业务背景	客户的前一个工作：		公司	名称： 地址：	受雇	时间： 职衔：
	在目前公司的前一个职衔：		日期：		在单位有何"地位"象征：	
	参与的职业及贸易团体：		所任职位：		是否聘用顾问：	
	该客户与本行业其他人员有何业务往来：				关系是否良好：	原因：
	本行业其他人员对该客户的了解：		何种联系：		关系性质：	
	客户对自己公司的态度：				该客户的长期事业目标：	
	短期事业目标：		客户目前最关切的是公司前途或个人前途：			
	客户多思考现在或将来：		为什么？			

续表

客户特殊兴趣	客户所属的俱乐部：	参与的政治活动：	政党：	对客户的重要性为何：
	是否热衷社区活动：		如何参与：	
	宗教信仰：	是否热衷：	对该客户不宜谈论的事件：	
	客户对什么主题特别有意见(除生意之外)：			
客户生活方式	目前健康状况：	饮酒习惯：	酒量：	如果不饮酒,是否反对别人饮酒：
	是否吸烟：	若否,是否反对别人吸烟：		
	最偏好的就餐地点：	最偏好的菜式：		是否反对别人请客：
	嗜好与娱乐：	喜欢读什么书：		喜欢的度假方式：
	喜欢观赏的运动：	喜欢什么样的车：		喜欢的话题：
	喜欢和什么人打交道：	喜欢被这些人如何重视：		你会用什么来形容该客户：
客户和你	客户自认最得意的成就：			
	你认为客户长期的个人目标为何：			
	你认为客户眼前的个人目标为何：			
	与客户做生意时,你最担心的是什么：			
	客户对你、你的公司或你的竞争对手有何看法：			
	客户是否需改变自己的习惯,采取不利于自己的行动才能配合你的建议：			
	客户是否在意别人的意见：		或非常以自我为中心：	是否道德感很强：
	在客户眼中最关键的问题有哪些：			
	客户的管理阶层以何为重：		客户与他的主管是否有冲突：	
	你是否能协助客户化解与上级的冲突：		如果能,怎样协助：	
	你的竞争对手对于以上的问题有没有比你更好的答案：			

任务提示:在收集顾客资料时应该注意些什么?

(1)只要有心,在任何时间、任何地点都可以收集到顾客资料。

(2)在把找到的资料妥善收藏起来的同时,一定要记得留备份。

(3)收集到的资料应该按主题分类存放,以便能够快速找到。

任务练习

练习项目:利用搜索引擎收集顾客资料。

步骤1:将全体学生分为若干小组,教师提出任务要求。

步骤2:各组学生根据教师要求自拟关键词查找顾客资料。

步骤3：各组分别选派代表展示查找结果，并说明查找过程。

步骤4：讨论是否还有更好的关键词或其他的搜索工具。

步骤5：教师根据讨论情况进行总结。

任务二 接近顾客的方法

任务说明

成功的推销活动离不开好的创意，好的创意离不开精心的准备。经过顾客资料的收集和筛选之后保留下来的顾客名单，就可以列入合格的准顾客名单了。有了一份合格的准顾客名单，推销人员就可以开始制订计划，进行推销接近工作了。推销接近是指推销人员为了与目标顾客进行推销洽谈，而对其进行初步的接触或再次访问。推销人员确定推销对象后，要尽量做到知己知彼，利用各种方法与手段分析顾客资料，准备接触顾客。寻找合适的方法接近顾客是推销迈向成功的第一步，也是最关键的一步。

推销接近包括接近前的准备工作，以及选择适当的方法接近顾客。

任务指导

一、接近顾客前的准备

接近顾客前进行准备是为了取得顾客的好感，了解顾客需求，增加推销信心，周密的准备工作有助于树立推销人员的信心和培养良好的心理素质。接近顾客准备的基本内容包括准备顾客资料、制订拜访计划、准备推销工具、做好心理准备、注意拜访礼仪和选择约见顾客等。

准备的过程如图6.1所示。

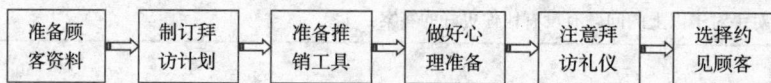

准备顾客资料 → 制订拜访计划 → 准备推销工具 → 做好心理准备 → 注意拜访礼仪 → 选择约见顾客

图6.1 准备工作过程

【案例6.4】

一位推销人员急匆匆地走进一家公司，找到经理室敲门后进屋。

推销人员："李先生，您好。我叫李明，是美佳公司的推销员。"

曲经理："我姓曲，不姓李。"

推销人员："噢，对不起！我没听清楚您的秘书说您姓曲还是姓李。我想向您介绍一下我们公司的彩色复印机……"

曲经理："我们现在还用不着彩色复印机。即使买了，可能一年也用不上几次。"

推销人员："是这样……不过，我们还有别的型号的复印机。这是产品介绍资料。"（将印刷品放到桌上，然后掏出烟与打火机）"您来一支吗？"

曲经理:"我不吸烟,我讨厌烟味。而且,这个办公室里不能吸烟。"

这绝对是一次失败的推销访问,问题很多。第一,推销人员在推销前没有做好充分准备,是推销一开始就失败的主要原因;第二,推销人员事先未做好顾客探察工作,也未做事前约见,推销一定要记住对方的姓名与职务,即使事先不知道,当面请教也比瞎猜好很多;第三,从根本上讲,推销人员不懂得推销的基本原则,这是推销失败的根本原因。

(案例来源:作者根据相关资料整理)

1. 准备顾客资料

准顾客的种类很多,主要分为个体顾客、企业顾客和老客户。推销人员在接近不同类型的准顾客时,需要依据其类型进行不同的准备。

接近个体顾客前需要了解顾客的姓名、年龄、性别、民族、出生地、相貌特征、职业状况、学习和工作经历、兴趣爱好、需求内容、办公及居住地址,以及家庭及成员情况等内容。

接近企业顾客时,除了个体顾客的准备内容之外,还需要了解企业的基本情况、生产经营情况、采购习惯和购买行为情况、组织情况、关键部门与关键人物情况,以及与此次拜访相关的其他情况。

对老顾客的接近准备工作与新顾客的接近准备工作有所不同,因为推销人员对老顾客已经有一定程度的了解,主要是对原有资料的补充、修订和调整,是对原有客户关系管理工作的延续。在接近老顾客前,应该准备老顾客的基本情况资料、变动情况及信息反馈情况等资料。

2. 制订拜访计划

拜访计划主要包括时间安排、地点选择等,这些安排最好根据顾客的习惯、生活规律和职业特点等来确定,不要强加给顾客。

(1)约见对象。约见对象是指对购买行为具有决策权或对购买活动具有重大影响的人。如果推销的是个人用品,约见对象一般容易确定;如果推销的是企业用品,推销人员将面对一个采购中心,那么首选的约见对象是公司的董事长、总经理和厂长等决策者。但是在实际推销工作中,推销人员往往无法直接约见决策者。因此,推销人员在尽量约见决策者的同时,也不要忽视那些对购买有影响力的人物,如总经理助理、秘书、办公室主任和部门经理等人。这些人虽然没有最终的购买决定权,但往往具有否决权,会对决策者的决策产生很大影响。

(2)约见事由。任何人都不会接受没有理由的约见,特别是在双方从未谋面或不熟悉的情况下,所以推销人员在约见访问对象时,必须告诉对方访问的原因和需要商谈的事项。虽然约见顾客的最终目的是为了成功推销商品,但约见目的因顾客、推销进展阶段和具体任务的不同而不同,常见的约见事由有推销产品、市场调查、提供服务、签订合同、收取货款和走访用户等。

总之,约见顾客有各种不同目的,推销人员应根据具体情况,创造机会约见并接近顾客,扩大自身影响,提高企业信誉,树立企业形象,并达到预期目标。

(3)约见时间。约见顾客的时间安排是否适宜,会影响到约见顾客的效率,甚至关系到推销洽谈的成败。约见的时间应主要根据顾客的情况来确定,尽量避免在顾客忙碌的时候前往。理想的约见时间最好选择顾客较为轻松和闲暇的时候。至于是上班时约见好还是休息时约见好,不能一概而论,需要事先经过沟通与约定,或者建立在对顾客生活规律了解的基础上,应因人而异,因情而定。当遇到顾客的时间与推销人员的时间发生矛盾时,应尽量考虑和照顾顾客的意图。当与顾客的约定时间敲定以后,推销人员要立即记录下来,并且要严格按照约定时间准时到达,坚决避免迟到或约而不到。

（4）约见地点。与顾客约定在什么场合见面,要以顾客的意见和方便为主。除了工作场所和顾客家中以外,在公共场所约见也是可行的选择,例如茶楼、酒吧和咖啡馆等,以安静和便于谈话交流为宜,环境越雅致越好,尽量不要选择喧哗、吵闹的场所。

3. 准备推销工具

需要准备的推销工具包括以下 4 个方面:

（1）产品目录、样品和笔记本式计算机等,以便于向顾客进行展示,吸引顾客的注意力,使顾客直观感受商品。

（2）广告、说明书、价格表、合格证、检测报告、鉴定证书和授权委托书等材料,可以帮助推销人员加强说服的效果。

（3）各种票据、印章、订单和合同等,以便双方一旦达成协议,可以立刻签订合同,办理相关手续,不至于误事。

（4）名片、手表、碳素笔、记事本、介绍信（或者身份证、工作证等证明自己身份的文件）、计算器、纸巾和打火机等其他物品,这些都是重要的辅助销售工具,有经验的推销人员在这方面的准备往往是认真而细致的。

4. 做好心理准备

推销人员在接近顾客前,最容易出现的问题就是信心不足,其实这主要是心理素质的问题。缺乏经验的推销人员顾虑有:是否会搅乱被访者的正常生活? 顾客是否会接受推销拜访? 顾客拒绝成交怎么办? 这种无形的"恐惧"如果表现在推销过程的言行举止中,会使顾客丧失对你个人及你所推销的产品的信心。因此,推销人员要时刻牢记一句话:"推销是信心的传递,要想使你的顾客相信,就必须对你自己及你所推销的产品表现出十足的信心。"同时,推销人员必须克服畏难情绪和逃避心理,敢于正视顾客的拒绝,时刻保持一种高昂的精神状态,沉着冷静地去排除接近过程中遇到的种种障碍。

培养良好的心理素质和优秀的推销业务能力可以通过模拟推销情景的方法专门训练,让同行们作为假象的目标顾客帮助练习,最终一定会克服心理障碍。

5. 注意拜访礼仪

美国某大公司总裁说过:"我接见推销人员时,第一眼是初见面 12 英尺的观察,接着是坐定后 12 英寸的仔细观察,最后是开口后最先 12 个字组成的第一句话。我以这 3 条原则来断定这个推销人员,也决定商品的交易。"这位总裁的话乍听起来似乎过于偏颇与武断,但仔细琢磨却又不无道理。因为,在人际交往中,第一印象具有很重要的作用,它往往能左右人以后印象的好坏,心理学上称为首因效应。在构成第一印象的诸多因素中,仪表风度又占有非常重要的位置。所以,推销人员要想如愿地推销商品,首先要成功地推销自己,取得顾客的好感与认同才行。当推销人员在拜访顾客,特别是初次拜访时,必须注意使自己的服装整洁大方,言谈举止得体,礼貌待人接物,给人一种稳重、精干的印象,为下面的推销奠定良好的基础。

6. 选择约见顾客

约见不仅要占用顾客的时间,甚至会影响顾客的工作与生活。因此,推销人员在约见顾客时,不仅要考虑约见对象、约见时间和地点,还必须讲究约见方式和方法。常见的约见方法有以下几种:

（1）当面约见。当面约见是指推销人员与顾客面对面约定见面的时间、地点和方式等事宜。这种约见简便易行,也极为常见。推销人员可以利用与顾客会面的机会进行面约,例如在

展销会或订货会上、在社交场所、在推销旅途中或在其他见面的场合与顾客不期而遇,推销人员都可以借机面约。当面约见要求推销人员时时留心,了解重要顾客的生活习惯和兴趣爱好,更好地完善客户的资料,有利于拉近彼此的距离,进而约定正式见面的时间。

(2)电话约见。电话约见即通过电话约见顾客,是现代推销活动中常用的约见方法。它的优势在于经济便捷,能在短时间内接触更多的潜在顾客,是一种高效率的约见方式。由于电话约见不见其人,只闻其声,所以推销人员的重点应放在"话"上。首先,要精心设计开场白,激起对方足够的好奇心,使顾客有继续交谈的愿望;其次,约见事由要充分,用词要简明精炼,长话短说;第三,态度要诚恳,口齿清楚,语调亲切。

【案例6.5】　　　　　　　　　**成功的约见模式**

电话铃声响起。

顾客:"喂,您好!"

推销人员:"您好,麻烦您,能请尤根·克拉莫布先生亲自接电话吗?"

顾客:"我就是! 您有什么事吗?"

推销人员:"您好,克拉莫布先生! 我叫格拉索……海尔曼·格拉索,是宝卡公司的专业咨询师,我们公司位于佛罗里达,是专门从事办公室及仓库资源合理化业务的。克拉莫布先生,有关贵公司扩大卡塞尔仓库面积的计划,我们公司早有耳闻了。所以我想给您看一些东西,这也许能够帮助您在新仓库里节省空间和人力消耗。您觉得咱们的这次见面安排在什么时候最合适? 是下周二上午10:20好,还是周三下午好?"

顾客:"那好吧,您星期二上午过来吧!"

推销人员:"我记一下时间,克拉莫布先生。您记住我的名字了吗? 我叫格拉索,拼写是G,L,A,S,O,W! 那咱们下星期二上午10:20见了,克拉莫布先生。真高兴能有机会和您见面。"

事实证明,这种谈话模式在推销实践中所产生的效果很好。

(案例来源:作者根据相关资料整理)

(3)信函约见。信函约见是指推销人员利用书信约见顾客的一种方法。信函通常包括个人书信、会议通知、社交柬帖和广告函件等,其中采用个人书信约见顾客的效果最好。个人信函一般在与对方较熟识的情况下采用,否则,贸然地给对方寄去个人书信,有可能产生消极的结果。如果碰到并不熟悉的顾客,寄去柬帖、会议通知、参观券或广告函是比较理想的方式。

(4)委托约见。委托约见是指推销人员委托第三者约见顾客的一种方法。受托人一般都是与访问对象有一定社会关系或社会交往的人,与访问对象关系密切的人或对访问对象有较大影响的人士是最为合适的受托人。受托人可以是推销人员的同学、老师、同事、亲戚、朋友、邻居、上司、同行、接待人员和秘书等,也可以是各种中介机构。

(5)广告约见。广告约见是指推销人员利用各种广告媒体约见顾客的方式。现代广告媒体主要有广播、电视、报纸、杂志、路牌、招贴和直接邮寄等。利用广告进行约见可以把约见的目的、对象、内容、要求、时间和地点等准确地告诉广告受众。广告约见比较适用于约见顾客较多或约见对象不太具体、明确,或者约见对象姓名、地址不详,在短期内无法找到等情况。

(6)网络约见。网络约见是指推销人员利用因特网与顾客在网络上进行约见的一种方法。因特网的迅速发展为推销提供了快捷的沟通工具,不仅为网上推销提供了便利,而且为网上购物、商谈和联络情感提供了可能,尤其是 QQ 的普遍使用,加快了网上约见与洽谈的进程。但网络约见受到双方对计算机和网络信息技术等情况掌握程度的限制。

二、接近顾客的方法

现代营销理论认为,推销产品首先是推销自己。如果顾客对推销人员不信任,他就不可能相信你的产品,更谈不上购买你的产品。在通常的印象中,能说会道总是推销的最有力武器。多数公司热衷于招聘口若悬河的推销人员。事实上,口才与推销成功与否并不存在正相关的关系。好的推销人员懂得什么时候该说,什么时候该闭嘴。国内外许多研究报告中提出,人们对推销人员的评价和看法,总是先入为主,有"首因效应"在起作用。如何接近顾客,给顾客留下良好的第一印象呢? 纵观五花八门的推销活动,可归纳为以下 8 种接近顾客的方法:

1. 问题接近法

所谓问题接近法,也称问答接近法或讨论接近法,是指推销人员利用提问的方式或与顾客讨论问题的方式接近顾客,激发顾客的注意力和兴趣点,引导顾客去思考,环环相扣,一步步达到接近的目的。

运用问题接近法的要求如下:

(1)问题必须突出重点,有的放矢。推销人员必须在接近准备的基础上设计所提问题,要能一针见血,切中要害。

(2)问题表述必须简明扼要,抓住顾客的关注点,最好能形象化、量化,且直观生动。

(3)问题应当具有针对性,耐人寻味,应当是顾客乐意回答和容易回答的问题,要避免提有争议、伤感情和顾客不愿意回答的问题,以免引起顾客的反感。

【案例 6.6】

美国某图书公司的一位女推销员,平时碰到顾客和读者总是从容不迫、平心静气地提出以下问题:"如果我送给您一套关于经济管理的丛书,您打开之后发现十分有趣,您会读一读吗?""如果您读了以后觉得很有收获,您会乐意买下吗?""如果您没有发现其中的乐趣,您将书籍塞进这个包里给我寄回,行吗?"……这位女士的开场白简单明了,使顾客几乎找不到说"不"的理由,从而达到接近顾客的目的。

(案例来源:作者根据相关资料整理)

2. 介绍接近法

介绍接近法是指推销人员通过自我介绍或他人介绍的方式来接近顾客的方法,分别有自我介绍、托人介绍和产品介绍 3 种。在这种方式下,推销人员应保证他所使用的介绍接近方式不但有趣,而且能自然地过渡到展示过程。否则一旦失败,那么展示便无法继续进行。

自我介绍法是指推销人员自我口头表述,然后用名片、工作证、介绍信或者身份证辅佐,以达到与顾客相识的目的。现在最常用的做法是赠送名片,这样做的好处是可以使顾客熟知推销人员的名字,便于交谈,轻松、自然地达到自我介绍的目的,而且便于今后联系。出于礼节,对方会回赠名片,由此又获得了顾客本人及企业的一些资料,取得了今后进一步联系的机会。自我介绍是人们进行社会交往的一种手段,在推销接近中,主要是为了防止顾客怀疑推销人员的来历和身份。

产品介绍法是指推销人员直接把产品、样本或模型摆在顾客面前,使顾客对产品产生足够的兴趣,从而让产品做无声介绍的一种方法。美国一位名叫贺伊拉的推销人员说:"如果你想

勾起对方吃牛排的欲望,将牛排放到他的面前固然有效,但最令人无法抗拒的是让他听到煎牛排的'滋滋'声,他会想到牛排正躺在黑色的铁板上'滋滋'作响,浑身冒着油,香味四溢,不由得咽下口水。"这一推销至理名言告诉人们,利用产品自身独特的魅力来刺激顾客的需求欲望,可以达到较好的推销效果。

【案例6.7】

　　有一家轮胎厂的推销员到汽车制造公司去推销产品。他们随车带去了该厂生产的50多个品种的汽车轮胎,包括刚刚投放市场的最新式的子午线轮胎。进了对方厂门以后,他们并不做过多的口头宣传,只要求汽车制造公司总经理看看随车带来的满满一汽车轮胎,琳琅满目,应有尽有。最后,对方拍板与该厂签订了长年订货合同,该汽车制造公司生产的汽车全部采用这家工厂生产的轮胎。

（案例来源:作者根据相关资料整理）

　　托人介绍法是利用与顾客十分熟悉的第三者,通过写信、打电话或当面介绍来接近顾客的方法。托人介绍法主要是通过信函、电话和当面等方式。一般来说,介绍人与顾客之间的关系越密切,介绍的作用就越大,推销人员也就越容易达到接近的目的。因此,推销人员应设法摸清并打进顾客的接近圈,尽量争取有影响力的中心人士的介绍和推荐。

3. 请教接近法

　　请教接近法是指推销人员虚心向顾客讨教问题,利用这个机会,达到接近顾客目的的方法。这种方法体现了敬重顾客、满足顾客自尊心理的推销思想,在实际应用中效果较好,尤其是对那些个性较强,有一定学识、身份和地位的专家型顾客,这种方法更为奏效。

　　请教可以是推销品经营方面的问题,也可以是人品修养、个人情趣等方面的问题。但不论请教什么方面的内容,推销人员都应本着谦虚诚恳,多听少说,赞美在前、请教在后,请教在前、推销在后的思想。推销人员可以请教诸如"赵工程师,您是电子方面的专家,您看看我厂研制投产的这类电子设备在哪些方面优于同类老产品?""我是这方面的新手,我想知道你是否能够帮助我?""我的同事说我们公司的产品是同类中最好的,请问你是怎么看的?"此类的问题。

【案例6.8】

　　格林先生是一家杂货店的老板,他非常顽固保守,十分讨厌别人向他推销。一次,香皂推销员彼得来到店铺前,还未开口,他就大声喝道:"你来干什么?"但这位推销员并未被吓倒,而是满脸笑容地说:"先生,您猜我今天是来干什么的?"

　　杂货店老板毫不客气地回敬他:"你不说我也知道,还不是向我推销你们那些破玩意儿的!"

　　彼得听后不但没有生气,反而哈哈大笑起来,他微笑地说道:"您老人家聪明一世,糊涂一时,我今天可不是向您推销的,而是求您老向我推销的啊!"

　　杂货店老板愣住了:"你要我向你推销什么?"

　　彼得颇为认真地回答:"我听说您是这一地区最会做生意的,香皂的销量最大,我今天特地来讨教一下您老的推销方法?"

　　杂货店老板活了一辈子,其中大半生的时间都是在这间小杂货店中度过的,还从来没有人登门向他求教过。今天看到眼前这位年轻的推销员对他是如此的崇敬有加,心中不免得意万分。

于是,杂货店老板便兴致勃勃地向彼得大谈其生意经,谈他的杂货店,从他小的时候跟随父亲做生意,谈到后来自己接过这间小店,最后一直说到现在。"人都已经老了,但我仍然每天守着这个杂货店,舍不得离开它。在这里我可以每天见到那些老朋友和老顾客,为他们提供服务,同他们一起聊聊天,我过得非常愉快。"

老人家与推销人员聊了整整一个下午,而且聊得非常开心,直到推销员起身告辞。刚到门口,老头子突然想起什么来了,大声说:"喂,请等一等,听说你们公司的香皂很受欢迎,给我订30箱。"

(案例来源:作者根据相关资料整理)

4. 好奇接近法

好奇接近法是指推销人员利用顾客的好奇心理达到接近顾客目的的方法。在实际的推销工作中,当与顾客见面之初,推销人员可通过各种巧妙的方法来唤起顾客的好奇心,引起其注意和兴趣,然后从中说出推销产品的利益,进而转入面谈。唤起好奇心的方法多种多样,但推销人员应做到得心应手,运用自如。

好奇心理是人们的一种原始驱动力,在此动力的驱使下,促使人类去探索未知的事物。好奇接近法正是利用顾客的好奇心理,引起顾客对推销人员或推销品的注意和兴趣,从而点明推销品的利益,以便顺利进入洽谈的接近方法。好奇接近法要求推销人员能够发挥创造性的灵感,制造好奇的问题与事情。

采用好奇接近法时应该注意下列几个问题:

第一,引起顾客好奇的方式必须与推销活动有关。

第二,在认真研究顾客的心理特征的基础上,真正做到出奇制胜。

第三,引起顾客好奇的手段必须合情合理,奇妙而不荒诞。

【案例6.9】

一位英国皮鞋厂的推销员曾几次拜访伦敦的一家皮鞋店,并提出要拜见鞋店老板,但都遭到了对方的拒绝。后来他又来到这家鞋店,口袋里揣着一份报纸,报纸上刊登一则关于变更鞋业税收管理办法的消息,他认为店家可以利用这一消息节省许多费用。于是,他大声对鞋店的一位售货员说:"请转告您的老板,就说我有路子让他发财,不但可以大大减少订货费用,而且还可以本利双收赚大钱。"推销人员向老板提出赚钱发财的建议,哪家老板又会不心动呢?他肯定立刻答应接见这位远道而来的推销员。

(案例来源:作者根据相关资料整理)

5. 利益接近法

利益接近法是指推销人员抓住顾客追求利益的心理,利用所推销的产品或服务能给顾客带来的利益、实惠和好处,引起顾客的注意和兴趣,进而转入面谈的接近方法。这种方法迎合了大多数顾客的求利心态,推销人员抓住这一要害问题予以点明,突出了销售重点和产品优势,有利于很快达到接近顾客的目的。

利益接近法的产品优势及推销能带给顾客的利益应该是实实在在的,而不是夸大其词的,否则就会失去顾客的信任感或导致推销本身没有实际效益。

利益接近法的接近媒介是产品本身的实惠,而主要方式是直接陈述,告诉顾客购买产品的

好处,语言不一定要有惊人之处,但必须引起顾客对产品利益的注意和兴趣,这样才能达到接近的目的。

因为所有购买者的任务的一部分就是解决问题或者提供某种利益,这种接近方式就是从这一点出发而设计的——描述顾客所能获得的利益。通常情况下,只有一种或两种购买刺激特别能影响购买决策,这种购买刺激必须明确地进行界定,并且无论如何要将这种刺激付诸实施。例如:"李经理,你是否发现我们的散热器使你一年就省电 25%?""李经理,你是否在昨天的报纸上看到一家独立的调研公司断言,有越来越多的消费者更喜欢我们的产品而非其他产品?""李经理,你是否知道通过我们的服务,你们公司可以比其他公司更快地将产品从上海空运到广州?"等。

6. 震惊接近法

震惊接近法是指推销人员设计一个令人吃惊或震撼人心的事物来引起顾客的兴趣,进而转入正式洽谈的接近方法。在现代推销中,推销人员的一句话或一个动作,都可能令人震惊,引起顾客的注意和兴趣。例如,一个家庭防盗报警系统推销人员可能会这样开始他们的推销接近:"您知道家庭被盗问题吗?根据公安机关的公布数据,今年家庭被盗比率比去年上升了15 个百分点。"

利用震惊接近法的关键在于推销人员要收集大量的事实资料,并且对材料进行分析,提炼出一些具有危害性和严重性的问题,并且刚好自身产品可以采取防范措施或者杜绝或减小上述危害问题的发生。因此,如何选择问题便是重中之重。

推销员在使用这种方法时,应该特别注意以下几个问题:

(1)推销人员利用有关客观事实、统计分析资料或其他手段来震撼顾客,应该与该项推销活动有关。

(2)推销人员无论利用何种手段震惊顾客,必须先使自己震惊,确保奏效,以取得一鸣惊人的效果。

(3)推销人员震惊顾客,应该适可而止,令人震惊而不引起恐惧。

(4)必须讲究科学,尊重客观事实。切不可为震惊顾客而过分夸大事实真相,更不能信口开河。

【案例 6.10】

一位年轻的总经理一直不买个人保险。一天,推销人员突然闯进他的办公室,把一张相片放在他面前,对他说:"您不应该为这位老人做点什么吗?"他一看,原来是一位耄耋老人的照片。再仔细一看,原来那位老人就是他自己。推销人员告诉他:"您 70 岁的时候就是这样(有些夸大)!"于是他购买了大额人寿保险,因为那个相片使他震惊了。

这位推销人员使用的方法别出心裁,既起到了震撼的效果,又不令人反感。

(案例来源:作者根据相关资料整理)

7. 馈赠接近法

馈赠接近法也称附赠接近法,是指利用产品附赠的礼品来吸引购买者的购物兴趣,推销人员利用赠品来引起顾客的注意,进而和顾客认识并接近,并由此转入推销面谈的方法。一些小而有意义的礼品符合顾客求小利、求雅趣的心理,极易形成融洽的气氛,因此,在实际推销中经常被推销人员用做接近顾客的"跳板"。

在使用馈赠接近法时,推销人员要注意以下几点:

(1)在进行接近准备时应做好调查,摸清情况,慎重选择馈赠礼品。

(2)用来作为接近的礼品只能当做接近顾客的见面礼与媒介,而绝不能当做恩赐顾客的手段。

(3)礼品的内容与金额的大小必须符合国家有关规定,不可把馈赠变成贿赂。

(4)礼品应尽量与所推销的产品有某种联系。

【案例 6.11】

一位推销员到某公司推销产品,被拒之门外。女秘书给他提供了一个重要信息:经理的宝贝女儿正在集邮。

第二天推销员快速翻阅有关集邮的书刊,充实自己的集邮知识,然后带上几枚精品邮票又去找经理,告诉他是专门为其女儿送邮票的。一听说有精品邮票,经理便热情相迎,还把女儿的照片拿给推销员看,推销员趁机夸其女儿漂亮可爱,于是两人大谈育儿经和集邮知识,非常投机,一下子便熟识起来。

此推销人员深谙推销接近成功之道,懂得抓住顾客的心理状态,投其所好,成功打开了这家公司的大门,因此,有时恰如其分的、小小的馈赠会成为成功推销的润滑剂。

(案例来源:作者根据相关资料整理)

8. 赞美接近法

卡耐基在《人性的弱点》一书中指出:"每个人的天性都是喜欢别人的赞美的。"所谓赞美接近法,就是指推销人员利用顾客的虚荣心理,通过赞美顾客而接近顾客的一种方法。这一点在女性身上更是如此。

赞美接近法是一个比较方便的接近顾客的好方法。在采用赞美接近法时应注意以下几点:

(1)赞美应该是非清楚,爱憎分明。

(2)赞美应尽量切合实际。推销人员应细心观察与了解顾客,对值得赞美的地方加以赞美。

(3)赞美时一定要态度诚恳,语气真挚,使顾客感到心情舒畅,切不可做作。

(4)要克服推销的自卑与嫉妒心理,尽量赞美顾客,不要吝惜语言。应注意赞美顾客本人,例如,不应只赞美顾客的衣服漂亮,应赞美顾客会选择衣服与懂得颜色搭配。

【案例 6.12】

有一次,一个推销员向一位律师推销保险。律师很年轻,对保险没有兴趣。但推销员离开时的一句话却引起了他的兴趣。

推销员说:"安德森先生,如果允许的话,我愿继续与您保持联络,我深信您前程远大。"

"前程远大,何以见得?"听口气,好像是怀疑推销员在讨好他。

"几周前,我听了您在州长会议上的演讲,那是我听过的最好的演讲。这不是我一个人的意见,很多人都这么说。"

听了这番话,律师竟有点喜形于色了。当推销员请教他是如何学会当众演讲的时候,律师的话匣子就打开了,说得眉飞色舞。临别时,律师说:"欢迎您随时来访。"

没过几年,他就成为当地非常成功的一位律师。推销员和他保持联系,最后成了好朋友,保险生意自然也越来越多。

每个人都喜欢听夸奖自己的话,顾客也不例外。推销人员要准确地把握顾客的心理,恰当地赞美顾客,在融洽的交谈中寻找机会进行推销。

(案例来源:作者根据相关资料整理)

任务提示:在接近顾时应该注意些什么?

(1)接近的方法有很多,但最有效的方法往往是各种方法综合运用的结果。

(2)不管使用哪种方法,能够使顾客积极参与很重要,不能给顾客以任何不适和压力。

(3)第一次接触时,一定要注意约见礼仪,并控制好时间。

任务练习

练习项目:接近顾客练习——卖书

步骤1:将全体学生分为若干小组,教师指定一部分人员扮演推销人员,一部分人员扮演顾客。

步骤2:教师出示需要推销的书——《女(男)朋友不理你的500个理由》。

步骤3:各组分别设计不同的接近方法来接近顾客,并进行演示,其他组仔细观察演示过程。

步骤4:全体同学就演示过程展开讨论,选出最佳接近方法。

步骤5:教师根据讨论情况进行总结。

任务三　判断顾客类型

任务说明

推销是以满足顾客需要为前提的,推销人员需要通过各种推销技术和推销手段,向顾客说明产品或者服务给其带来的利益,以吸引顾客,说服顾客购买。因此,推销人员在推销之前,必须先了解各种不同联系顾客的特点,掌握顾客的购买心理,做到知己知彼,以便能够针对顾客的具体情况熟练地运用恰当的对策和策略,取得推销的主动。只有这样,才可能取得良好的销售业绩。

任务指导

推销方格理论是美国管理学家罗伯特·R·布莱克教授和J·S·蒙顿教授在他们曾经提出的"管理方格理论"的基础上,着重研究了推销人员与顾客的关系和买卖双方心态,而提出的一种新的方格理论。这一理论从推销主体与推销对象之间在交易和交往两方面的心态出发，揭示出推销的成败取决于推销人员和顾客之间心态的最佳协调的原理。大量的工作实践表明，要做好推销工作，必须了解买卖双方对推销活动的态度。

一、推销方格理论

推销人员向顾客推销的过程实际上是双方沟通的过程。在交往中双方都会对对方产生一定的印象和看法，而这种印象和看法会直接影响推销结果。

推销方格理论分为推销人员方格和顾客方格两部分。推销人员方格是研究推销活动中推销人员的心理活动状态，顾客方格则是研究顾客在推销活动中的心理活动状态。学习推销方格理论，一方面可以直接帮助推销人员更清楚地认识自己推销态度的状况，看到自己在推销工作中存在的问题，进一步提高自己的推销能力；另一方面，推销方格理论还可以帮助推销人员更深入地了解顾客，掌握顾客的心理活动，以便于有的放矢地开展推销活动。

1. 推销方格

推销人员在推销活动中有两个目标：一是尽力说服顾客，完成交易；二是尽力迎合顾客的心理活动，与顾客建立良好的人际关系。在第一个目标中，推销人员关心的是销售；在第二个目标中，推销人员关心的是顾客。不同的推销人员对待这两个目标的态度是不同的，把它们表示在方格图上就是推销人员方格，如图6.2所示。

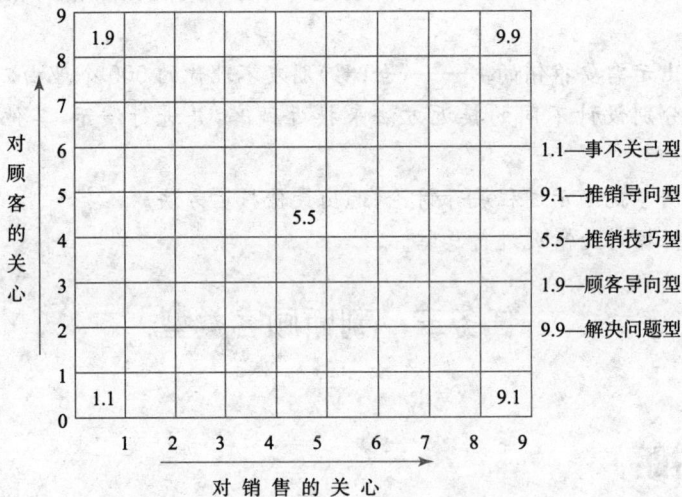

图6.2　推销方格图

图6.2中的横坐标表示推销人员对销售的关心程度，纵坐标表示对顾客的关心程度，坐标值由1到9逐渐增大，坐标值越大，表示推销人员对其关心的程度越高。根据推销人员方格，可将推销人员分为许多不同的类型，以下是5种典型的推销人员类型。

(1)事不关己型。事不关己型即推销人员方格图中的1.1型推销人员。这类推销人员既不关心自己的推销任务能否完成，也不关心顾客的需求和利益能否实现。这种类型的推销人员对工作缺乏必要的责任心和成就感，也没有明确的奋斗目标。他们对顾客缺乏热情，顾客是否购买商品与己无关。他们对待工作的态度极差，回答顾客的提问时也极不耐心，甚至在推销过程中与顾客发生争吵，在顾客心目中的形象很差。

产生这种心态的原因：一是推销人员缺乏敬业精神，不思进取；二是企业缺乏有效的激励

机制。因此,要改变这种态度,首先要求推销人员树立正确的推销观念,正确对待顾客,正确对待推销工作,严格要求自己,树立积极向上的人生观;其次,企业要建立明确的奖惩制度,奖勤罚懒。

(2)顾客导向型。顾客导向型即推销人员方格图中的1.9型推销人员。这类推销人员非常重视与顾客的关系,而不关心销售的完成情况。这种类型的推销人员刻意强调在顾客中树立自己良好的形象,处处为顾客着想,甚至放弃原则来迎合顾客,迁就顾客,尽量满足顾客的要求,达到与顾客建立良好关系的目的。这类推销人员只重视建立与顾客之间的良好关系,而忽视了推销任务的完成,注定不会成为好的推销人员。

产生这种心态的主要原因:一是推销人员片面扩大了人际关系在推销过程中的作用;二是推销人员对以顾客为中心的现代推销观念的实质认识不清。因此,成功的推销人员必须明确:一方面,承认人际关系对增加订单和完成推销任务有积极作用,但这种关系如果不能使销售额增加,那这种关系对于促进交易的作用就不明显了,推销人员需要改变推销策略;另一方面推销人员既要坚持为顾客服务的思想,同时又必须善于对顾客进行教育,对顾客明显的偏见、误解等表明自己的态度和立场,这样既能满足顾客的需要,又有利于推销目的的实现。

(3)推销导向型。推销导向型即推销人员方格图中的9.1型推销人员,这类推销人员具有强烈的成就感与事业心。这种推销人员的心态与顾客导向型正好相反,只重视推销是否成功,而不考虑顾客的需要和利益。他们千方百计地说服顾客购买,甚至不择手段地采取强行推销的方法,将商品推销出去,而不考虑顾客是否真正需要所推销的商品。这类推销人员在推销商品时一般只考虑其个人的推销成果,而忽略了与顾客之间的关系,更不会去考虑其行为给企业形象带来的不良影响。他们具有强烈的推销意识,就是想尽一切办法将商品推销出去。

产生这种态度的原因在于推销人员对"达成交易"这一推销工作的中心任务产生了片面性理解,急于求成。推销人员应充分认识到,达成交易作为推销工作的中心任务,是针对推销工作的长期性而言的,推销人员绝不能要求每一次业务拜访都能达成交易,也不能把它推广到每一次具体的推销活动中去。如果推销人员只顾完成任务,而不尊重顾客,不考虑顾客的实际需要,强行推销,则会断送企业的长远利益。所以,推销人员必须按照现代推销理念的要求,诚心诚意地进行推销,才能有所成就。

(4)推销技巧型。推销技巧型即推销人员方格图中的5.5型推销人员,他们既关心推销成果,也关心与顾客之间的关系。他们热爱推销工作,十分重视对顾客心理和购买动机的研究,善于运用推销技巧。若在推销过程中与顾客意见不一致,一般都能采取折中的办法,使双方妥协,避免矛盾冲突。他们能够非常巧妙地说服一些顾客购买实际上并不需要的商品,从表面现象来看,这种推销人员是较理想的推销员,但应引起我们注意的是,他们只重视对顾客心理、行为及推销技巧的研究,而对顾客的需求和利益考虑得很少,这实际上损害了顾客的利益。这种类型的推销人员从某种程度上看,有一定的推销能力,但实际上这种推销人员很难适应现代推销观念的要求,在激烈竞争的现代市场中是很难取得成功的。

虽然这类推销人员踏实肯干,经验丰富,老练成熟,往往也具有较好的推销业绩,但他们不能成为推销专家。因为他们在推销过程中只注意推销技巧,注意顾客的心理状态,注重说服顾客的艺术,而不十分关心顾客的真正需求,不十分关心自己的销售额。他们对销售额和顾客的关心仅限于中等水平,而且其推销技巧也尚未达到娴熟的程度。他们可能会说服顾客购买不需要的产品。所以,从长远方面来讲,既损害了顾客利益,也不利于企业的长远利益。

(5)解决问题型。解决问题型也称满足需求型,即推销人员方格图中的9.9型推销人员。这类推销人员是理想的推销员,推销心态极佳。他们对自己的推销工作及效果非常重视,并且十分关心顾客的需要。他们注意研究整个推销过程,总是把推销的成功建立在满足推销主体双方需求的基础上,针对顾客的问题提出解决办法,并在此基础上完成自己的推销任务。这种推销人员能够最大限度地满足顾客的各种需求,同时取得最佳的推销效果。

由于解决问题型的推销人员具备了现代推销人员的基本素质和能力要求,所以他们能够适应现代市场经济的发展要求,能够成为最理想、最优秀的推销员。

2. 顾客方格

推销活动不仅受推销人员态度的影响,也受顾客态度的影响。交易能否实现,最后还是要取决于顾客的态度。顾客在与推销人员接触的过程中,会产生对推销人员与推销活动、自身购买活动两方面的看法。这就使他们在购买商品时,头脑中都装有两个具体、明确的目标:一是与推销人员谈判,力争以尽可能小的投入获取尽可能大的收益,完成其购买任务;二是争取与推销人员建立良好的关系,为今后的合作打好基础。每个顾客对这两个目标的追求程度和态度是不一样的,将其表现在方格图上就称为顾客方格,如图6.3所示。

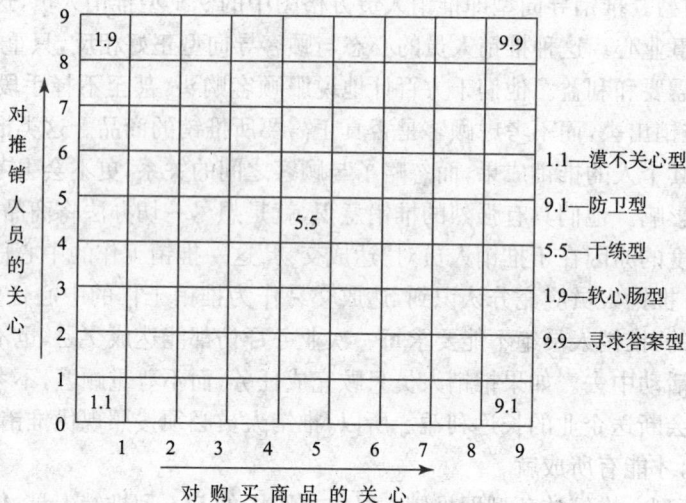

图6.3 顾客方格图

在图6.3中,横坐标表示顾客对购买商品的关心程度,纵坐标表示顾客对推销人员的关心程度。不同位置的方格代表着不同顾客在购买过程中的心理和态度,数值越大,表示顾客关心的程度越高。按照顾客方格,可以划分出顾客态度的类型,具有代表性的有以下5种:

(1)漠不关心型。这类顾客即顾客方格图中的1.1型顾客。这类顾客对上述两个目标的关注程度都非常低,既不关心自己与推销人员的关系,也不关心自己的购买行为及结果。他们当中有些人的购买活动有时是被动和不情愿的,购买决策权并不在自己手中,他们往往要服从于长辈或上级领导;也有些人的购买是受人之托,自己做决策有风险,具体表现为尽量避免做出购买决策,回避推销人员,认为购买决策与自己无关。他们对推销人员和自己的购买活动既不热心,也不负责任。向这类顾客推销商品是非常困难的,推销成功率相当低。

推销人员对待这类顾客的首要任务是尽量使推销工作能继续进行,并主动了解顾客的情况,搞好与顾客的关系,消除顾客的戒备心理;其次是向顾客说明自己的推销是为了满足顾客

的需要,并为其提供优质服务,绝不会为顾客增添烦恼,强调自己是讲信用的,以提高顾客的信心,促使其做出购买决策。

(2)软心肠型。软心肠型又称情感型,即顾客方格图中的1.9型顾客。这类顾客对推销人员,以及对与推销人员建立良好的关系极为关注,而对自己的购买行为和目的却不大关心。这类顾客非常注重情感,当推销与购买发生冲突时,为了能与推销人员保持良好的关系,或者为了避免不必要的麻烦,他们很可能向推销人员做出让步,吃亏地买下自己不需要或不合算的商品。许多老年人和性格柔弱、羞怯的人都属于此类顾客。

这类顾客虽然容易成交,但推销人员同样必须以自己的理智来调动顾客的理智,要善于保护顾客的感情,绝不能愚弄顾客,更不能欺骗顾客,以确保与顾客之间的长期合作。

(3)干练型。干练型也称自示型,即顾客方格图中的5.5型顾客。这类顾客对推销人员及自己的购买活动都十分关心,购买时头脑冷静,既理智又重感情,考虑问题周到。他们都具有一定的商品知识和购买经验,做出购买决策非常慎重,既乐意听取推销人员的意见,又倾向于自主地做出购买决策。他们有自己的主见,有自尊心,不愿轻信别人,更不会受别人的左右。这类顾客有时会与推销人员达成圆满的交易,买到自己满意的商品,但有时也会为了自尊、身份及其他原因而购买一些自己并不十分需要或很不合算的商品。

对待这类顾客最好的方法就是要尽量满足其消费心理,推销人员应充分摆明事实和证据,让其自己做出购买决策。

(4)防卫型。防卫型即顾客方格图中的9.1型顾客。这类顾客对自己的购买行为极其关心,只考虑如何更好地完成自己的购买任务,而对推销人员则非常冷淡,甚至有敌对态度。在他们心目中,推销人员都欺骗顾客,推销人员都是只想把商品卖给顾客,从而本能地采取防卫的态度,担心上当受骗。这类顾客在购买过程中小心谨慎,斤斤计较,总希望获得更多的利益,他们只是对推销人员或推销工作有偏见,而不是不愿意接受推销品。所以,当面对防卫型顾客时,推销人员必须首先推销自己,取得顾客的理解和信任,这样才能使推销工作顺利进行下去。

随着市场经济的发展,推销工作越来越受到社会各界的重视,也开始有更多的社会公众逐渐理解推销工作,但推销自己的形象、信誉和人格,永远是确保推销活动顺利进行不可缺少的内容。

(5)寻求答案型。寻求答案型即顾客方格图中的9.9型顾客。这类顾客被认为是最成熟的顾客,他们不仅关心自己的购买行为,而且高度重视推销人员。他们在考虑购买商品之前,能够非常理智地对商品进行广泛的调查分析,既了解商品的质量、规格和性能,又熟知商品的行情,对自己购买商品的意图十分明确;他们对商品采购有自己的独特见解,不会轻易受别人左右,但他们也十分愿意听取推销人员提供的观点和建议,对这些观点和建议进行分析和判断;他们能充分考虑推销人员的利益,尊重和理解他们的工作,不给推销人员出难题或提出无理要求;他们把推销人员看成自己的合作伙伴,最终使买卖双方都十分满意。

对待这类顾客,推销人员应积极参谋,主动为顾客提供有效服务,及时向顾客提供真实、有效的信息,诚心诚意地帮助顾客解决问题。

3. 推销方格与顾客方格的关系

推销的成功与失败,不仅取决于推销人员的工作态度,同时也受顾客态度的影响。因此,布莱克教授总结出推销人员方格与顾客方格的关系,反映了推销人员态度与顾客态度之间的内在联系。

一般来说,推销人员的心理态度越是趋向于解决问题型,见图 6.2 中的 9.9 型,其推销能力越强,就越有可能收到理想的推销效果。从国外有关机构对推销人员推销心理和推销绩效之间关系的比较研究发现:在推销业绩方面,按照图 6.2 所示的推销人员进行分类,9.9 型(解决问题型)比 5.5 型(推销技巧型)高 3 倍,比 9.1 型(推销导向型)高 15 倍,比 1.9 型(顾客导向型)高 9 倍,比 1.1 型(事不关己型)高 75 倍以上。由此可见,不同的推销人员对推销工作的贡献相差很大。因此,要想成为一位出色的推销人员,健康的心态必不可少。所以,推销人员应树立正确的推销态度,要加强培训与锻炼,调整与改善自我心态,努力使自己成为一个能够帮助顾客解决问题的推销专家。

当然,具有 9.9 型推销心态的推销人员是理想的推销专家,但并不是说只有这种心态的推销人员才能取得推销佳绩。推销人员的推销活动能否成功,除了自身的努力以外,还要看顾客是否愿意配合。如果推销专家遇到一位铁了心不想购买商品的顾客,纵然他有再高明的推销技巧,也很难成功。如果一位 1.9 型(顾客导向型)推销人员遇到一位 1.9 型(软心肠型)顾客,双方都特别关心对方,尽管推销人员不算是一个优秀者,但他依然能够取得成功。

根据推销方格,将 5 种类型的推销人员和 5 种类型的顾客进行不同的组合,就会发现:有的能顺利达成交易,有的不能成交,有的即使成交也不是二者简单搭配的结果。为此,用表 6.1 来表示推销人员与顾客的关系,表中"+"表示可能完成推销任务,"-"表示无法完成推销任务,"0"表示无法确定,既有可能成功,也有可能失败。

表 6.1　推销人员与顾客的关系

推销方格 顾客方格	1.1	1.9	5.5	9.1	9.9
1.1	-	-	0	0	+
1.9	-	+	+	+	+
5.5	-	0	+	+	+
9.1	-	-	-	0	+
9.9	-	0	0	0	+

需要注意的是,由于受多种条件的影响,表 6.1 中所列组合也是复杂多变的,没有绝对精确的划分,只是大致概括了两种心态的组合,在分析时仅供推销人员参考,还需要结合实际情况不断地进行充实和完善。但总的来说,推销人员的心态越好,成功的可能性就越高。因此,正确把握推销心态与顾客心态之间的关系是非常重要的,只要二者能够达到相互配合,和谐统一,推销就会成功。

二、顾客的性格与心理特征

不同的顾客具有不同的性格和心理特征,俗话说:千人千面,对待不同性格的顾客也应该使用不同的推销方法。只有根据顾客的性格特征来选择方法,才能取得良好的效果。

1. 内向型

内向型顾客的生活比较封闭,对外界事物表现冷漠,与陌生人保持距离,对自己生活圈中的变化异常敏感。他们对产品比较挑剔,对推销人员的行为举止很敏感,不喜欢过分热情的推销人员。对于这类顾客,推销人员给他们留下良好的第一印象十分重要,因此,推销人员要注意投其所好,不要给顾客留下不良印象。

2. 随和型

随和型顾客性格开朗，容易相处，没有很强的戒备心理，一般也不会当面拒绝别人，比较容易被说服。对于随和型顾客，推销人员应该有耐心与他们周旋，用幽默风趣的语言来吸引他们的注意力。如果能得到随和型顾客的认可，他们甚至会主动帮助推销人员推销。不过，这类顾客往往不太守信用，容易忘记自己的承诺。

3. 刚强型

刚强型顾客性格坚毅，个性正直，对工作严肃认真，决策谨慎，思维缜密，时间观念很强，不喜欢推销人员过于随便，最初见面时往往难以接近，但是如果深入交往，其率直的个性对推销会大有益处。在这类顾客面前，推销人员应该表现出守纪律、讲信用的工作作风，时间观念尤其要强。

4. 虚荣型

虚荣型顾客喜欢表现自己，不喜欢听从别人的劝告，任性且嫉妒心强。对待这类顾客要注意寻找对方感兴趣的话题，为其提供表现机会，满足他的虚荣心。在推销过程中，推销人员的表现不能太突出，不能过多地直接进行劝说，应该顺着对方的话题，逐渐引向要推销的产品，在不知不觉中完成交易。这类顾客比较爱面子，即使做出了一些不太恰当的承诺，只要不是有很大影响，一般也不会反悔。

5. 神经质型

神经质型顾客对外界事物反应异常敏感，情绪不稳定，容易激动，对自己所做的决定容易反悔，购买决策受情绪变化的影响很大，心情好的时候很随和，说什么都可以，心情差的时候就难以接近。对待这类顾客必须要有耐心，不能急躁，语言要谨慎，避免直接刺激对方，推销人员应该注意把握对方的情绪变化，在合适的时间提出自己的观点，这样，成功的机会才比较大。

6. 好斗型

好斗型顾客好胜、顽固，对事物的判断比较专横，喜欢将自己的想法强加于人，征服欲很强，他们有事必躬亲的习惯，尤其喜欢在细节上与人纠缠。在对待这类顾客时，推销人员要提前做好心理准备，有时丢点面子也不完全是坏事，千万不要和对方争论，以免使推销陷入困境。好斗型顾客的好胜心理如果不能得到满足，他是不会接受你所推销的商品的。

7. 沉默型

沉默型顾客在推销中表现消极，态度冷淡。但是需要注意的是，有时沉默未必是一种性格特征，往往是由于各种各样的原因造成了顾客的暂时沉默，例如，由于推销人员不善辞令而造成的冷场；顾客对产品缺乏专业知识且兴趣不高；顾客因考虑问题过多而陷入沉默；顾客因讨厌推销人员而不愿交流等。面对沉默型顾客，推销人员应该及时反思自己，找出问题的根源，如果能够当时解决则迅速进行调整，如果不能立刻解决，可以先行告退，以备再访。

8. 顽固型

顽固型顾客在消费上具有某种特别的偏好，这种偏好多是由于长期的购买习惯形成的。他们一般不愿意轻易改变原有的习惯，对新产品反应不热烈，多半对推销人员的态度也不友好。推销人员想在短期内改变这类顾客很不容易，因此一定要有耐心，要充分运用有说服力的资料、数据和事实来改变对方的态度，一旦对方表示可以试一试，推销的机会就来了。如果能培养其形成新的使用习惯，顽固型顾客还将成为最忠实的顾客。

9. 怀疑型

怀疑型顾客疑心较重,对推销人员和所推销的商品都不信任。对于这类顾客,推销人员的自信心就显得格外重要,一定要对你所推销的产品充满信心;同时证据也很重要,不要试图以口才取胜,因为你的话顾客同样不会相信。另外,在价格上不要轻易让步,这会使怀疑型顾客对你所推销的产品的质量或者价格产生疑问,反而适得其反。当然,从根本上说,推销人员还是应该和顾客建立起相互之间的信任关系,即使一个小小的口头承诺,也一定要兑现。端庄严肃的外表和谦虚谨慎的态度也会有助于成功。

在短暂的接触中迅速判断出顾客的性格特征,对推销人员的能力是一个考验,而这种能力只有在实践中才能得到提高。

任务提示:在判断顾客类型时应该注意些什么?

1. 推销方格和顾客方格中仅列明了 5 种典型的顾客类型,在这 5 种类型之间还存在着许多中间过渡类型。

2. 成功的推销是推销心理和顾客心理协调搭配的结果,并不存在一种普遍适用的推销心理模式。

3. 成功的推销人员一定要善于把握顾客的性格,揣测顾客的心理,这对成功有极大的帮助。

任务练习

练习项目:判断顾客类型

步骤 1:将全体学生仍然按照上次完成任务时的小组进行划分。

步骤 2:各组学生根据上次推销过程,总结各组遇到的顾客类型。

步骤 3:各组上次分别采取了什么推销方法,是否对该类型的顾客有效。

步骤 4:如果无效,针对该类型的顾客应该采取何种推销方法。

步骤 5:教师根据讨论情况进行总结。

项目七　顾客沟通

学习指南

【任务目标】

◎**态度目标**

1. 养成严谨、客观的思维习惯。

2. 养成以客户的需求为中心的思考习惯。

3. 养成热情服务、严于律己、认真负责的职业态度。

4. 培养有效的沟通能力。

◎**技能目标**

1. 能够把握顾客需求心理。

2. 能够掌握马斯洛的需求层次分析理论。

3. 能够灵活掌握顾客的购买决策过程。

◎**专业知识目标**

1. 理解并掌握需求心理。

2. 掌握顾客的购买决策过程。

【任务完成步骤】

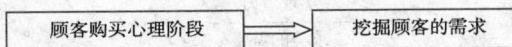

```
顾客购买心理阶段  ────▶  挖掘顾客的需求
```

任务一　顾客购买心理阶段

任务说明

　　购买决策在顾客的购买行为中占有非常重要的地位。对于顾客而言,正确的决策可以使其以较少的时间和费用购买到价廉物美的产品,最大限度地满足顾客自身的需求;对于企业来说,研究和分析顾客的购买过程,可以有的放矢地制定相应的销售策略。

任务指导

一、顾客需求心理

顾客需求是指顾客的目标、需要、愿望及期望,这些需求构建了最初的信息来源。为了加速进行工作,在设计阶段所运用的顾客需求信息应该是:定义准确,尽可能地减少含糊不清、模棱两可的信息。

二、马斯洛需求层次理论

心理学家亚伯拉罕·马斯洛(A. Maslow)提出了一种颇具影响力的动机研究方法。这种研究方法最初是为了理解个人成长与达到"高峰体验"而发展出来的,马斯洛提出了生理与心理需求的层次,并详细阐明了特定层次中的动机。马斯洛将人的需要分成 5 个层次,由低到高分别如下:

(1)生理需要(physiological need),即维持个体生存和人类繁衍而产生的需要,如对食物、氧气、水和睡眠等的需要。

(2)安全需要(safety need),即在生理及心理方面免受伤害,获得保护、照顾和安全感的需要,如要求人身的健康,安全、有序的环境,以及稳定的职业和有保障的生活等。

(3)归属和爱的需要(love and belongingness),即希望给予或接受他人的友谊、关怀和爱护,得到某些群体的承认、接纳和重视。如乐于结识朋友,交流情感,表达和接受爱情,以及融入某些社会团体并参加他们的活动等。

(4)自尊的需要(self esteem),即希望获得荣誉,受到尊重和尊敬,博得好评,得到一定的社会地位的需要。自尊的需要是与个人的荣辱感紧密联系在一起的,它涉及独立、自信、自由、地位、名誉和被人尊重等多方面内容。

(5)自我实现的需要(self actualization),即希望充分发挥自己的潜能,实现自己的理想和抱负的需要。自我实现是人类最高级的需要,它涉及求知、审美、创造和成就等内容。

图 7.1 所示为马斯洛需求层次理论的示意图。

图 7.1　马斯洛需求层次理论

三、顾客的购买决策内容

5W 是在 1932 年由美国政治学家拉斯维尔最早提出的一套传播模式,后经过人们的不断运用和总结,逐步形成了一套成熟的 5W＋1H 模式,也称之为 6W。

一般认为,顾客购买决策的内容可以归纳为 6 方面(6W):谁来购买(Who)、购买什么(What)、为何购买(Why)、何时购买(When)、何处购买(Where)和如何购买(How)。

1. 谁来购买

了解谁来购买,也就是确定购买决策的参与者有哪些。不同的购买决策可能有不同的人参与,同一购买决策也可能有不同的人参与。即使某一购买决策只有一个人参与,他在购买决策过程的不同阶段所充当的角色也是不同的。在消费过程中消费者所扮演的角色可以划分为 5 种,即提倡者、影响者、决策者、购买者和使用者。

(1)提倡者:首先提出或有意购买某一产品或服务的人。

(2)影响者:看法或建议对最终决策有一定影响的人。

(3)决策者:在是否购买、为何购买、如何购买和何处购买等方面做出最后决定的人。

(4)购买者:实际实施购买行为的人。

(5)使用者:实际消费或使用产品或服务的人。

2. 购买什么

了解购买什么,也就是确定购买的目标和对象是什么。在决定要购买什么时,消费者首先要在不同的产品大类之间进行选择。需要注意的是,消费者真正要购买的东西是产品能够给他们带来的效用和利益,而不是产品本身。

3. 为何购买

了解为何购买,也就是确定购买背后的动机是什么。

4. 何时购买

了解何时购买,也就是确定购买的时间。对于不同的产品,消费者的购买时间是不同的。

5. 何处购买

了解何处购买,也就是确定购买的地点,或者说是选择购物的场所。

6. 如何购买

了解如何购买,也就是确定购买的方式。

四、顾客购买的决策类型

顾客购买决策可以根据决策过程的复杂程度划分为扩展型、有限型和名义型 3 种类型。

1. 名义型决策

名义型决策实际上就其本身而言并未涉及决策,只是一个问题被认知后,经过有限的内部信息搜索,在消费者的脑海中就会浮现出某个受偏爱的品牌,之后,该品牌就会被选择和购买。只有当被购买的品牌没有产生预期的功能时,购后评价才会产生。名义型决策往往发生在购买介入程度很低的情况下。

2. 有限型决策

有限型决策通常是指消费者对某一产品领域或该领域的各种品牌有了一定程度的了解,或者对产品和品牌的选择建立起了一些基本的评价标准,但还没有建立起对某些特定品牌的偏好,因此还需要进一步搜集某些信息,以便在不同的品牌之间做出较为理想或满意的选择。

3. 扩展型决策

扩展型决策是最复杂的消费者购买决策方式,经常出现在消费者购买不熟悉、昂贵且稀少或不经常购买的产品或服务时。这种决策方式包括大量的内部信息和外部信息搜集,对多种备选方案进行复杂的评价。在购买产品之后,消费者经常对购买决策的正确性产生怀疑,继而会对购买决策进行全面评价。扩展型决策往往发生在购买介入程度很高的情况下。图 7.2 所示为介入程度分析表。

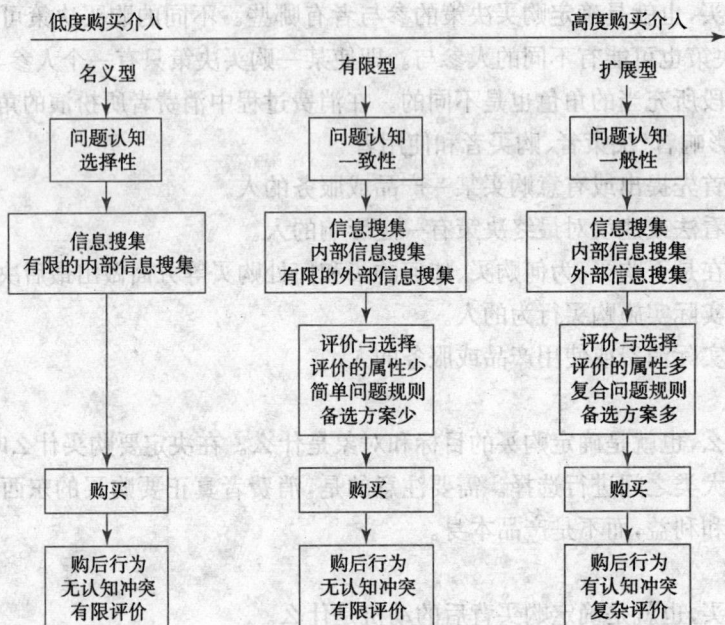

图 7.2 介入程度分析表

五、顾客购买决策的过程

1. 问题认知

消费者认识到自己有某种需要时,是其决策过程的开始,这种需要可能是由内在的生理活动引起的,也可能是受到外界的某种刺激引起的,或者是内外两方面因素共同作用的结果。例如,看到别人穿新潮服装,自己也想购买。因此,营销者应注意不失时机地采取适当措施,唤起和强化消费者的需要。

2. 搜寻信息

信息来源主要有以下 4 个方面:

(1)个人来源,如家庭、亲友、邻居和同事等。

(2)商业来源,如广告、推销员和分销商等。

(3)公共来源,如大众传播媒体、消费者组织等。

(4)经验来源,如操作、实验和使用产品的经验等。

3. 评价备选方案

消费者得到的各种有关信息可能是重复的,甚至是互相矛盾的,因此还要进行分析、评估和选择,这是决策过程中的决定性环节。

在消费者的评估选择过程中,有以下几点值得营销者注意:

（1）产品性能是购买者所考虑的首要问题。

（2）不同消费者对产品的各种性能给予的重视程度不同，或评估标准不同。

（3）多数消费者的评选过程是将实际产品同自己理想中的产品相比较。

4. 购买决策

消费者对商品信息进行比较和评选后，已形成购买意愿，然而从购买意图到决定购买之间，还要受到以下两个因素的影响：

（1）他人的态度。反对态度越强烈，或持反对态度者与购买者关系越密切，修改购买意图的可能性就越大。

（2）意外的情况。如果发生了意外的情况，例如失业、意外急需用钱和涨价等，则很可能改变购买意图。

5. 购后评价

购后评价包括购后的满意程度和购后的活动。

消费者购后的满意程度取决于消费者对产品的预期性能与产品使用中的实际性能之间的对比。购买后的满意程度决定了消费者的购后活动，决定了消费者是否重复购买该产品和消费者对该品牌的态度，并且还会影响到其他消费者，形成连锁效应。

任务提示：如何分析顾客购买决策的过程？

1. 从现状调查中找出客户的问题点。

2. 结合理论，分析顾客购买决策的过程。

3. 围绕顾客需求，深度分析顾客购买决策过程对产品销售的影响。

4. 结合市场环境的变化，分析顾客需求变化。

小资料

亚伯拉罕·马斯洛

亚伯拉罕·马斯洛（Abraham Harold Maslow，1908—1970）出生于纽约市布鲁克林区，美国社会心理学家、人格理论家和比较心理学家，人本主义心理学的主要发起者和理论家，心理学第三势力的领导人。1926年考入康奈尔大学，3年后转至威斯康辛大学攻读心理学，在著名心理学家哈洛的指导下，1934年获得博士学位。之后，留校任教。1935年，在哥伦比亚大学任桑代克学习心理研究工作助理，1937年任纽约布鲁克林学院副教授，1951年被聘为布兰戴斯大学心理学教授兼系主任，1969年离任，成为加利福尼亚劳格林慈善基金会第一任常驻评议员。第二次世界大战后转到布兰戴斯大学任心理学教授兼系主任，开始对健康人格或自我实现者的心理特征进行研究。1967—1970年曾任美国心理学学会主席，是《人本主义心理学》和《超个人心理学》两个杂志的首任编辑。

马斯洛的人本主义心理学为其美学理论提供了心理学基础。其心理学理论核心是人通过"自我实现"，满足多层次的需要系统，达到"高峰体验"，重新找回被技术排斥的人的价值，实现完美人格。他认为人作为一个有机整体，具有多种动机和需要，包括生理需要（physiological needs）、安全需要（security needs）、归属和爱的需要（love and belonging needs）、自尊的需要（respect & esteem needs）和自我实现的需要（self-actualization needs）。其中自我实现的需要是超越性的，追求真、善、美，将最终导向完美人格的塑造，高峰体验代表了人的这种最佳状态。

著名哲学家尼采有一句警世格言——成为你自己！马斯洛在自己漫长的生命历程中，不仅将毕生精力致力于此，更以独特的人格魅力证明了这一思想，成功地树立了一个具有开创性的形象。《纽约时报》评论说："马斯洛心理学是人类了解自己过程中的一块里程碑"。还有人这样评价他："正是由于马斯洛的存在，做人才被看成是一件有希望的好事情。在这个纷乱动荡的世界里，他看到了光明与前途，他把这一切与我们一起分享。"的确，弗洛伊德为我们提供了心理学病态的一半，而马斯洛则将健康的那一半补充完整。

（资料来源：作者根据相关资料整理）

任务练习

练习项目:分析顾客购买决策类型
步骤1:组成学生学习小组，明确组织分工。
步骤2:教师制作并向学生发放任务指导书。
步骤3:教师对方案制作过程进行监督指导。
步骤4:学生自主选择顾客决策类型进行分析。
步骤5:小组互评，师生讨论，教师鉴定。

任务二 挖掘顾客的需求

任务说明

挖掘顾客需求是企业获得最大化利润的基础，只有了解了顾客的真正需求，并采取有效沟通、积极倾听等方式，才有利于完成产品销售，确保企业的长远发展。

任务指导

一、寻找顾客的真正需求

现代推销观念认为，满足顾客的需求是推销的最终目的。因此，一个优秀的推销人员必须能够准确地识别出顾客的需求，而且要善于发掘甚至创造顾客的需求。在洽谈中，推销人员要通过观察、询问和倾听等技巧，针对顾客的需求进行有的放矢的谈话和演示；千万不能在每个顾客面前都是千篇一律的一套说辞，只顾介绍自己的产品、自己的价格政策或对顾客的优惠措施，却不去思考和判断此刻顾客在考虑什么、顾客最关心的是什么，这样的推销结果可想而知。所以，推销人员应尽量让顾客多说话，表达他的意愿，以帮助其判断顾客的真正需求。

二、正确的提问是挖掘客户需求的核心部分

与单纯的陈述相比，提问能令销售取得更快的进展，因为提问可以创造双向的对话。

1. 沟通建立信任

沟通是互信的基础，通过买卖双方的有效沟通，可以增进双方的信任，为下一步产品销售打下坚实的基础。

2. 沟通能让顾客参与到销售过程中

利用沟通方式，促使顾客参与销售是确保最大化利润生成的基础。在整个销售过程中，应唤起顾客对产品的提问，通过对答形式了解顾客需求，可促进产品的流通速度。

3. 沟通能帮助你发现顾客的需求

在销售过程中，推销人员通过双方的有效沟通，可以获得及时准确的信息，有助于寻找商品功能与顾客需求的结合点，可快速寻找到顾客的需求点。

4. 沟通能令顾客感觉你的价值

对于推销人员来讲，唤起顾客的提问，可有效地了解顾客需求，为下一步的产品知识介绍做好准备。可通过沟通所获得的信息，有针对性地介绍产品，使顾客感觉到推销人员的推销价值。

5. 沟通是相互的，而非独角戏

沟通是双向行为，利用沟通方式，使买卖双方进行有效的沟通。而并非推销人员独占"专场"，出演"独角戏"。

6. 提问的分类

（1）开放式。通过开放式问题（描述、解释和说明）可以获得更多有用的信息。

（2）封闭式。通过封闭式问题（Yes or No）可以锁定具体信息或证实对客户需求的理解。

三、快速反应，及时总结

在客户回答开放式问题的同时，要在头脑中迅速总结得到的信息，同时与你的产品和服务做"对比分析"，分析的目的是准确锁定客户的需求，同时调整下一个问题的思路，把提问定位成一种"创造性的过程"。

四、提问时应注意的问题

（1）提问要明确、具体，少问那些客户无法回答的问题。

（2）注意找正确的人，问合适的问题。

（3）注意多给客户一点时间。

（4）客户有不同的需求和关注点，切忌"想当然"。

（5）提问不是没有风险，但我们别无选择。

五、有效倾听是准确把握客户需求的有力保障

尼尔伦伯格在他的《谈判的艺术》一书中明确指出，倾听是发现对方需要的重要手段。这说明，倾听在谈判过程中起着非常重要的作用。实践证明，只有在清楚地了解了对方观点和立场的真实含义之后，明确了顾客的需求，推销人员才能有效地开展销售工作。

美国的朱迪·C·皮尔逊博士把"听"分为两种形式，即积极的听和消极的听。所谓积极的听，就是指听者充分调动自己的知识、经验储备及感情等使大脑处于紧张状态，对说话者发出的信号进行积极的识别、归类和解码，以做出相应的反应。而消极的听是指听者处于比较松弛的状态中，即处于一种随意的状态中接受信息，对所获得的信息没有明显的姿势反馈和表情

反馈。因此,以有效开展推销工作为基准,采取积极的听,可以获得有效信息,从而深度挖掘顾客的需求。

任务提示:如何有效地挖掘顾客的需求?

(1)从现状调查中找出客户的问题点,罗列问题清单。

(2)采取有效的手段,了解顾客的需求。

(3)围绕顾客需求变化,将顾客需求进行分类。

(4)选择有效的手段,深度挖掘顾客需求。

小资料

AIDA 模式

AIDA 模式也称"爱达"公式,是国际推销专家海英兹·姆·戈得曼(Heinz M Goldman)总结的推销模式,是西方推销学中的一个重要公式,它的具体含义是指一个成功的推销员必须把顾客的注意力吸引或转变到产品上,使顾客对推销人员所推销的产品产生兴趣,这样顾客欲望也就随之产生,然后再促使其采取购买行为,达成交易。AIDA 是 4 个英文单词的首字母。A 为 Attention,即引起注意;I 为 Interest,即诱发兴趣;D 为 Desire,即刺激欲望;最后一个字母 A 为 Action,即促成购买。

AIDA 模式代表传统推销过程中的 4 个发展阶段,它们是相互关联,缺一不可的。应用"爱达"公式,对推销人员的要求如下:

(1)设计好推销的开场白或引起顾客注意。

(2)继续诱导顾客,想办法激发顾客的兴趣,有时采用"示范"这种方式也会很有效。

(3)刺激顾客购买欲望时,重要的一点是要顾客相信,他想购买这种商品是因为他需要,而他需要的商品正是推销员向他推荐购买的商品。

(4)购买决定由顾客自己做出最好,推销员只要不失时机地帮助顾客确认他的购买动机是正确的,他的购买决定是明智的选择,就已经基本完成了交易。

AIDA 模式的魅力在于"吸引注意、诱导兴趣和刺激购买欲望",3 个阶段充满了推销员的智慧和才华。

任务练习

练习项目:挖掘顾客需求的手段

步骤 1:以小组为单位,自选产品(奢侈品、耐用品等均可)。

步骤 2:分析此产品的目标市场,并寻找目标顾客。

步骤 3:利用所学知识,分析目标顾客的特征(年龄、教育背景等相关因素)。

步骤4:挖掘产品的功能属性与顾客需求的结合点,并形成报告。

步骤5:小组互评,师生讨论,教师点评。

国家职业资格证技能观测点

项　目	技　能　点
寻找顾客的真实需求	满足顾客的需求是推销的最终目的。在洽谈中,推销人员要通过观察、询问和倾听等技巧,针对顾客的需求进行有的放矢的谈话和演示;千万不能在每个顾客面前都是千篇一律的一套说辞,只顾介绍自己的产品、自己的价格政策或对顾客的优惠措施,却不去思考和判断此刻顾客在考虑什么,顾客最关心的是什么
马斯洛需求层次	生理需要—安全需要—归属和爱的需要—自尊的需要—自我实现的需要
顾客购买决策内容	谁来购买(Who)—购买什么(What)—为何购买(Why)—何时购买(When)—何处购买(Where)—如何购买(How)
顾客购买决策类型	名义型—有限型—扩展型
顾客购买决策过程	问题认知—搜寻信息—评价备选方案—购买决策—购后评价
有效的倾听	积极的听就是指听者充分调动自己的知识、经验储备及感情等使大脑处于紧张状态,对说话者发出的信号进行积极的识别、归类和解码,以做出相应的反应

项目八 异议处理

📄 学习指南

【任务目标】

◎**态度目标**

1. 养成诚实、守信的思维习惯。

2. 养成以客户需求为中心的思考习惯。

3. 养成热情服务、严于律己、认真负责的职业态度。

4. 培养灵活处理异议问题的能力。

◎**技能目标**

1. 能够分析顾客产生异议的原因。

2. 能够正确地处理顾客的异议。

◎**专业知识目标**

1. 理解并掌握顾客异议的类型。

2. 掌握处理顾客异议的技巧。

【任务完成步骤】

```
分析异议成因  ⟹  异议处理技巧
```

任务一 分析异议成因

🖊 **任务说明**

顾客的质疑和反对意见其实质就是顾客异议,推销的过程实际上就是处理顾客异议的过程。在化解顾客异议之前,首先应该了解顾客异议产生的原因,并了解顾客对异议事件的真实想法;其次,有些顾客异议并非顾客的真实想法,而是顾客的借口,因此作为推销人员应该具有专业的理念,客观地分析事件的缘由,并做出妥善处理。在处理顾客异议之前,需要分清异议的类型,有助于更好地化解顾客异议。

任务指导

1. 顾客异议

顾客异议是指推销过程中顾客对推销人员、推销活动、推销品和交易条件等所提出的疑问或反对意见。顾客在接受推销的过程中不提任何反对意见就购买的情况不多见,不提丝毫反对意见的顾客往往是没有购买欲望的。因此,顾客异议是推销过程中的一种正常现象,是难以避免的。有异议说明顾客对产品有兴趣,可以通过推销人员的努力来化解这些异议,完成产品的销售。

图 8.1 所示为顾客异议比例表。

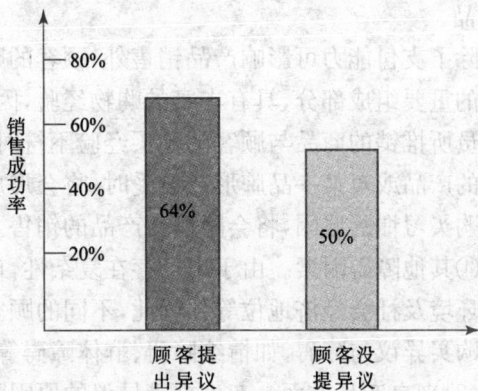

图 8.1 顾客异议比率表

2. 顾客异议的成因分析

了解顾客异议只是第一步,重要的是找出产生异议的深层原因,以便探寻其中的规律,为推销工作的进一步开展指出正确的方向。推销异议的成因是指引起顾客异议的深层次及相关程度密切的影响因素。认真分析顾客异议产生的根源,将有助于推销人员施展推销技巧,采用正确有效的方法,转化顾客异议。

(1)来自顾客方面的原因。在顾客方面,异议的主要根源是顾客的心理,即来自于顾客心理上所产生的推销障碍。如顾客的偏见、习惯、经验和知识面的宽窄等,以上因素都可导致推销障碍。

①顾客需求原因。在推销过程中,顾客异议的成因是多种多样的。既有必然因素,又有偶然因素;既有不可控因素,又有可控因素;既有主观因素,又有客观因素。

顾客的需求是发生购买行为的根本动力,也是形成顾客异议的最基本原因。顾客的需求是社会的需求,是与国家的经济状况和个人的经济水平密切相关的。需求的程度有差异,需求的层次也会不断变化。虽然顾客的需求要受到货币支付能力的制约,但是,顾客只有产生了需求,才会产生购买欲望,进而产生购买行为;反之,如果顾客没有这方面的需求,或者还没有认识到自己有这方面的需求,就会拒绝购买推销产品,因而就形成了推销异议。

②顾客认知原因。顾客认知原因主要表现为推销人员的推销建议与顾客所持的观点相距甚远,以致双方明显对立,使说服遭到拒绝。主要包括以下几种情况:

• 顾客的知识结构,包括受教育程度、所学专业知识等。一般而言,顾客因受其知识结构的影响,容易对推销品产生异议。

• 顾客未发现自身需求且安于现状,固守以往的购买内容、购买方式与购买对象而不愿更改,缺乏对新产品、新服务和新供应商的需求,从而拒绝购买产品。

• 因顾客自身知识能力有限,缺乏足够的产品知识,尤其对技术性商品及平日购买频率低的商品存有疑虑,从而拒绝产品购买。

③顾客的支付能力及购买经验。顾客的支付能力是顾客实现购买的重要条件,在MAN 法则中,购买力也是一项评定产品销售的重要指标。如多方面原因导致顾客缺乏支付能力,将直接影响产品的销售情况,如顾客以缺乏支付能力为理由,拒绝推销人员推销商品。

除了支付能力可影响产品销售外,顾客的购买经验也直接影响着产品的销售。顾客作为市场的重要组成部分,具有丰富的购物经验,因此顾客常利用自己的经验制定购买决策。当推销人员所推销的商品与顾客的购买经验不符时,顾客将会提出购买异议。另外,当顾客对某一品牌的产品或对某一品牌形成偏爱时,将会形成购买习惯,长时间购买该品牌产品,因此,由于顾客购买习惯的原因,将会阻碍新产品的销售。

④其他障碍因素。由于市场存在复杂性,市场中的消费者也存在多种差异,如知识水平、生活环境及社会经济地位等。因此,不同的顾客在面对推销人员推销的商品时,表现出多种多样的购买异议与障碍,如情绪障碍、群体障碍等。

(2)来自产品方面。产生推销异议的原因除顾客需求外,产品方面也是诱发推销异议的重要原因。其异议产生的方面包括产品质量、产品价格和产品服务 3 方面。

①产品质量原因。顾客购买商品时,注重产品质量。如产品质量与顾客需求点不相吻合,则顾客对产品质量产生抱怨,并最终未能促成产品销售,反而会形成销售障碍。

②产品价格原因。物美价廉是顾客追求产品购买的重要准则,如果顾客认为产品价格过高,未体现出物美价廉,将会影响产品销售,并容易产生推销异议。

③产品服务原因。顾客购买某种商品,已不再是购买产品本身,而是购买有形商品与无形服务的综合。服务是推销整体概念的重要组成部分,服务能够为顾客带来有形与无形的利益。如果企业或推销人员不能给顾客以更多的附加利益,顾客就会提出异议。如产品售出后不退不换;产品没有售后服务,没有售后服务点;推销人员服务态度差等。

(3)来自推销人员的原因。随着市场格局的不断变化,企业与企业之间的竞争也在不断升级,要想使企业利润最大化,在升级产品的同时,也需要提高推销人员的业务能力,提升推销人员的服务意识。

推销人员代表着企业形象,一个训练有素的推销人员,不仅推销业绩优良,他在推销工作中也能给企业带来良好的口碑,树立良好的企业形象,减少及避免顾客异议的产生。反之,则影响企业的发展及企业形象。

任务提示:分析异议的成因

1. 从现状调查中找出客户的问题点。
2. 分析顾客的个性、偏见、教育程度及宗教信仰。
3. 通过调研结果,分析顾客异议的产生原因有哪些。
4. 分析顾客意见的类型。
5. 制定有效的解决方案。

小资料

MAN 法则

MAN 法则认为作为顾客的人(Man)是由金钱(Money)、权力(Authority)和需要(Need)3个要素构成的。

一是该潜在客户是否有购买资金 M(Money),即是否具有消费此产品或服务的经济能力,也就是有没有购买力或筹措资金的能力。

二是该潜在客户是否有购买决策权 A(Authority),即你权力说服的对象是否有购买决定权。在成功的销售过程中,能否准确地了解真正的购买决策人是销售的关键。

三是该潜在客户是否有购买需要 N(Need),在这里还包括需求。需要是指存在于人们内心的对某种目标的渴求或欲望,它由内在的或外在的、精神的或物质的刺激所引发。另一方面客户需求具有层次性、复杂性、无限性、多样性和动态性等特点,它能够反复地激发每一次的购买决策,而且具有接受信息和重组客户需要结构,并修正下一次购买决策的功能。

只有同时具备购买力(Money)、购买决策权(Authority)和购买需要(Need)3项要素,才是合格的顾客。现代推销学中把对某一特定对象是否具备上述3要素的研究称为顾客资格鉴定。顾客资格鉴定的目的在于发现真正的推销对象,避免浪费时间,提高整个推销工作的效率。

任务练习

练习项目:如何解决顾客异议(情景演练)

步骤1:组成学生学习小组,明确角色扮演。

步骤2:仔细阅读产品资料,模拟场景。

步骤3:小组演练,进行现场推销,在推销活动中产生异议。

步骤4:根据上述场景,分析异议类型。

步骤5:结合任务提示,解决顾客异议。

步骤6:小组互评,师生讨论,教师鉴定。

任务二:异议处理技巧

任务说明

顾客在面谈过程中会提出各种各样的购买异议,这是销售活动中的一种正常现象,它是走向销售成功必须跨越的障碍,也是成交的前奏与信号。推销人员要正视顾客异议,以冷静、豁达的态度对待并妥善处理顾客异议。因顾客异议的表现形式多种多样,异议产生的根源更是错综复杂,因此,需要把握其中的规律。推销人员必须透过表面现象去深入分析顾客异议的根源,才能对症下药,采取相应的措施。

任务指导

一、顾客异议的处理原则

顾客的异议是潜在顾客拒绝推销产品的理由,推销人员必须妥善地处理顾客异议,才有希望取得成功。为了高效而顺利地完成这一任务,推销人员在处理顾客异议时必须遵循一定的原则,并灵活地运用处理异议的方法与策略。顾客异议可谓五花八门,原因则是多种多样。因此,推销人员处理异议时必须掌握一些原则,然后对症下药,这样才能产生较好的效果。

1. 分析异议产生的原因,做好应对准备

"不打无准备之仗",是推销人员消除顾客异议时应遵循的一个基本原则。推销人员在会见顾客之前,需要列出顾客可能会提出的各种异议及异议种类,并制定出解决预案,真正做到"有备而来"。

2. 正确面对顾客异议

顾客有异议是难免的,要理性客观地看待顾客异议。

(1)抓住主要矛盾。顾客提出异议的原因多种多样,具有一定的复杂性。既有有效异议,又有拒绝购买的借口异议。在推销工作中,推销人员必须认真分析,去伪存真,抓住主要矛盾,有针对性地开展异议处理工作。

(2)把握有利于己方的方面。与调研问卷相比,主动搜集顾客的反馈意见更具有针对性和时效性。顾客意见反馈表是一种可以真实反应顾客主观意见的材料,对产品研发和维护客户关系起到了至关重要的作用。

(3)敢于面对顾客异议。顾客异议确实给推销工作带来了困难,有的异议还有为难推销人员之嫌。对于存在的问题,要敢于面对,敢于承认错误,对顾客异议做到"三不":不推诿、不掩盖、不回避。

为了减少顾客异议,可以采取建立顾客异议处理卡等办法,将顾客异议上报存档,针对具体问题给出解决办法。

顾客异议处理卡如表 8.1 所示。

表 8.1 顾客异议处理卡

产品或服务名称:	
顾客基本情况:	
异议要点:	回答要点:
待处理问题:	

3. 不畏艰难,百折不挠

推销大师克莱门·史东说:"一个人要想成为推销高手,不是靠学历、声望和地位,而是靠自信、耐力和雄辩。"成功的推销人员之所以能冲破来自客户的障碍,获得成功,就是凭借这种

不畏艰难、百折不挠的精神。

在现今的市场环境中,顾客的需求千差万别,所以提出的异议也是多种多样。因此,作为一名推销人员应具有不畏艰难、百折不挠的意志品质,方可有效地处理顾客异议。

4. 及时处理

对于顾客提出的异议,推销人员应把握时机,尽快处理问题。一般需要根据顾客的个性特点、异议的性质、答复的可信度,以及双方洽谈的状况来决定。

(1)立即答复的异议。当推销人员所遇到的异议比较明显且易于回答的时候,应立刻给予答复。通过这种解决方法,可使顾客感受到足够的尊重,并易于烘托双方的洽谈气氛。

(2)拖延答复的异议。当推销人员对所遇到的问题一时难以解释时,应拖延一段时间。当问题调查清楚后,再给出明确的答复,这样有利于双方解除异议,保证买卖双方的关系良性发展。

(3)不必答复的异议。当推销人员所遇到的问题属于顾客故意刁难或者明知故问的刁难时,可以不予答复,但需要注意的是,在处理这样的问题时,态度应平和,不可产生冲突。

5. 耐心地聆听意见

顾客在接受推销的过程中,对于推销产品及推销人员自身可能会持有不同意见,这些异议绝大多数不是恶意的,而是对产品或者服务的审视,以及对其真正价值的感性评估。对此,推销人员可通过顾客的倾诉,及时分析事件原因,做出合理的解答。

二、异议的处理方法

一般而言,异议的处理方法共有以下6种:

1. 直接否定法

直接否定法又称反驳处理法,是指推销人员根据比较明显的事实和充分的理由直接否定顾客异议,如表8.2所示。

表8.2　直接否定法分析表

优　点	缺　点	适用范围
1. 有效分析顾客的各种理由	1. 如运用不当,容易引起顾客与推销人员之间的冲突,不利于营造融洽气氛	适用于处理由于顾客的误解、成见和信息不充分等而导致的有明显错误、漏洞或自相矛盾的异议;不适用于处理无效异议与无关异议,也不适用于处理因个性、情感等因素引起的顾客异议
2. 反馈速度快,增强顾客购买的信心,提高推销效率	2. 使顾客产生心理压力和抵触情绪,甚至伤害顾客的自尊心,造成紧张的气氛,导致推销失败	

2. 间接否定法

间接否定法又称转折处理法,是指推销人员不直接反驳顾客的意见,承认顾客的看法有一定的道理,向顾客做出一定的让步,对顾客的异议表示同情和理解,然后再提出自己的意见,如表8.3所示。

表8.3　间接否定法分析表

优　点	缺　点	适用范围
1. 以退为进的方法,有利于控制气氛	1. 容易使顾客认定自己所提出的异议是正确的,增强其坚持异议的信心,增加了推销难度	适用于因顾客成见、偏见或信息不通而产生的异议;不适用于探索性的、疑问类型的顾客异议
2. 顾客感到被尊重、被理解,在心理上容易接受	2. 如使用不当会使顾客感受到推销人员回避矛盾,玩弄技巧,从而产生反感情绪,不利于控制气氛	

3. 利用法

利用法又称转化处理法,是指推销人员直接利用顾客异议中有利于推销成功的积极因素,并对此进行加工处理,转化为自己观点的一部分去消除顾客异议,说服顾客接受产品,如表8.4所示。

表8.4　利用法分析表

优　点	缺　点	适用范围
1. 从拒绝理由转化成购买理由,把成交障碍转化为成交动力	可能会导致顾客产生抵触情绪,认为自己受到了愚弄,使双方的关系破裂,导致僵局	适用于真实的、有效的顾客异议;不适用于带有偏见的、虚假的顾客异议
2. 以子之矛,攻子之盾,从而使推销人员反驳异议的说服力增强		

4. 补偿法

补偿法又称抵销处理法、平衡处理法,是指推销人员在坦率承认顾客异议提出的问题确实存在的同时,指出顾客可能从被推销产品及其购买条件中得到另外的实惠,使异议所提问题造成的损失得到充分补偿,如表8.5所示。

表8.5　补偿法分析表

优　点	缺　点	适用范围
1. 实事求是地面对问题,再提出并强调优势,有助于顾客接受后续所提出的意见,增进心理平衡	推销人员肯定了顾客异议,承认问题所在,削弱了顾客对产品的信心及对企业的忠诚	适用于顾客已明确提出的异议、推销产品存在问题的异议或真实有效的异议
2. 推销人员肯定了顾客的异议,有利于改善顾客和推销人员之间的关系,营造融洽的推销氛围		

5. 询问法

询问法又称反问处理法、追问处理法,是指推销人员利用顾客异议来反问顾客,以化解异议的方法,如表8.6所示。

表 8.6　询问法分析表

优　点	缺　点	适用范围
1. 通过询问，推销人员可以有效地掌握更多的信息，为进一步推销创造条件	可能引起顾客的反感。若提问的方式和内容不当，则可引发新的异议，或造成推销时间浪费，错过推销的有利时机	适用于处理各种不确定型的顾客异议
2. 在询问的同时，为推销人员赢得思考时间，并可节省时间制定下一步的推销策略		

6. 冷处理法

冷处理法又称不理睬法、装聋作哑处理法，是指当推销人员判明顾客异议与推销活动主题无关紧要，或是顾客有意刁难时，所采取的避而不答的处理方法，如表 8.7 所示。

表 8.7　冷处理法分析表

优　点	缺　点	适用范围
1. 避免节外生枝，浪费时间	可能会使顾客觉得他没有受到应有的重视，而对企业丧失信心，无法促成交易	适用于无效异议、虚假异议，以及与推销无关的异议
2. 使推销人员避免了与顾客在一些与成交关系不大的问题上发生不必要的争执和冲突		

三、顾客异议的处理技巧

在推销实践中，所有的推销人员都无法回避顾客各种各样的异议，关键是推销人员要掌握和灵活运用处理异议的方法和技巧。

1. 需求异议的处理技巧

真实的需求异议是成交的直接障碍，推销人员应该立即停止推销。虚假的需求异议表现为两种情况：一是顾客拒绝的一种借口；二是顾客没有认识或不能认识自己的需求。

2. 价格异议的处理技巧

推销商品的价格涉及顾客的实际利益，因此，价格异议是顾客异议的最主要形式之一。在推销实践中，推销人员往往认为价格是最难处理的异议。顾客常常喜欢购买廉价的商品，但是，也有人相信"物有所值"买高价。面对推销人员与顾客对价格的不同心理，只有采取适合的异议处理技巧，才能促成销售。

常见的价格异议处理技巧有以下几种：

(1)先谈价值，后谈价格。

(2)分析价格，强调价值。

(3)运用比较，强调特性或不同之处。

(4)稳定价格，推荐较低价格的产品。

(5)缩小报价单位，攻心为上。

3. 产品异议的处理技巧

产品质量是全社会普遍关注的一个问题,产品质量是顾客关心也是拒绝推销的一个常见理由与借口。如果产品的质量、特性、功能及价格,或者企业的售前、售中和售后服务措施等方面存在某种问题,就可能引起顾客的异议。在推销活动中,掌握如何处理好产品异议,是做好推销工作的一个必要条件。

(1)现场示范,宣讲产品价值。

(2)邀请考察,亲身体验。

(3)试用试销,提供担保。

4. 营销人员异议的处理技巧

营销人员异议是指顾客认为不应该向某个营销人员购买推销产品的异议。有些顾客不肯购买推销产品,只是因为对某个营销人员有异议,他不喜欢这个营销人员,不愿让其接近,也排斥此营销人员的建议。但顾客肯接受自认为合适的其他营销人员。比如:“我要买老王的”、“对不起,请贵公司另派一名营销人员来”等。营销人员对顾客应以诚相待,与顾客多进行感情交流,做顾客的知心朋友,消除异议,争取顾客的谅解和合作。

5. 货源异议的处理技巧

货源异议是指顾客认为不应该向有关公司的营销人员购买产品的一种反对意见。例如,“我用的是某某公司的产品”、“我们有固定的进货渠道”和“买国有企业的商品才放心”等。顾客提出货源异议时,表明顾客愿意购买产品,只是不愿向眼下这位营销人员及其所代表的公司购买。当然,有些顾客是利用货源异议来与营销人员讨价还价,甚至利用货源异议来拒绝营销人员的接近。因此,营销人员应认真分析货源异议的真正原因,采用恰当的方法来处理货源异议。

6. 购买时间异议的处理技巧

由于营销的环境、客户及营销方法等不同,导致顾客表示异议的时间也不相同。一般来说,顾客表示异议的时间有以下几种:

(1)首次会面。营销人员应预料到顾客开始就有可能拒绝安排见面的时间。如果这个顾客非常具备潜在顾客的条件,营销人员应事先做好心理准备,想办法说服顾客。

(2)产品介绍阶段。在这一阶段,顾客很可能提出各种各样的质疑和问题。事实上,营销人员正是通过顾客的提问去了解顾客的兴趣和需求所在。如果顾客在营销介绍的整个过程中一言不发、毫无反应,营销人员反而很难判断介绍的效果。中国有句古话:贬货者才是真正的买主。提出疑问,往往是购买的前兆。

(3)营销结束(试图成交)阶段。顾客的异议最有可能在营销人员试图成交时提出。在这一阶段,如何有效地处理顾客的异议显得尤为重要。如果营销人员只在前面两个阶段圆满地消除了顾客的异议,而在最后关头却不能说服顾客,那一切的努力都将付之东流。

为了避免在成交阶段出现过多的异议,营销人员应该在准备营销介绍时就主动回答顾客有可能提出的异议,为成交打下基础。如果在试图成交阶段顾客的异议接二连三,就说明在前面营销介绍阶段存在的漏洞太大。

购买时间异议是指顾客有意拖延购买时间的异议。顾客总是不愿马上做出决定。事实上,许多顾客用拖延来代替说“不”。营销人员经常听到顾客说:“让我再想一想,过几天答复你”、“我们需要研究研究,有消息再通知你”或“把材料留下,以后答复你”等。这些拒绝很明显

意味着顾客还没有完全下定决心,拖延的真正原因可能是因为价格、产品或其他方面不合适。有些顾客还利用购买时间异议来拒绝营销人员的接近和面谈。因此,营销人员要具体分析,有的放矢,认真处理。

四、顾客异议的处理程序

1. 认真听取顾客提出的异议

认真听取顾客的意见,是分析顾客异议,形成与顾客之间良好的人际关系,提高企业声望,改进产品的前提。当顾客提出异议时,推销人员不要匆忙打断对方的话并急于辩解,这样做非常容易演化为争吵,不但导致销售的失败,而且有损企业形象和产品形象。

(1)弄清异议的真正原因。在回答顾客异议之前,推销人员一定要仔细、彻底地分析一下顾客提出异议背后的真正原因。我们知道,顾客提出异议的原因是极其复杂的,有时顾客嘴里说的并不是心里想的,有时几种原因会交织在一起,从而给分析顾客异议增加了难度。有经验的推销人员在摸不清顾客的确切意图时,往往会引导顾客讲话,从而逐步从其话语中摸索出顾客的真实想法,然后对症下药,消除顾客异议。

(2)转化顾客的异议。当顾客提出异议时,一方面推销人员要表示接受顾客的异议;另一方面,又要运用销售技巧劝说顾客放弃其异议。具体来说,推销人员在完成该项工作时,应注意以下几点:

①有些顾客提出的异议是正确的,这时推销人员要虚心地接受,而不要强词夺理,拼命掩饰自己产品的缺点和不足,这样容易引起顾客的反感和厌恶情绪。在有些情况下,在承认顾客意见正确性的同时,可指出自己产品具有的突出优势,让顾客权衡得失。因而,即使在顾客提出的异议正确的情况下,推销人员也不应放弃,要力图使顾客了解并重视产品的优点。

②无论什么情况下,都要避免与顾客发生争吵或冒犯顾客。与顾客争吵的结果有可能是顾客赢了,推销人员理屈词穷;也有可能是推销人员赢了,顾客走了。无论是哪一种情况,都是以销售失败为最终结果的。因此,与顾客争吵是推销人员的大忌,推销人员应锻炼自己的忍受能力和讲话艺术,避免与顾客针锋相对。即便在有些情况下,顾客提出的异议是错误的,推销人员也不要不留情面地直接反驳顾客,这样易使顾客恼羞成怒。而应婉转地以间接的方式进行劝说,使其最终放弃自己的异议。因此,推销人员在劝说顾客时,特别要注意言语的技巧,避免使用具有挑衅性的语言。

③在回答顾客的异议时,要尽量简单扼要。推销人员在回答顾客的异议时,应越简单越好。这样一方面可以节约时间,提高销售效率;另一方面可以避免顾客抓住推销人员的话柄提出新的异议。此外,推销人员应站在顾客的立场上为顾客解决问题,而不是以局外人的身份提供个人的看法和意见。

2. 适时回答顾客的异议

面对顾客提出的异议,推销人员在什么时候回答最合适呢?推销人员回答异议的时机也是非常有讲究的。推销人员应根据销售环境的情况、顾客的性格特点和顾客提出的异议的性质等因素来决定提前回答、立即回答、稍后回答或是不予回答。

(1)提前回答。提前回答是指在顾客提出异议之前就回答。一个经验丰富的推销人员往往能预测到顾客有可能会提出哪些意见,并在销售过程中及时察觉。这时,推销人员应抢在顾客前面把问题提出来,并自己进行解答。

这样的回答至少有以下几个优点：

①推销人员主动提出顾客可能提出的异议，可以先发制人，避免纠正顾客或反驳顾客所带来的不快，提高销售的成功率。

②使顾客感到推销人员考虑问题非常周到，确实是站在顾客的立场上为顾客的利益着想，从而对推销人员产生好感，营造出友好、和谐的销售氛围。

③使顾客感到推销人员非常坦率，将产品的优点和缺点完全摆出来让顾客判断，并没有刻意隐瞒缺点，因而对推销人员所介绍的产品的优点，甚至对推销人员本身的信任也增加了。

④同一种异议，若由顾客提出来有可能会百般挑剔，吹毛求疵；若由推销人员主动提出并婉转地加以解决，则会大事化小，小事化了。

⑤推销人员主动提出异议并自己解答，可以节省时间，提高销售的效率。

(2)立即回答。立即回答是指对顾客的异议立即予以答复。对于比较重要并且容易解决的问题，推销人员应立即予以回答。一方面，显示推销人员重视顾客，并能立即消除顾客的忧虑；另一方面，若任由顾客提出意见而不予回答，随着顾客异议的增多，对产品的不满会越来越多，以致很难扭转。因此，推销人员在销售洽谈过程中应有选择地及时解决一些问题，避免留下后患。

(3)稍后回答。稍后回答是指对顾客提出的异议稍后再予以回答。主要出于以下几种原因：

①推销人员认为顾客提出的异议比较复杂，不是一两句话可以解释清楚的，故稍后再进行回答。

②推销人员无法回答顾客的意见，或需要搜集资料，故暂时放下，以后再选择恰当的时间或另找恰当的人来回答。

③推销人员认为随着销售业务的进一步深入，顾客提出的异议将不答自解，故暂时不予回答。

④推销人员认为若立即回答顾客的异议会影响销售工作的顺利进行，故先放下问题，稍后作答。不然，若任由顾客在这一问题上纠缠下去，推销人员将不能进行下面的工作，不能充分向顾客展示产品的优点，可能导致销售失败。

⑤推销人员认为顾客的问题无关紧要，希望避免顾客以为推销人员总是与顾客作对、唱反调，故不立刻予以回答。

(4)不予回答。不予回答是指对顾客提出的异议置之不理，不予回答。对于顾客由于心情欠佳等原因提出的一些异议，或与购买决策无关的异议等，推销人员可以不予回答。

3. 收集、整理和保存各种异议

收集、整理和保存各种异议是非常重要的，推销人员必须予以充分重视，并做好这项工作。顾客的许多意见往往是非常中肯的，确实指出了产品的缺陷和应该改进的地方，使企业改进产品有了一定的方向。除此之外，顾客的某些想法有可能激发企业的创新灵感，从而开发出满足顾客需要的新产品。推销人员对于顾客提出的各种异议不应采取"左耳进，右耳出"的态度，可在销售工作告一段落后加以收集、整理和保存。通过这项工作，推销人员可以了解顾客可能提出的异议，并据此设计出令顾客满意的答案。这样，在日后面对顾客提出类似问题时才不会惊慌失措，提高自己对销售工作的信心。

任务提示：如何制作顾客异议处理卡？

1. 从现状调查中找出客户的问题点。
2. 分析顾客的个性、偏见、教育程度及宗教信仰。
3. 通过调研结果设计处理卡的问题。
4. 分析顾客意见的类型。
5. 制定有效地解决方案。

小资料

处理顾客异议的基本原则

1. 做好准备工作

"不打无准备之仗"，这是推销人员面对顾客拒绝时应遵循的一个基本原则。销售前，推销人员要充分估计顾客可能提出的异议，做到心中有数。这样，即使遇到难题，到时候也能从容应对。如果事前无准备，就会不知所措，顾客得不到满意答复，自然无法成交。可以说，良好的准备工作有助于消除顾客异议的负面性。

2. 选择恰当的时机

根据美国对几千名推销人员的研究，发现优秀的推销员所遇到的顾客严重反对的机会只是其他人的 1/10，原因就在于优秀的推销员往往能选择恰当的时机对顾客的异议提供满意的答复。在恰当时机回答顾客异议，便是在消除异议负面性的基础上发挥了其积极的一面。

3. 忌与顾客争辩

不管顾客如何批评，推销人员永远不要与顾客争辩，"占争论的便宜越多，吃销售的亏就越大"。与顾客争辩，失败的永远是推销员。

4. 给顾客留"面子"

顾客的意见无论是对是错，是深刻还是幼稚，推销员都不能给对方留下轻视的感觉。推销员要尊重顾客的意见，讲话时面带微笑，正视顾客，听对方讲话时要全神贯注，回答顾客问话时语气不能生硬。"你错了"、"连这你也不懂"、"你没明白我说的意思，我是说……"这样的表达方式抬高了自己，贬低了顾客，挫伤了顾客的自尊心。

任务练习

练习项目：制作顾客异议处理卡

步骤 1：组成学生学习小组，明确组织分工。

步骤 2：仔细阅读产品资料，收集目标顾客信息。

步骤 3：小组讨论，分析顾客的个性、偏见、教育程度及宗教信仰。

步骤 4：根据上述资料，分析异议类型。

步骤 5：结合任务提示，制作顾客异议处理卡。

步骤 6：小组选派一名代表介绍具有结论性的处理结果。

步骤 7：小组互评，师生讨论，教师鉴定。

项目九　促成交易的技巧

学习指南

【任务目标】

◎**态度目标**

1. 坦然地面对成交的成败。

2. 克服职业自卑感。

3. 勿坐等顾客的成交要求。

◎**技能目标**

1. 能够判断促成交易的时机。

2. 掌握促成交易的方法。

3. 掌握交易收款技巧。

◎**专业知识目标**

1. 促成交易的方法。

2. 交易收款的要求。

【任务完成步骤】

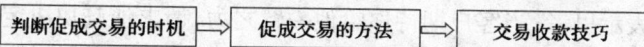

判断促成交易的时机 ➡ 促成交易的方法 ➡ 交易收款技巧

任务一　判断促成交易的时机

任务说明

　　交易成功的信号称为成交信号,顾客在推销过程中会有意无意地通过表情、体态、语言及行为等流露出各种成交意向。推销人员应该把成功信号的出现当做促成交易的最佳时机。善于察言观色,了解客户的购买意愿,适时提出成交的要求。从第一次接触客户开始,搜集资料,探索客户的需求,了解客户的目的,然后仔细研究自己的产品与服务如何来满足客户的需求。在成交的过程中,还要注意竞争者状况,评价彼此的优劣,了解客户的决策程序,期望能够一举成功。在这个复杂的过程中,客户与你的关系由冷淡转趋温暖,再由温暖转入热络,就在热络当中提出成交的要求。

🖋 任务指导

一、成交信号的综合表现

成交信号是指顾客在语言、表情和行为等方面所表露出来的打算购买被推销产品的一切暗示或提示。顾客表现出来的成交信号主要有表情信号、语言信号、行为信号和进程信号等。

顾客的语言、行为和表情等表明了顾客的想法。推销人员可以据此识别顾客的购买意向,及时地发现、理解并利用顾客所表现出来的成交信号促成交易。把握成交时机,要求推销人员具备一定的直觉判断力与职业敏感度。一般而言,下列几种情况可视为促成交易的较好时机:

(1)顾客进一步主动认真地比较交易条件和商品特征。

(2)顾客以种种理由要求降低价格。

(3)主动热情地将推销人员介绍给负责人或其他主管人员。

(4)要求说明产品的使用要求、注意事项及维修等售后服务。

(5)顾客主动出示自己掌握的关于这种产品的情报和资料。

(6)顾客表示对目前正在使用的其他厂家的产品不满。

(7)对推销人员的态度明显好转,接待档次明显提高。

(8)顾客的反常行为。

二、根据客户表现,判断交易时机

(1)当客户紧闭嘴巴,用牙齿咬下嘴唇的表情出现时表示:你推销的商品我已考虑过了,找不出什么值得挑剔的,但是,我也不愿就此"投降",你为什么不求我下订单呢? 聪明的推销人员,赶快请客户签个字吧。

(2)当客户用期盼的眼神望着右前方,或者凝视着你表示:当眼神向右前方仰望时,代表期待;向左上方时,表示思考;当客户期待你给他一臂之力,请求他赶快决定时,他一定照办;当客户凝视着你的时候,表示与你的看法一致,已经产生了共鸣。此时,推销人员应该主动一些,请求客户下订单,不要错失机会。

(3)当客户询问一些假设性的问题时表示:客户询问假设性的问题,如"这种产品耐用吗?""你的价格会比别家贵吗?""你们的产品有良好的售后服务吗?"或"你能在一个月之内交货吗?"等,需要推销人员给予肯定的答复。切记,肯定的答案之后就是成交的时机,千万别错过。

(4)当客户仔细阅读产品说明书时表示:客户把推销人员提供的有关产品服务的文件,经过交谈研究之后,开始仔细阅读这些文件,就已经释放出购买的意愿了,否则客户不会浪费时间去阅读。

(5)当客户重复询问前面已经问过的问题时表示:客户关心的主题,虽然已经询问过了,但是,客户仍然不自觉地又提出来,这表示他的疑虑还没澄清,也没有得到预期的答案,最好的方法是再度说明,并保证其真实性。之后,就是成交的时刻。

(6)当客户关心付款及交货日期的时候表示:当客户关心付款及交货日期的时候,表示客

户已经决定要购买,但是推销人员还没有说明付款日期、付款方法及交货日期,此时推销人员应立刻说明情况,促成交易。

三、识别成交信号

1. 语言信号

当顾客有采取购买行为的意向时,推销人员可以从顾客的语言中发现。如顾客提出并开始议论有关最快的交货时间及限制条件;关于产品的运输、储存、保管与拆装等问题;关于产品的使用与保养注意事项、零配件供应等问题;最迟答复购买的日期及有关要求;开始讨价还价、可否再降价等;要求继续试用及观察;对产品的一些小问题,如包装、颜色和规格等提出很具体的修改意见与要求;用假定的口吻与语句谈及购买等。如果顾客的语言从提出异议、问题等转为谈论以上内容,可以认为顾客正在发出成交信号。

2. 动作信号

推销人员也可以通过观察顾客的动作来识别顾客是否有成交倾向。因为一旦顾客完成了认识与情感过程,拿定主意要购买产品时,他会觉得一个艰苦的心理活动过程结束了,于是他会出现与推销人员介绍产品时完全不同的动作。

(1)由静变动。开始顾客采取静止状态听推销人员讲解,这时会由静变动,如动手操作产品,仔细触摸产品,或者翻动产品等。当然,从原来的动态转为静态也是一个信号。

(2)动作由紧张变放松。如原来倾听推销人员介绍,所以身体前倾,并靠近推销人员及产品,这时变为放松姿态,或者身体后仰,或者做其他舒展动作等。

(3)由单方面动作转为多方面动作。如顾客由远及近,由一个角度到多个角度观察产品,或再次翻看说明书等。

(4)有签字倾向动作。如顾客出现找笔,摸口袋,甚至是靠近订货单、拿订单看等,这些都是很明显的购买动作信号。

3. 表情信号

人的面部表情不是容易捉摸的,人的眼神有时更难猜测。但经过反复观察与认真思考,推销人员仍可以从顾客的面部表情中读出成交信号的眼神变化。眼睛转动由慢变快,眼睛发光、神采奕奕,腮部放松;由咬牙沉思或托腮沉思变为脸部表情明朗轻松、活泼与友好;情感由冷漠、怀疑和深沉变为自然、大方、随和和亲切等,都是成交信号。

4. 事态信号

所谓事态信号,即推销活动有关的事态发展所表示的购买信号。例如,顾客提出转换洽谈环境与地点;向推销人员介绍有关购买决策过程的其他角色人员;提出变更推销程序,如安排推销人员住宿、饮食等。

任务提示:注意捕捉成交信号

在实际的推销工作中,顾客为了保证实现自己所提出的交易条件,取得交易谈判的主动权,一般不会首先提出成交,更不愿主动、明确地提出成交。但是顾客的购买意向总会通过各种方式表现出来,对于推销人员而言,必须善于观察顾客的言行,捕捉各种成交信号,及时促成交易。

小资料

下面将介绍从失败到成功的 3 个经典电话销售案例分析。

【案例9.1】 　　　　　　　　　　　　**一次失败的电话销售**

数月以前,一家国内 IT 企业进行笔记本式计算机的促销活动,我是接到推销电话的一个他们认为的潜在客户。

"先生,您好,这里是××公司个人终端服务中心,我们在搞一个调研活动,您有时间吗?我可以问您两个问题吗?"(点评一)

一个月以前,应该有不少人会接到类似的电话。

我说:"请讲。"

销售员:"您经常使用计算机吗?"

我说:"是的,我的工作无法离开计算机。"

销售员:"您用的是台式机还是笔记本式计算机。"

我说:"在办公室,用的是台式机,在家就用笔记本式计算机。"

销售员:"我们最近的笔记本式计算机有一个特别优惠的促销阶段,您是否有兴趣?"(点评二)

我说:"你就是在促销笔记本式计算机吧? 不是搞调研吧?"

销售员:"其实,也是,但是……"(点评三)

我说:"你不用说了,我现在对笔记本式计算机没有购买兴趣,因为我已经有了,而且,现在用得很好。"

销售员:"不是,我的意思是,这次机会很难得,所以,我……"

我问:"你做电话销售多长时间了?"

销售员:"不到两个月。"

我问:"在开始上岗前,××公司给你们做了电话销售的培训了吗?"

销售员:"做了两次。"

我问:"是外请的电话销售的专业公司给你们培训的,还是你们的销售经理给你培训的?"

销售员:"是销售经理。"

我问:"培训了两次,一次多长时间?"

销售员:"一次大约就是两个小时吧,也就只是说了说,也不是特别正规的培训。"

我问:"你现在做这个笔记本式计算机的电话销售,成绩如何?"

销售员:"其实,我们遇到了许多销售中的问题,的确,销售成绩不是很理想。"

这番对话没有终止在这里,我们继续谈了大约半小时,我向她讲解了销售培训中应该提供的知识,以及他们的销售经理应该给他们提供的各种工作中的辅导。

点评与分析如下:

类似的推销电话,许多人也都有类似的体验,然而多数电话销售的销售成绩都不理想,其中一个重要原因就是对销售队伍的有效培训不到位。这是客气的说法,实际上,许多企业就根

本没有科学的、到位的电话销售培训。虽然许多企业已经意识到电话销售其实是一种降低销售成本的有效销售方式,避免了渠道问题,也有机会直接接触到客户。

所以,电话销售越来越普遍了,尤其是戴尔取得了直销成功以后,追随戴尔搞电话直销的IT公司风起云涌,层出不穷,导致中国已经成为世界上呼叫中心成长最快的国家。然而,电话销售的要点又是什么呢? 不妨从对上面的对话进行分析开始。

点评一:回避在电话接通的开始就露出销售目的显然是经过周密的策划的,精心的布置和培训让电话推销人员可以用巧妙的方法建立起与没有见过面的、本来就疑心深重的潜在客户的最初沟通,既有好处,又有弱项。岂不知,间接引入法对推销人员的要求相当高,一旦潜在客户识别出来以后,推销人员要有高超的沟通水平来挽回客户更加强烈的抵触心理,所以,从这个细节来看,××公司的确培训了,从后面的对话还可以看出来该推销人员的不足。

点评二:潜在客户已经陈述了自己有了笔记本式计算机,而该推销人员没有有效地响应客户的话题,只顾按自己预先设计好的思路来推进,会取得什么效果呢? 其实,在客户进行回答以后,恰恰应该是发问的最好时机,既可以有效地呼应开始设计的调研借口,也可以挖掘客户在使用笔记本式计算机时的主要困惑,从而来揭示客户潜在的需求,可惜,这个推销人员不过是简单、机械地按照培训的套路来自说自话。这是一个严重的错误。

点评三:严重缺乏随机应变的有效培训,在这个关键转折点,恰好就是切入对潜在客户的有效赞扬的时机,从而来获取客户充分的信任。结果,这个推销人员的回答暴露了一切弱点,并导致潜在客户失去耐心。如果不是我,可能这个客户早就已经挂机了,这个推销人员可能不过碰到了与98%客户一样的挂机而已。

点评四:这个对话中已经可以确认了××公司对电话销售的培养有多么薄弱。所以,连××公司这样的世界500强企业在中国的电话销售都是如此,就不要责怪和埋怨中国其他企业对电话销售的努力探索精神和执著的热情了。

仅仅凭借经验、热情、努力和勤奋,电话销售无法获得实在业绩。成功需要方法,电话销售需要明确的技能、可操作的技巧和可以应用的流程,这才是达成电话销售的核心。

成功的电话销售有3个阶段,每个阶段需要对应的技能。

第1个阶段就是引发兴趣。引发电话线另一端潜在客户的足够兴趣,在没有兴趣的情况下是没有任何机会,也是没有任何意义介绍要销售的产品的。这个阶段需要的技能是对话题的掌握和运用。

第2个阶段就是获得信任。在最短的时间内获得一个陌生人的信任需要高超的技能和比较成熟的个性,只有在这个信任的基础上开始销售,才有可能达到销售的最后目的——签约。这个阶段需要的技能就是获得信任的具体方法,以及有效地起到顾问作用来赢得潜在客户的信任。

第3个阶段就是有利润的合约。只有在有效地获得潜在客户对自己问题的清醒认识前提下的销售,才是有利润的销售,才是企业真正要追求的目标。这个阶段需要的技能是异议防范和预测、有效谈判技巧,以及预见潜在问题的能力等。

电话销售中的4C也是必须要了解的,4C本身不是技巧,4C是实施技巧的一个标准流程。经验不足的电话推销人员可以在初期的时候按照这个销售流程执行,熟练以后一般就忘记了这个流程,但是销售实力却不知不觉地明显提高了。4C的流程是这样的,迷茫客户

(confuse)、唤醒客户(clear)、安抚客户(comfort)和签约客户(contract)。第 1 个 c 应用在第 1 阶段,第 2 和第 3 个 c 应用在第 2 阶段,第 4 个 c 应用在第 3 阶段。

（案例来源：作者根据相关资料整理）

【案例9.2】 醉翁之意不在酒

销售员:"您好,是××润滑油有限公司吗? 你们的网站好像反应很慢,谁是网络管理员,请帮我接下电话好吗?"

前台:"我们网站很慢吗? 好像速度还可以呀!"

销售员:"你们使用的是内部局域网吗?"

前台:"是呀!"

销售员:"所以,肯定会比在外面访问要快,但是,我们现在要等 5 分钟,第 1 页还没有完全显示出来,你们有网管吗?"

前台:"您等一下,我给您转过去。"

销售员:"您等一下,请问,网管怎么称呼。"

前台:"有两个呢,我也不知道谁在,一个是小吴,一个是刘芳。我给你转过去吧!"

销售员:"谢谢!"(等待)

刘芳:"你好! 你找谁?"

销售员:"我是长城服务器客户顾问,我刚才访问你们的网站,想了解一下有关奥迪用润滑油的情况,你看都 10 分钟了,怎么网页还没有显示全呢? 您是?"

刘芳:"我是刘芳,不会吧? 我这里看还可以呀!"

销售员:"你们使用的是内部局域网吗? 如果是,你是无法发现这个问题的,如果可以用拨号上网的话,你就可以发现了。"

刘芳:"您怎么称呼? 您是要购买我们的润滑油吗?"

销售员:"我是××服务器客户顾问,我叫曹力,曹操的曹,力量的力。我平时也在用你们的润滑油,今天想看一下网站的一些产品技术指标,结果发现你们的网站怎么这么慢。是不是有病毒了?"

刘芳:"不会呀! 我们有防毒软件的。"

曹力:"那就是带宽不够,不然不应该这么慢的。以前有过同样的情况发生吗?"

刘芳:"好像没有,不过我是新来的,我们的主要网管是小吴,他今天不在。"

曹力:"没有关系,你们网站是托管在哪里的?"

刘芳:"好像是西城电脑局网络中心。"

曹力:"哦,用的是什么服务器?"

刘芳:"我也不知道!"

曹力:"没有关系,我在这里登录看似乎是服务器响应越来越慢了,有可能是该升级服务器了。不过,没有关系,小吴何时来?"

刘芳:"他明天才来呢,不过我们上周的确是讨论过要更换服务器了,因为企业考虑利用网络来管理全国的 1 300 多个经销商了!"

曹力:"太好了,我看,我还是过来一次吧,也有机会了解一下我用的润滑油的情况。另外,咱们也可以聊聊有关网络服务器的事情。"

　　小芳："那,你明天就过来吧,小吴肯定来,而且不会有什么事情,我们网管现在没有什么具体的事情。"

　　曹力："好,说好了,明天见!"

(案例来源:作者根据相关资料整理)

　　这是一个通过电话预约来促进销售的案例。在这个案例中,曹力使用了第1个、第2个和第3个C。首先是让客户迷茫,提示客户的服务器响应缓慢的问题,或者有病毒的可能,或者是带宽的问题等,总之是问题过多导致客户迷茫;其次是采用了唤醒客户的策略,即明确指向服务器响应缓慢的可能,并安抚客户,暗示客户其实找到了行家里手,不用担心,一来可以领略一下你们的产品(润滑油),二来可以聊聊有关网络服务器的事情。

　　通过学习这段对话,我们知道曹力是网络服务器推销人员,刘芳是一个客户组织中影响力并不大的一个人,但是,从影响力不大的客户组织内部的人身上却往往可以发现大订单的可能。这个对话中反映出了大订单的可能性,因此,曹力立刻改变策略,要求拜访,并获得了刘芳的支持。刘芳的支持主要源于曹力对销售中4C的有效运用。

　　最后,再来看一个电话销售的案例。

【案例9.3】

　　销售员："您好,请问,李峰先生在吗?"

　　李峰："我就是,您是哪位?"

　　销售员："我是××公司打印机客户服务部的章程,就是公司章程的章程,我这里有您的资料记录,你们公司去年购买了××公司的打印机,对吗?"

　　李峰："哦,是,对呀!"

　　章程："保修期已经过去了7个月,不知道现在打印机使用的情况如何?"

　　李峰："好像你们来维修过一次,后来就没有问题了。"

　　章程："太好了。我给您打电话的目的是,这个型号的机器已经停产,以后的配件也比较昂贵,提醒您在使用时要尽量按照操作规程,您在使用时阅读过使用手册吗?"

　　李峰："没有呀,不会这样复杂吧? 还要阅读使用手册?"

　　章程："其实,这还是有必要的,实在不想阅读也是可以的,但寿命就会降低。"

　　李峰："我们也没有指望用它一辈子,不过,最近业务还是比较多,如果坏了怎么办呢?"

　　章程："没有关系,我们还是会上门维修的,虽然会收取一定的费用,但比购买一台全新的打印机还是便宜。"

　　李峰："对了,现在再买一台全新的打印机什么价格?"

　　章程："要看您需要什么型号的,您现在使用的是CN公司3330,后续的升级产品是4100,不过完全要看一个月大约打印多少正常的A4纸张。"

　　李峰："最近的业务量开始大起来了,有的时候超过10 000张。"

　　章程："要是这样,我还真要建议您考虑4100了,4100的建议使用量是15 000张一个月的A4正常纸张,而3330的建议月纸张是10 000张,如果超过了会严重影响打印机的寿命。"

　　李峰："你能否给我留一个电话号码,年底我可能考虑再买一台打印机,也许就是后续产品。"

　　章程："我的电话号码是888××××转999。我查看一下,对了,你是老客户,年底还有一些特殊的照顾,不知道你何时可以确定购买,也许我可以将一些好政策给你保留一下。"

李峰:"什么照顾?"

章程:"4100 型号的,渠道销售价格是 12 150 元,如果作为 3330 的使用者购买的话,可以按照 8 折来处理或者赠送一些您需要的外设,主要看您的具体需要。这样吧,您考虑一下,然后再联系我。"

李峰:"等一下,这样我要计算一下,我在另外一个地方的办公室添加一台打印机会方便营销部的人,这样吧,基本上就确定了,是你送货还是我们来取?"

章程:"都可以,如果您不方便,还是我们过来吧,以前也来过,容易找的。看送到哪里,什么时间好?"

(案例来源:作者根据相关资料整理)

任务二 促成交易的方法

🖊 任务说明

所谓促成,是指帮助并鼓励客户做出购买决定,然后协助其完成交易手续。促成交易是推销的终极目的,在所有的销售过程当中,促成成交就好像烧菜要放盐一样,只需要那么一点点,没有它不行,多了也不行。我们只需要花 10% 的力气用在促成交易方面,因为如果能够很好地建立起与客户的信任度,寻找到了客户的需求点,又有针对性地向客户做了产品说明,接下来的成交就是瓜熟蒂落、水到渠成的事了。

✒ 任务指导

常用的促成交易的方法和技巧有很多,本书介绍以下几种:

(1)假设成交法、次要成交法和二择一法。假设成交法、次要成交法和二择一法的核心思想是相同的,即不是问客户要不要买,而是问客户买什么。假设成交法是指假设客户购买以后,我们应该怎么办。次要成交法的意思是如果客户跟我们成交以后,我们要采取的下一个步骤是什么。二择一法是指给客户两个答案,让他二选一,而不给他拒绝的机会,比如货款还是汇款、现金还是支票,以及送货是送到工地还是送到现场、车间等。

(2)激将法、威胁法和利诱法。请将不如激将,这是激将法的要旨。威胁法类似于危机行销法,即告诉客户如果你不做,会有什么样的后果。利诱法就是小恩小惠,如赠送、优惠折扣等。

(3)利益说明法。利益说明法就是不断地对客户强调他所获得的利益、价值和好处。利益说明法能够奏效的前提是推销人员必须较好地找到客户的需求点,然后进行相应的说明,这样才能够体现出所推销的产品对客户具有的价值。

(4)订单行动法。订单行动法就是当推销人员向客户进行说明的时候,把产品的说明书放在上面,把合同协议放在下面。当推销人员在合同上书写的时候,观察客户的反应,如果客户

不阻拦,则说明成交了。如果客户表示不要着急,还要商量,则进一步询问客户还需要了解什么。这种半推半就的试探法就称为订单行动法。

(5)小狗成交法。小狗成交法又称先尝后买法,是常用的促成销售方法之一。假如一个宠物店为了卖狗,可以让顾客带回家养一个星期,无须支付任何费用,只需做一个简单的登记。顾客在一个星期后加深了对小狗的了解,当归还时不愿归还,从而产生购买欲望。通过这样的先尝后买,小狗就被销售出去了。

(6)水落石出法。水落石出法就是不断地问客户为什么,弄清阻碍客户购买的关键原因,然后针对这个原因,推销人员再进行有针对性的说明、说服和解答。

(7)最后异议法。最后异议法就是要解决客户对产品的所有异议。要询问顾客除了这个问题还有什么其他问题。最后的问题常常就是最关键、最重要的问题。

任务提示:促成时的注意事项

交易促成的时候要记住,时刻准备异议而起,技术要熟练,同时不要主动制造问题,进入成交阶段基本上就成交了,不要搬起石头砸了自己的脚,所以成交时应做到以下几点:

第一要有强烈的感觉。

第二要有熟练的技术。

第三要有良好的心态。

小案例

1.“村”中纪实

某家小型咨询公司,因业务发展的需要,希望内部实现现代化办公及信息化管理,在为每一位员工配备计算机的同时,还在公司内部建立了局域网。为此,该公司的采购人员咨询了中关村多家著名经销商,却得到十分类似而并不适用的解决方案。几周后,一家小公司的推销员却拿到了这份订单。仔细分析他的成功经验,我们发现其原因在于,当这位推销员拜访客户时,他发现这家公司已经购买了不同配置、不同品牌的计算机。他了解到,这都是该公司在不同时期购进的产品,目前在使用上并没有问题。因此,这位推销员想到,这家公司对解决方案始终不满意的原因可就在于这批机器。经过询问,他发现自己的猜测是正确的,该公司为了节约成本,希望能够将现有的机器加以充分利用。了解到客户真正的需求后,这位推销员自然可以很顺利地拿到订单。

(案例来源:作者根据相关资料整理)

2.“美佳”说明了什么

日本东京的“美佳”西服店准确地抓住了顾客的购买心理,有效地运用折扣售货方法进行销售,获得了成功。具体方法是:先发布公告,介绍某商品的品质、性能等一般情况,再宣传折扣的销售天数及具体日期,最后说明折扣的方法,即第1天打9折,第2天打8折,第3天和第4天打7折,第5天和第6天打6折,以此类推,到第15天和第16天打1折。这种销售方法的实践结果是,前两天顾客不多,来者多半是打探虚实和看热闹的。第三天和第四天人渐渐多了起来,在打6折时,顾客几乎像洪水般地拥向柜台争相抢购。以后连日爆满,还没到1折售货日期,商品早已售缺。

(案例来源:作者根据相关资料整理)

3. 万宝路的故事

万宝路在早期市场中一直将产品定位于女士香烟,在很长一段时间内都没能打开销路,公司面临着严峻的考验。一天,当时的万宝路产品推广负责人因看到西部牛仔充满阳刚气的身姿而触发灵感,大胆地改变了万宝路香烟以女士为诉求对象的传统,而结合当时的美国文化,以充分体现男人挽救力的牛仔作为广告形象,将产品重新定位于男士香烟。此举立刻为万宝路打开了市场,不但具有男人气的象征,女士同样因为万宝路所代表的男士挽救力而对其爱不释手。曾经有人做过一个试验,将万宝路香烟的商标拿下,与其他品牌的香烟混在一起,请万宝路香烟的忠实消费者分辨哪一种是万宝的香烟,几乎很少有人能够将其清楚地分辨出来,由此可见,真正使人们迷上万宝路的并不是它与其他品牌香烟之间微乎其微的味道上的差异,而在于万宝路广告给人带来的感觉上的优越感。换句话说,万宝路的硬汉牛仔广告使香烟罩上了一种男子气概和个人英雄气概,而消费者购买这些香烟也正是为了购买这些气概,获得这种感觉上的满足。万宝路广告的创作充分抓住了美国人渴望通过某种方式表现自己男子汉气概的内心诉求。从这个广告业的案例中我们可以得到一个启发,在销售中,推销员一定要分析出实际启发消费者购买某种商品或对哪一类事情产生兴趣的动机和底蕴是什么。

(案例来源:作者根据相关资料整理)

任务三　交易收款技巧

任务说明

货卖出去,钱收回来才是正道。所有的交易,到最后都要经过收款的环节,形成欠款是销售工作中比较棘手的问题,要顺利的通过收款环节,是需要掌握交易收款的技巧和方法的。

任务指导

销售催款往往是一些推销人员比较头疼的问题,没有经验的推销人员在催款过程中往往会表现出某种程度的怯弱和不知所措,认为催收太紧会使对方不愉快,影响以后的交易。所以,要想顺利地收回货款,推销人员应该首先对交易收款形成正确的认知,端正心态,使用正确的方法和技巧,理性、及时地收回货款。

一、交易收款准备

如果想顺利的收回货款,应该像销售的其他环节一样,在尽量的满足客户需求的原则下,做到充分准备。

1. 推销人员心理准备

推销人员在收款的过程中要保持积极乐观的态度,收款的技术是次要的,态度是最重要

的,往往推销人员的态度也会影响客户的付款态度,推销人员在催收货款时,若能信心满怀,遇事有主见,往往能出奇制胜,把本来已经没有希望的欠款追回。反之,则会被对方牵着鼻子走,本来能够收回的货款也有可能收不回来。不要以为催讨货款以后就不好合作了,要知道如果你的客户不结款一定是有原因的,我们需要找到原因并使用正确的处理方法,帮助客户解决问题,这样一定会更加顺利地收回货款。

有时会遇到客户有意拖欠货款的情况,客户会通过推、拖、拉、骗的方式有意推诿,如客户把所有的问题都推到你这边,比如他会提出产品有问题、有瑕疵,货款应该等到这些问题全部解决之后再支付;或者客户会找出理由拖延时间,提出自己最近财务状况不好,款项还没有到位;再如就是拉交情,"我是你们的老客户了,买了你们这么多产品,收款还这么急,不是很好吧。"再或者如"对不起,董事长出去了还没有回来。"其实董事长根本就没有出去。这些都是客户常用的几种手段。使用这些手段,客户只有一个目的:延期付款。推销人员遇到这种情况也不要气馁,要使用正确的收回欠款的方法和技巧,灵活地处理收款问题,坚持到底把货款收回。

2. 收款前业务准备

通常在销售过程中,买卖双方已经就合作事宜进行过充分的协商,并达成一致意见。但在结算时,推销人员还是应该就相关事宜进行再次确认。

(1)确认时间。确认时间包括确认拜访时间和货款交结时间两部分内容。收款拜访通常应给客户一定的准备时间,应该事先打个电话给他,确认一下时间是否与当初所约定的时间相同,有没有变化。确认时间最好在拜访客户的前5天进行,以便确认之后,客户有时间准备付款事宜,履行相应的手续和结算准备工作。

(2)确认金额。在与客户确认时间的同时也要确认金额,最大限度地避免到达客户公司之后才发现双方的意见不一致,此时再重新追查原因,会给客户留下十分不好的印象,导致货款不能顺利的收回,所以应该事先确认应收账款的金额。推销人员一定要明确应收账款的数目,收款要正确,如果应收账款的数目与对方应付账款的数目不符,少收了货款,会给公司造成损失,多收了货款则会影响自己在客户心目中的形象,所以收款数目一定要准确。

(3)确认拜访目的。推销人员拜访客户时应明确每次的到访目的,不要一见到客户就急着谈生意,介绍产品。如果此次拜访客户的目的是收回货款,应该把收回货款放在各种要解决问题的首位,等到应收账款结清之后再考虑自己的业绩,再与客户谈新的合作事宜,避免被客户带入新的交易,形成不良欠款。

(4)确认合同完成情况。在请求客户缴款结算前,应进行合同执行情况的再次确认,以保证双方的法定权利、义务清晰,公司提供的服务没有造成客户不满,双方可以进入结款环节,并准备好结款所需的相关文件顺利收回货款。

3. 收款表现准备

(1)表情。在收款的过程中表情要严肃,到达客户处后直接表明来意,引起客户重视。既严肃又不失于热情,有利于货款的回收。

(2)礼节。中国是一个礼仪之邦,推销人员与客户接触的过程中礼节要尽可能得周到,即使在收款环节见到客户后也应该语气坚定而温和,坚持礼多人不怪的原则。

(3)表现。推销人员在收款的过程中要表现出不拿到货款誓不罢休的态度和气势。即使是朋友也要坚决做到理智摆中间,交情放两边。如果你收款时的表现很积极并一直坚持到底,客户为了避免麻烦,也不会再坚持。如果你的表现很软弱,客户自然就会欺软怕硬地使用各种手段来延期付款。所以是否能收回货款与收款过程中的表现有很大关系。

二、交易收款的方法

当推销人员做好了收款前的准备工作,就可以运用收款过程中的应对方法恰当地处理好收款过程中遇到的各种问题。

1. 先下手为强

在 21 世纪的今天,做事要讲求速度,速度是做事成败的关键因素。推销人员收款也要先下手为强,捷足先登。因为客户的资金总是有限的,一定要赶在竞争对手之前将货款收回。

2. 计算要迅速、熟练

收款是一个数字游戏,不同阶段应收账款的数目,推销人员要心中有数。对于应收账款的计算不仅要快而且要准确无误。只有这样才能赢得时间,赢得客户的信赖,顺利收回货款。

3. 准备零钱

有时应收账款的数目并不像几千、几万这样整,而是有零有整,比如应收账款是 3280 元,如果客户给支付了 3300 元,必须找还给客户 20 元。这就需要随时准备好零钱,不要让客户找到理由而延期付款。

4. 依照规定执行

收款时一定要依照公司的规定来执行,绝对不能私自给客户延长还款期限。有时客户会抱怨:"其他公司的还款期限都是 3 个月,为什么你们公司的就是两个月呢?"此时,应该告诉客户:"每家公司的规章制度都不同,不能相提并论,我们公司的还款期限只能是两个月,不能延长。"

5. 利用客户购买心理收回货款

(1)同情心。推销人员在回收账款的过程中应该学会善于诉苦,不断向客户讲述自己的难处、苦处。因为人皆有同情心,人皆有恻隐之心,通过向客户诉苦来获得客户的同情心,很利于货款的回收,能大大缩短收款时间。

(2)模仿心。有些客户总是在看到其他人付款之后才肯付款,总感觉自己在别人之前付款就会吃亏。抓住客户的这种模仿心理之后,在收款的过程中要学会不断向客户强调:现在只有您没有支付货款,其他客户都已经按时付款了。此时,客户意识到只有自己还没有付款,出于模仿心理,也会跟随支付货款的。

(3)公正心。销售产品之后收回货款是推销人员的责任,拿到商品后支付货款是客户理所当然要尽的义务,这个道理人人皆知。人都有一颗公正心,销售产品之后,售后服务很到位,客户没有什么可以挑剔,他就没有理由延期支付货款。

(4)自负心。有很多人大都认为自己很优秀,有一种自负的心理,遇到这种客户,推销人员的态度要卑微一些,要学会赞美对方。多讲一些"同行都夸赞您是最棒的、最好的,都要向您学习"之类的赞美对方的语言。客户的心情愉快了,才能顺利地回收货款。

(5)自利心。有些客户很自私自利,做生意时总是利字当头,只要对自己有利的事情,他就会去做。利用客户的这种自利心,推销人员应该向客户强调:公司对所有的客户都有一个信用的评定,如果您能按时支付货款,公司会对您的评价非常高,在未来的交易中,您会获得更多的优惠、更高的折扣、较长的回款期。客户听到竟然有这么多好处,自然会按时支付货款。

6. 软硬兼施

在收款的过程中如果遇到一些比较麻烦的客户,想要赖账,想要延期付款,应该如何应对

呢？此时应该软硬兼施，双管齐下。主要有以下几种应对方法：

（1）讨价还价。客户想要延期付款时，一定不要心软，利用自己所掌握的一些谈判方法和技巧跟客户讨价还价，不要随便给他让步，因为只要让一次，下次就会更麻烦，他会得寸进尺，继续要求延期付款。

（2）请律师出面。如果遇到某位客户想赖账，不想支付货款，此时最好请律师出面。因为人都有恐惧的心理，毕竟自己理亏，通过法院解决问题对自己很不利，所以请律师出面来帮助收回货款，是最有效的方法。

（3）邀请有威望人士从中调解。如果在收款的过程中遇到一些麻烦，可以通过邀请同行业中一些比较有威望的人士出面，帮助解决问题，有时他们的一句话胜过千言万语，问题会迎刃而解。所以邀请有威望人士从中调解也是一个很有效的办法。

7. 中断时效的处理

时效中断，是指在时效进行中，因法定事由的发生阻碍了时效的进行，致使以前经过的时效期间统归无效，从中断时起，其时效期间重新计算。以下三件事情，其中任何一件都可以中断时效。

（1）发函。在收款的过程中，应该经常发函给客户表明意图：催收货款。这个催收函就表明厂方一直在催收，只是对方一直没有支付货款，将来即便是通过法律手段解决，也有发函作为凭证。

（2）请债务人签《债务承认书》。债务人签定《债务承认书》之后，就表示他欠的这笔货款已不再存在时效的问题了。在《债务承认书》中会写明债务金额、还款方式、还款期限。通过签定《债务承认书》可以维持应收账款的法律效力。

（3）起诉。如果应收账款的时效超过了法院所规定的期限，客户就可以以时效已经超过期限为由，拒绝支付货款。所以应该在应收账款的时效内，直接向法院起诉客户，通过这种方式保障自己的权益不受侵害。

8. 受让债权

债的主体包括债权人与债务人双方，不论是债权人变更还是债务人变更都为债的转移。债权人一方变更，债务人一方不变的，债权转移，又称为受让债权。客户可以将自己的应收账款的债权转让给厂家，但是在受让债权的过程中应该注意以下几个方面：

（1）债权品质。受让债权时一定要注意债权品质的好坏，在接受债权之前，应该通过各种途径对对方的还款能力进行全面地准确考察，确定对方有能力支付所欠款项之后，再与客户签定关于受让债权的合同。

（2）抗辩事由。在接受债权之前，应该彻底考察对方有没有抗辩的事由，客户与他的客户之间是否还有一些其他问题、争端还没有解决，客户没有收回账款的原因是什么。

（3）转让限制。债权为财产权，一般具有可让与性，债权人可将其债权让与他人。但是并非所有的债权都具有可让与性，对于那些不具有可让与性的债权，债权人不得转让。所以一定要注意客户的债权是否可以转让，有什么限制。

（4）签定书面文件。口说无凭，接受债权时，一定要与客户签定相关的正式文件和书面协议，协议中要写明客户转让债权的时效、还款方式和金额等各项内容，通过书面协议，厂家的权益才能得到全面保障，有利于成功的回收账款。

（5）通知第三债务人。债权转让合同为转让人与受让人之间的意见表示一致的协议，因此,债务人不为债权让与合同的当事人。从法律行为的一般原理上说,债务人的意见不能影响债权让与合同的效力。但因债权转让合同所转让的债权与债务人有关,于转让生效后,债务人须向受让人履行债务,因此债权转让合同是涉及债务人的合同,是要通知第三债务人的。

9. 私下和解

如果诉讼费用超过应收账款的金额,或者起诉后收回账款的可能性有限,此时可以与客户私下和解。在和解的过程中应该注意如下几个方面的问题:

(1)先谈先赢。和解的过程中应该恰当地把握好时间,先谈先赢,尽量多地收回货款,如果对方确实没有能力完全支付货款,可以适当做出一些让步,比如只要求客户偿还应付账款的1/2,也许客户还清这一部分货款后,再也没有能力支付其他货款了,所以要捷足先登。

(2)让步不要太快。与客户谈判的过程中,不要让步太快。应该根据客户现有的还款能力做出让步,应该本着尽量多的收回账款的原则与客户进行谈判。

(3)形成书面文件。与客户私下和解时一定要签定书面文件。文件中要写明客户支付货款的金额和还款方式,通过书面文件,厂家的权益可以得到进一步保障,把损失控制在最小的范围之内。

(4)邀请律师出面。如果方便,与客户私下和解的过程可以请一位律师出面,做一个见证。如果以后客户抵赖,或者想违背当初的约定,还可以重新通过法律手段解决。

10. 诉诸法院

如果用尽了所有收款方式和手段之后,还是没能将货款收回,只有诉诸法院,运用法律手段来保护厂家的合法权益,诉诸法院时要做以下三件事情:

(1)备妥文件、证据。在法庭上,一切都讲求证据。所以在收款的过程中所发的催收函、与客户签定的《债务承认书》以及其他相关文件都可以作为证据,在诉诸法院之前,这些文件证据都要准备齐全。

(2)速战速决。做事要速战速决。如果准备运用法律手段来解决问题,就应该尽快向法院提请诉讼,在最短的时间内,把事情处理完,以免影响以后的工作。

(3)请律师处理。如果对相关的法律法规不是很了解,不懂整个诉讼的流程,最好请一位律师来帮助解决这个问题,相信专家可以给出一个满意的答复。这是最后的方法,也是迫不得已的方法。

三、交易收款的策略

要解决销货后客户不能及时回款造成的货、款无归的问题可以采取以下策略。

(1)对新客户或没有把握的老客户,无论是代销或赊销,交易的金额都不宜过大。宁可自己多跑几趟,多结几次账,多磨几次嘴皮,也不能图方便省事,把大批货物交给对方代销或赊销。须知欠款越多越难收回,这一点非常重要。很多推销人员都有这样的经验:有些新客户,一开口就要大量进货,并且不问质量,不问价格,不提任何附加条件,对卖方提出的所有要求都满口应承,这样的客户风险最大。

(2)货款无归的风险有时是由推销人员造成的。有些推销人员惟恐产品卖不出去(特别是在市场上处于弱势的产品),因此在对客户信用状况没有把握的情况下,就采用代销或赊销方式,结果给企业造成重大损失。为避免发生这种情况,一般企业与推销人员之间实行"买卖制",即企业按照100%的回款标准向推销人员收取货款,客户的货款由推销人员负责收取。这种办法把货款无归的风险责任落实到推销人员身上,推销人员在向有一定风险的客户供货

时就会三思而后行。一旦发生货款不能回收的情况，也会千方百计、竭尽全力去追讨，否则将直接损害其自身经济利益。这是最能调动推销人员责任心和工作积极性的办法，比上级主管人员的催促督导要有效、简单得多。

（3）为预防客户拖欠货款，在交易当时就要规定清楚交易条件，尤其是对收款日期要作没有任何弹性的规定。例如，有的代销合同或收据上写着"售完后付款"，只要客户还有一件货物没有卖完，他就可以名正言顺地不付货款；还有的合同或收据上写着"10月以后付款"，这样的规定也容易推诿。另外，交易条件不能由双方口头约定，必须使用书面形式（合同、契约、收据等），并加盖客户单位的合同专用章。有些客户在合同或收据上仅盖上经手人的私章，几个月或半年之后再去结账时，对方有可能说，这个人早就走了，他签的合同不能代表我们单位；有的甚至说我们单位根本没有这个人。如果加盖的是单位的合同专用章，无论经手人在与不在，对方都无法推脱或抵赖。

（4）交易达成之后，要经常观察客户的经营状况，及时察觉其异动。如果客户出现异常的变化，一般事先会有一些征兆出现，如：进货额突然减少，处理并不滞销的库存商品，拖延付款，客户单位的员工辞职者突然增多，老板插手毫不相干的事业或整天沉溺于声色之中。如果发现这些情况，要立刻结账，防止客户不知去向。

（5）对于支付货款不干脆的客户，如果只是在合同规定的收款日期前往，一般情况下收不到货款，必须在事前就催收。事前上门催收时要确认对方所欠金额，并告诉他下次收款日一定准时前来，请他事先准备好这些款项。这样做，一定比收款日当天来催讨要有效得多。如果客户太多，距离又远，可事先通过电话催收，确认对方所欠金额，并告知收款日前来的准确时间。或者把催款单邮寄给对方，请他签字确认后再寄回。

（6）到了合同规定的收款日，上门的时间一定要提早，这是收款的一个诀窍。否则客户有时还会反咬一口，说我等了你好久，你没来，我要去做其他更要紧的事，你就无话好说。登门催款时，不要看到客户处有客人就走开，一定要说明来意，专门在旁边等候，这本身就是一种很有效的催款方式。因为客户不希望他的客人看到债主登门，这样做会搞砸他别的生意，或者在亲朋好友面前没有面子。在这种情况下，只要所欠不多，一般会赶快还款。收款人员在旁边等候的时候，还可听听客户与其客人交谈的内容，并观察对方内部的情况，也可找机会从对方员工口中了解对方现状到底如何，说不定会有所收获。

（7）对于付款情况不佳的客户，一碰面不必跟他寒暄太久，应直截了当地告诉他此行的目的就是专程收款。如果收款人员吞吞吐吐、羞羞答答的，反而会使对方在精神上处于主动地位，在时间上做好如何对付思想准备。一般来说，欠款的客户也知道这是不应该的，他们一面感到欠债的内疚，一面又找出各种理由要求延期还款。一开始就认为延期还款是理所当然的，这种客户结清这笔货款后，最好不要再跟他来往。

（8）如果客户一见面就开始讨好你，或请你稍等一下，他马上去某处取钱还你（对方说去某处取钱，这个钱十有八九是取不回来的，并且对方还会有"最充分"的理由，满嘴的"对不住"），这时，一定要揭穿对方的"把戏"，根据当时的具体情况，采取实质性的措施，迫其还款。

（9）如果只收到一部分货款，与约定有出入时，你要马上提出纠正，而不要等待对方说明。另外，要注意在收款完毕后再谈新的生意。这样，生意谈起来也就比较顺利。

（10）如果你的运气好，在一个付款情况不好的客户处出乎意料地收到很多货款时，就要及早离开，以免他觉得心疼，并告诉他××产品现在正是进货的好机会，再过10天就要涨价若干元,请速做决定以免失去机会等,还要告诉他与自己联系的时间和方法,再度谢谢他之后,马上就走。

(11)如果经过多次催讨,对方还是拖拖拉拉不肯还款,一定要表现出相当的缠劲功夫,或者在侦知对方手头有现金或对方账户上刚好进一笔款项时,应即刻赶去,逮个正着。

"所有事都可以协商,还不还钱也是"。相对于刀兵相见的诉讼,我们更应采取协商的方式。"上兵伐谋,其次伐交,其次伐兵,其下攻城,攻城之法,为不得已。"商业催收便是不战而屈人之兵的上兵之策。当然,不战而屈人之兵,不战也是战,因为虽然没有硝烟,没有法庭上的唇枪舌剑,但隐藏在背后的,却是更加残酷、更加微妙、更加惊心动魄的心理之战。这时,争战双方比拼的是智慧和谋略。

任务提示:收款的几种方式

1. 支票结算

收支票注意问题:

(1)日期:不能收远期或过期支票。

(2)金额:大小写正确与否。

(3)不能涂改。

(4)收到支票=已收到钱(空头支票)。

(5)不能折,以便核对印鉴用。

(6)抬头是否正确。

(7)顶格:日期、金额、抬头。

(8)印鉴是否齐全,完整,清晰。

2. 汇款

(1)当天汇款单位可以撤消。

(2)银行盖章不等于已经汇出。

①方章:只表示银行收到单据但还没处理。

②三角章:已经处理。

(3)填错汇款资料:有意或无意。

(4)上下联分开填。

3. 承兑汇票结算

(1)银行承兑汇票(银行保兑)。

(2)商业承兑汇票。

4. 银行本票(先在银行存入保证金)

银行本票是银行签发的,承诺自己在见票时无条件支付确定的金额给收款人或者持票人的票据。

(1)银行本票可以用于转账,填明"现金"字样的银行本票,也可以用于支取现金,现金银行本票的申请人和收款人均为个人。

(2)银行本票可以背书转让,填明"现金"字样的银行本票不能背书转让。

（3）银行本票的提示付款期限自出票日起2个月。

（4）在银行开立存款账户的持票人向开户银行提示付款时,应在银行本票背面"持票人向银行提示付款签章"处签章,签章须与预留银行签章相同。未在银行开立存款账户的个人持票人,持注明"现金"字样的银行本票向出票银行支取现金时,应在银行本票背面签章,记载本人身份证件名称、号码及发证机关。

（5）银行本票丧失,失票人可以凭人民法院出具的享有票据权利的证明,向出票银行请求付款或退款。

小资料

在这里为大家简单介绍一下会计当中的应收账款的相关内容,以便让大家对这一部分更好的理解。

应收账款(receivables)指该账户核算企业因销售商品、材料、提供劳务等,应向购货单位收取的款项,以及代垫运杂费和承兑到期而未能收到款的商业承兑汇票。应收账款是伴随企业的销售行为的发生而形成的一项债权。因此,应收账款的确认与收入的确认密切相关。通常在确认收入的同时,确认应收账款。该账户按不同的购货或接受劳务的单位设置明细账户进行明细核算。

项目十 售后服务与客户维护技巧

学习指南

【任务目标】

◎态度目标

1. 养成客户至上的思维习惯。

2. 养成主动联系客户的职业习惯。

3. 主动锻炼自己的售后服务技巧与客户维护技巧。

4. 培养自己热情服务、诚实守信的职业态度和与众不同的职业气质。

◎技能目标

1. 深刻了解售后服务的含义并掌握其技巧。

2. 能够成功应对各种客户并掌握其维护技巧。

◎专业知识目标

1. 学会各种售后服务方法并能熟练应用。

2. 掌握客户管理流程，学会科学管理客户的信息。

【任务完成步骤】

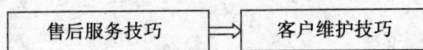

售后服务技巧 ⟹ 客户维护技巧

任务一 售后服务技巧

任务说明

售后服务的主要目的在于维护企业的信誉，因此，在销售优良的商品时，推销人员应特别强调并运用"售后服务"来争取客户。如今，已有越来越多的客户坚信商品的售后服务就是商品信誉的代名词。在与客户签订合同之后，还不能说已经完成了整个销售过程。跟踪销售服务和定期回访客户更能够与客户之间建立良好的合作关系。如果能够及时解决客户在享受服务过程中遇到的问题，更好地满足客户的需要，争取客户最大的认同，那么更能加深推销人员

与客户之间的感情。俗话说：距离越远，人心的疏离感越重。这是推销人员在从事售后服务时一定要牢记在心的一句至理名言。其实，时空距离可以改变许许多多的事情，包括客户另觅卖主。所以，身为推销人员，即使有再多的理由和借口，也不应该长期忽略客户，不要忘了对老客户进行售后服务。长期的疏忽势必造成服务的中断，间接终止了与客户的频繁接触，致使双方的感情日益疏远。一旦形成这种情势，客户便会认为推销人员缺乏诚意而产生抱怨，使得通过多次拜访商谈而好不容易建立起的感情随之褪色而被客户遗忘，甚至造成彼此的敌意。

通常，售后服务具有连接下一次售前服务的作用，所以，必须在感谢并服务客户的先决条件下，配合推销人员本身积极负责的态度，才能圆满达成预期的销售目标。有人说，只要能够满足客户的需要，就是最有效率的推销人员。那么，既然身为推销人员，就应注意自己的行动，就必须经常和自己开发的客户保持联系。一个成功的推销人员要能保持住自己的客户，要时时刻刻记住保持住一个老客户要比寻找两个新客户要好得多。至于客户维护和进行客户管理，不仅仅是对客户资料的收集，还要对客户进行多方面的分析。对新老客户都应建立管理卡，对他们的资料进行妥善保管，既可作为公司的综合资料，同时也为推销人员外出推销提供参考。掌握售后服务及客户维护技巧，熟练应对各种状况，是一个合格的推销人员必须做到的，也是成为一名优秀推销人员的前提。

任务指导

一、推销要与售后服务相结合

销售前的奉承不如销售后的周到服务，这是发展永久性客户的秘诀。无论多么好的商品，如果服务不完善，客户便无法得到真正的满足，甚至于在服务方面有缺陷时，还会引起客户的不满，进而失去商品自身和企业的信誉。没有一样商品是十全十美的，商品制造得越好，所需要的售后服务工作越少，但是，如果需要服务的话，那么这种服务一定要是最好的。有时候，能够正确对待客户的抱怨，也是一种客户服务。只要能够正确把握时机，那么每当抱怨发生的时候，推销人员就可以进行疏导，这对推销人员也是有益的。不满事件的发生，并不都是客户的错误。在推销工作中有一句老话：客户永远是对的。如果客户的抱怨是正确的，那么推销人员就不应继续强词夺理，而应该改正错误，更换一些的确能对客户有所裨益的产品。

抱怨有时也经常能转变成为一种促进友谊的方法。抱怨一旦产生，推销人员应立即设法补救，要与工厂保持密切的联系，要让客户知道一切进展的情形。产品寄出时，要尽快以电话或书信的形式通知客户。客户喜欢这种关切的态度，他们不会忘记任何一个给他们热心帮助的推销人员。

假若你不能令你的客户满意，那么一定会有其他人可以令他满意。在将产品或服务卖出去之后，最好能仍与客户保持联系，以确定他是否满意。因为，如果客户对产品有疑问，而你又不能解决或解决方法有误，那么，客户必定会另寻他途，并且，从此以后不再向你购买任何东西。推销人员不应只注重眼前利益，完成交易后再给客户打个电话，看看是否每件事情都正常，并回答客户的疑问，以确定客户是否需要其他帮助。

二、客户对产品的使用状况追踪及方法

企业销售的目的，不仅在于卖出商品，还包括客户在使用后获得的满足感。推销人员为了

加强与客户的联系,获得客户综合性的信赖,其进行的活动又可称为"确信客户"活动。客户对于推销人员,除了要求能够给他确保商品性能的销售服务外,当然更希望和推销人员之间保持长久亲密的联系。为了使客户的期望得到满足,推销人员应该把"确保客户活动"当做更高层次的销售目标来推行,并且要适时提供客户所要求的一切。亲切而勤快的售后服务会让推销人员很自然地与客户建立起融洽而持久的信任关系,而且,可促使客户继续购买或带来源源不断的新客户。由此可见,"服务"本身就是一件最强有力的推销武器。

售后服务追踪的方法有很多,下面列举几个比较有效的方法:

1. 电话拜访

保持日常联络,这样不仅能满足客户的自尊心,更可以进一步维系客户和推销人员之间密切的人际关系。电话拜访可以作为消除客户抱怨的桥梁。如果推销人员能在做电话访问时,事先了解客户抱怨的原因,将会减少许多麻烦;若能顺利且圆满地解答客户的疑问,就可以迅速取得客户的信赖,这对发展彼此之间的人际关系影响甚大。成功的推销人员绝不会疏忽对客户的售后追踪,纵使不能立即得到销售机会,在不久的将来也会有优秀的业绩出现。相反,如果售后追踪做得不够勤快,将会丧失许多潜在的销售机会。

2. 书信拜访

代替访问的方法,莫过于利用邮寄广告(DM)、推荐信函或者电报以保持联系,这些都是透露产品服务信息最常用的工具。尤其是在生日时,任何客户接到祝贺电文都会觉得非常高兴。

3. 亲自拜访

如果花了过多的时间进行售后追踪,可能会耽误其他推销计划。但是,这种追踪仍然是必要的。从不辞辛劳的访问中,推销人员可以熟悉客户的使用情形,并借以掌握对客户服务的情况。并且,推销人员需要从客户的使用情况中掌握所应提供服务的范围,为客户提供正确的维护资料及服务资讯。此外,还可进行有关商品的附带推销。

三、索赔问题及其处理

销售任何商品,均可能发生索赔问题。成功的推销人员除了需要做好完善的售后服务外,更必须拟定开发客户与处理索赔问题的对策。不过,大部分索赔问题都可借推销人员的销售方法防患于未然。所以,推销人员需要事前预测可能发生的问题,准备完全的对策。其实,最有效的处理索赔的方法就是防止抱怨情形的发生。为了达到这个目标,在企业销售商品的过程中,应该及早发现容易产生的问题,进行事前预防工作。也就是说,必须要以诚恳的态度不断地向客户说明商品、契约条件、交货问题、使用注意事项,以及万一发生问题时的处理方式等。当然,只要买方与卖方之间能建立起一个充分信赖的关系,很少会产生索赔情形。但是,一旦发生了索赔问题,无论问题大小都要谨慎处理。事实上,除了推销人员需谨慎处理以外,公司里的其他人面对索赔问题时也必须小心应付。因为客户索赔的真正目标是公司,推销人员只不过是中间的桥梁。因此,当买方提出索赔问题后,卖方所有的人员均应共同负责,诚心诚意并且迅速处理。索赔问题若一开始就处理不当,往往会导致不良后果;反之,则可与客户继续维持健康且持久的信任关系。因此,推销人员应积极处理索赔问题,以便增加日后销售的机会。

1. 索赔的原因

索赔发生的原因有很多,归纳之后主要有以下4类:

(1)由卖方造成。这类原因多半是由于推销人员本身说明不足所致。常见的情形主要有以下几种：

①卖方以本身惯用的专业术语来说明商品及交易条件等，买方则自以为已经很了解而并未多加追问。

②推销人员只是一味地向客户进行说明，而忽略了设身处地去为对方着想，客户到底需要什么？

③推销人员误以为目录或说明书上均已详细记载，对方必然已经十分了解。而事实上，将心比心，站在对方的立场想，面对着完全陌生的商品说明书，即使翻阅两三次，所能明了的仍然极为有限。所以，推销人员在说明时，务必站在使用者的立场，详细讲解清楚。

除此之外，还有出货、运输等有关处理货物业务所引起的问题均是卖方内部的问题，即使稍稍棘手，也应尽速为买方处理。

其实，发生这种索赔事件，必然也会给客户带来一些困扰或损失。所以，在处理这类问题时，要特别注意方法，注意措辞，以免伤了和气。尤其应该迅速赶往客户那边细听详情。而且不要回避问题，不要刻意隐瞒事实，应对客户提出的问题表示诚挚的谢意。

(2)由买方造成。此类问题多半由于客户的误解造成，而且发生的机会非常频繁。其中，有些误会甚至是卖方难以想象的。可是，话说回来，这种误解之所以会产生，通常是因为卖方说明不够充分所致。再说，任何一位客户都希望能够维护自己的利益，即使是追根究底，还是卖方的问题。

(3)不可抗拒原因。不可抗拒原因是由于罢工、战争或天灾等人力所无法抗拒的原因造成的，这些原因事前无法预测和掌握，因此，一旦发生，应积极地与客户保持联系，设法做好应对措施，避免损失扩大。

(4)借故索赔。借故索赔是指为了达到降价的目的，不惜以各种借口来索赔的恶劣行径。发生借故索赔有可能是卖方的差错，致使交货延期而丧失了买卖机会；但是，大部分是由于市场行情滑落，买方无法获取当初预期的利益，以此为借口向卖方索赔。这样的买方通常缺乏商业道德，推销人员事前应谨慎选择。在应对这类索赔问题时，必须备齐有关事实的证据资料，并向对方表示道歉，自始至终以真诚的态度来应对。

2. 索赔问题的处理

当客户提出索赔问题时，最初的应对最重要，这是因为最初的表现将会影响整个解决过程。客户索赔多半是感情用事，所以推销人员需专心倾听并表示歉意，要特别注意自己的态度，诚心诚意地体会客户的心情，这是处理索赔问题的先决条件。

为了应对客户提出的索赔问题，事前就需要做出索赔手册。手册上应该清楚地记载如何与卖方联络、与什么人联络，以及联络内容等。客户的索赔信息多半是从电话中接到的，而电话未必是由所负责的推销人员接听的，所以无论公司内的何人接到电话，均应小心作答，不能出差错。为了圆满地完成任务，应制作索赔手册，以便妥善处理电话索赔。另外，手册中需注明买方可能提出的质问，以及卖方应有的回答内容等，一旦发生索赔，便可通过电话当场处理索赔问题，不致延误大事。

索赔问题的处理可以分为以下 5 个阶段：

(1)收集情报，倾听怨言。无论客户抱怨的理由是否得当或是否合乎逻辑，推销人员都必须先洗耳恭听，并择要记录。

（2）掌握问题，分析原因。详细掌握索赔发生的原因，以及有无疏忽等问题重点。

（3）拟定对策，找出解决方法。从与客户的言谈中一般很容易找出解决的对策，可是，这些解决的对策必须符合公司的处理方针。若超过自己的权限，就必须请求公司的负责部门进行配合。

（4）传达解决方法，解决问题。能巧妙地传达解决方法，以便使客户满意，并且应立即付诸行动。如果处理过迟，也许又会有新的抱怨产生。

（5）检讨结果，确认解决方法。当一次索赔事件过去之后，推销人员应将客户的抱怨及处理结果详细加以研讨，吸取教训，以便于在下次销售过程中可以特别注意。

任务提示：售后服务时应该注意什么？

（1）推销人员一定要首先在心里明确售后服务的重要性。

（2）售后服务要求推销人员有主动性，热情、态度良好并且有耐心。

（3）尽量在打完电话后明确以下几点：客户的需求、态度，以及是否有拜访机会。

（4）索赔问题一旦发生，不论是否是自身原因，都要先承认错误。

小案例

海尔售后服务案例

第五届物流技术与管理发展高级研讨会吸引了全国物流界的精英齐聚成都。会上，家电双雄伊莱克斯和海尔的物流负责人分别就各自的物流系统做了精彩的演讲，并称公司发展在很大程度上缘于其先进的物流体系。伊莱克斯的外包物流体系和海尔的自建物流体系是完全不同的两种模式，这两个同行，到底谁的物流体系更能把握住市场命脉呢？

为了加强对专卖店的监督和管理，海尔集团每年会对专卖店进行一次动态调整，不符合要求的专卖店将被取消专卖店资格，这实际上是海尔集团对专卖店这一销售渠道的定期评价和调整。对海尔集团销售渠道的评价市场实践表明，店中店和专卖店的形式为海尔产品的成功销售及品牌的创立提供了极有利的支持。海尔在美国将采用一些新的广告媒体，包括广告牌、汽车站和电视等，将海尔最新的DVD同麦克尔·乔丹的影片宣传联系在一起的电视广告已经在电视上播放。走在洛杉矶、纽约和华盛顿的大街上，均可以看到巨大的广告。2008年，海尔实施全球化品牌战略进入第3年。随着全球化和信息化的突飞猛进，海尔开始了信息化流程再造。海尔通过从目标到目标、从用户到用户的方式，使海尔集团在新产品的研发上领先于其他企业，这也是其成功的地方。并且他们借助信息化采取了差异化竞争战略，更加抢得了商机。ERP(enterprise resource planning，企业资源规划)是当前国际上通用的管理信息系统，它顺应企业面临全球化市场竞争的管理需求，在供应链流程中进行信息集成处理。与三洋公司的合作，有利于海尔的产品进入日本市场，提高海尔的世界品牌知名度，三洋为海尔产品提供全方位的售后服务，有利于日本消费者放心地购买海尔产品。在合作的两年多时间里，海尔产品在日本市场的占有率成倍增长。另一方面，三洋也积极反思其在华投资经营战略，想通过与海尔的合作，成为其最大的供应商。借助海尔的销售渠道与售后服务网点，西安海尔空调厂

家售后维修中心提供了严格的管理制度、一流的服务质量、专业的维修技师、先进的检测设备和良好的至诚信誉。10年磨砺造就了一批批技术过硬、经验丰富的优秀技师,他们至诚的微笑和优质的服务温暖着南京的千家万户。全部员工均经过专业培训,经验丰富,挑选最优秀的技术人员,在最短的时间内能编写出初中文化程度就能看懂的产品说明书,投放市场后,客户投诉马上消失了。海尔家电的客户都有这样的经历:在享受到海尔的上门安装服务和上门维修服务后总会收到一个电话,询问工作人员的服务态度、服务质量等情况。这就是海尔的"服务追踪体系"。维修中心可以提供专业的、全方位的海尔热水器维修服务,中心拥有严格的管理制度、一流的服务质量、专业的维修技师和先进的检测设备。

(案例来源:作者根据相关资料整理)

任务练习

练习项目:售后服务与客户抱怨

李刚是甲公司的推销人员。甲公司一直严格奉行总部制定的三不政策(不直销、不赊账、重点城市不设总代理),所以在宁波市有直接供货的两家代理商,其老板分别为叶老板和林老板,其中,林老板的经营规模比叶老板小一些,因此,他当然也无法享受比叶老板更优惠的价格和折扣点,这本是商业秘密,李刚当然不会向叶老板公开。但叶老板多方打听并由此也成为一块心病,怀疑李刚给了林老板更优惠的政策。所以,叶老板开始监视林老板的一举一动,向李刚投诉对方搞低价促销抢他的客户几乎是家常便饭,每过一段时间就要发作一次。但叶老板大多拿不出证据,李刚的调查也表明90%是无中生有。虽然做了不少协调工作,如规定市场最低限价等,但收效均不大。周五这天,李刚的手机照样响起叶老板的投诉电话,最终叶老板提出由其作为宁波市独家代理,林老板的货他可以平价调拨,不赚对方一分钱。李刚当然不能答应,但也搞得他不胜其烦。这不,今天叶老板又来投诉林老板低价抢他的客户了。但叶老板这一天十几个电话把李刚真的要搞崩溃了,有时想想,干脆将整个宁波的销售目标与叶老板签个总代理协议,自己也落个清闲少操心,但却违反了公司重点城市不设总代理的政策。不得已,李刚拨通了他的上司中国区销售总监陆明的电话寻求帮助,虽然他极不愿意这么做。因为这除了显示他的无能之外,也有将难题上交之嫌。

陆明是甲公司的中国区销售总监,接到李刚的电话后陷入了沉思。这样的状况不单单是李刚会碰到,其实还是很有些普遍性的。我们的推销人员也包括像李刚这样的地区销售经理,有很好的教育背景,熟悉产品,也接受了完善的销售培训,但恰恰在基本的商业意识上与我们的代理商相差悬殊,不是他们的对手,虽然他们可能出身农民甚至连小学也没有毕业。

(案例来源:作者根据相关资料整理)

问题:客户为什么会抱怨?

参考答案与分析提示:

答案1:厂家的服务无法满足客户的要求,送货不及时、货物短缺或产品的质量问题等,都将引起客户的不满或抱怨。

答案2:有些商家对厂家推销人员的抱怨已形成了一个习惯,这些客户可能由于生意不顺利或者碰到其他个人原因等,没有明显的动机,也许抱怨只是一种发泄的途径。

答案 3：商家喜欢把 A 产品的服务与 B 产品相比，然后把你说得一无是处，其实明天他碰到 B 产品的推销人员，同样也会把 B 产品贬得一文不值；甚至有些居心叵测的商家还会抓住厂家一些鸡毛蒜皮的小事，或者干脆是无中生有制造事端，最终给厂家的推销人员造成心理压力，其抱怨只是手段，目的也只有一个，那就是增加谈判的筹码，从厂家获取更多的优惠条件，如价格、付款条件，或要达到某种特殊的目的等。

分析和认清客户抱怨背后的真正动机和他的潜台词，对于推销人员来说非常重要。如果是属于第 1 类情况，则应虚心接受，及时向公司反馈，限期给予客户一个交代。如果属于第 2 类情况，推销人员则无须过多解释，只需做一个倾听者，因为这个人其实是在找一种发泄的方式，碰巧遇到你了而已。但当遇到第 3 类情况时，应该大声对客户说不，这才是一个真正的优秀推销人员所为。部分推销人员对大客户的态度过分谦卑，对他们的一些无理要求和指责只会点头称是，从不提出反驳意见；或者像李刚那样采取躲避的办法。一个没有勇气大声反驳客户无端指责的推销人员，肯定会在生意中处于下风，从而向客户做出种种不合理的让步，最终损害公司的利益。

从李刚反映的情况来看，叶老板的抱怨大致应属于第 3 类情况，但毕竟是大客户，为慎重起见还是需要进一步调查再下结论。陆明想到这里，决定牺牲周末的休息时间到宁波跑一趟，与李刚一起拜访叶老板，这不单单是去解决问题，其实也是对下属最好的培训机会。

注意：作为一名推销人员，如果无法克服客户的抵抗及反对，那么你在销售的过程中将会被击溃。然而，在商场上，商谈是利用抵抗的过程前进的。处理拒绝的重点有以下两个：

1. 了解处理拒绝的原则

（1）以诚实来对待：如果不是真心诚意的话语，就没有力量，就无法说服反对的客户。对于反对处理而言，诚实乃是最重要的条件。

（2）言辞上要有权威感：对商品要有充分的认识，并确信其为优秀质量，因此，在言辞上自然便具有权威性，说服力也会表现出来。

（3）不做议论：不要对客户的反对意见完全否定或做议论，不管是否在议论上取胜，也会伤害客户的自尊，如此再要成功地进行商洽是不可能的。

（4）先预测反对：在商谈时，语无伦次的回答方式是非常糟糕的，应在事前先做反对的预测，研究处理的方法或应对措辞。

（5）经常做新鲜的对应：客户之所以会反对，一定有其原因，特别是在技术革新脚步急剧加快的今日，陈旧的说明是无法应对的。收集最新的消息或数据，以提供对客户有利的信息。

2. 拒绝的应对技巧

推销员就是能得心应手地处理客户拒绝的专家。

（1）直接法。将计就计地利用拒绝，例如对于"没有预算买不起"的拒绝，可以用"所以才要您买这部机器，以节省贵公司的生产成本"的方法，若再加上其他公司的成功案例则更有效果。不要逃避拒绝，推销是由被拒绝开始的。

（2）逆转法。仔细听对方说明情况，然后逆转地说："虽说如此，但是却有很多的使用者哦！"仔细考虑其反对的真意，将反对当做质疑，认真应答。

（3）迂回法。暂时不管其拒绝，而讨论别的话题，以此应对其拒绝的方法。

（4）追问法。对客户的反对，反问"何故呢？""为什么？"以客户叙说的理由为中心说服之，只是不可以变成逼问的语调。平时便要考虑对应的策略，对每个反对理由做准备，别仅限于当

时的回答。

任务二　客户维护技巧

任务说明

　　客户维护的对象当然就是你自己的客户,个体的客户与组织的客户都统称为客户。

　　客户关系的维护包括销售前、销售中和销售后。推销人员在销售前要努力搜集客户的资料,了解客户的需求、想法及爱好等,对重要客户要留心观察,专门准备一个本子,随时记录客户的个人资料,并且要尽可能地详细。当资料积累到一定程度之后,要及时把它发展为一个记录系统。推销人员从中可以分析出客户的需求和爱好,以及客户愿意与之共享的其他资讯。在客户购买产品的时候,要对客户进行有意识的仔细观察,客户走后,要对这些信息进行分析,找出客户的爱好等有规律的情况。挑选比较热情的客户,把精力和时间用在刀刃上,这的确是提高工作效能的根本途径。主动了解他们的有关情况,询问他们有什么需求,要表现出自己对客户的热情与关怀。设计一些有关客户个人资料的卡片,在客户愿意的前提下,让客户自己填写。

　　在销售时,面对客户要积极主动介绍公司的产品,增强与客户接触的成效,加强与客户的互动,耐心听取客户的意见。若客户打电话询问情况,推销人员一定要认真向客户提供产品或服务的信息,努力使语气听起来更加友好,能起到锦上添花的作用。处理速度要迅速,缩短客户排队等候的时间。尽量尝试减少不必要的步骤,缩短处理周期,提高客户的响应速度。

　　当产品销售出去之后,接下来要做的便是售后服务。对客户进行定期回访,征求客户的意见,询问他们是否有需要帮助的地方。每天在该做的事情做完后,一定要对相关客户的情况进行梳理:给已经成交的客户写封感谢信,预约明天的关键客户,以及询问有兴趣的客户是否需要产品资料等。

　　无论通过哪种途径对客户进行维护,那些一直以来和自己进行交易的客户,以及那些有着重大需求、已经对产品表示出一定兴趣的客户,最终都会在推销人员心中留下很深的印象。此时,推销人员自然应该更关注这些客户目前的需求动态,而不应该面面俱到地把精力分散到那些可能无法为自己创造效益的客户身上。推销人员应该把精力集中在那些在客户信息数据库中排名更前的客户身上,就是"二八法则"中经常提到的能够创造80%效益的20%客户。根据客户管理专家提出的"金字塔"模式及推销人员个人建立的客户信息资料,人们不难发现,虽然有些客户在一段时期之内没有与自己产生交易,但是他们却有着很强烈的产品或服务需求。这些客户其实就是潜在的大客户,他们特别值得引起推销人员的注意。如果推销人员仅仅注意客户排名而不客户户最近的需求信息,那就很容易错过一些创造巨大销售业绩的好机会。虽然这些客户有着强烈的需求,而你又有能力满足他们的这些需求,但是由于之前没有彼此感到满意的交易,所以需要推销人员付出相应的努力去赢得这些客户的青睐,与之建立良好的沟通关系。

　　专家提醒如下:

　　(1)从公司数据库、上司、同事,以及你所有的关系网中调出客户的相关信息,然后对这些信息进行认真分析。

　　(2)寻找各种理由经常与那些排名更前的客户保持友好联系。

（3）不放过需求量较大的潜在大客户，利用耐心培育的方式使他们变成你的重要客户。

（4）现有的客户不仅为你创造了大量交易额，而且还可以为你今后的推销活动充当最有说服力的广告。

任务指导

一、客户维护的对象及内容

（1）客户有很多种，按照不同的方法可以有不同的分类，常用的主要有以下几种：

①按照客户的性质可以分为政府机构、特殊公司、普通公司、客户个人和商业伙伴等。

②按时间顺序可以分为老客户、新客户和未来客户。

③按交易的过程可以分为曾经有过交易业务的客户、正在进行交易的客户和即将进行交易的客户。

④按照交易数量和市场地位可以分为主力客户、一般客户和零散客户。

按照不同的方式划分出的不同类型的客户，因其需求的特点、需求的方式和需求量等的不同，所以对其管理也要采取不同的方法。

（2）客户管理的内容就像客户本身一样复杂，但也应该尽量完整。至于客户资料的搜集方法，可以说也有很多，对于有心的推销员来说，他可以从方方面面搜集客户的信息，而且方法也是多种多样的。推销人员对客户信息的搜集不必拘泥于具体的条件，只要不违反法律、法规和社会道德规范，任何时间、任何地点，用任何方法都可以。归纳起来主要有以下几项：基础资料、客户特征、业务状况、业务状况和交易现状等。

在搜集相关客户信息之后，推销人员就要根据具体的推销目标对这些信息进行科学整理。整理客户信息时，推销人员不妨借助现代企业常用的客户漏斗管理模型来对客户信息进行有效管理。利用客户漏斗管理模型，推销人员可以不断地挖掘客户、分析客户和筛选客户，并最终将企业最优资源匹配到最能为企业带来利润的客户身上。搜集的客户信息内容必须是为具体的销售目标服务的，同时也应该力求严谨、准确和深入。可以利用更广阔的途径来搜集客户信息，搜集方法也可不必拘泥于形式。整理客户信息，弄清楚哪些客户的购买意向和购买能力较强。这些搜集到的信息就是你赢得客户的商业机密，除了工作的需要之外，不要轻易向任何人泄露这些机密。弄清楚客户的具体含义及内容，就更便于掌握客户维护技巧了。

二、客户维护的原则

在客户维护过程中，需要注意以下几个原则：

第一，动态管理。由于受到各种因素的影响，客户关系会经常发生改变。为此，推销人员不能一成不变地固守原有的客户管理方式不变。推销人员必须随时对客户的信息进行搜集和整理，一旦发现客户关系发生了变化，就应立刻采取相应的方法进行处理。比如，经常根据准确信息对客户类别进行重新划分；随时关注新信息，争取在第一时间寻找到潜在大客户；当发现原有的关键客户丧失需求或者转向其他竞争对手时，要迅速做出反应。所以当客户资料卡整理出来之后，如果置之不顾，那便会失去它的意义，因此，客户资料也要不断地加以补充和修改，使客户维护保持动态性。

第二，突出重点。有关不同类型的客户资料有很多，因此，要通过这些资料寻找重点客户。

并且,重点客户不仅包括现有客户,也包括未来客户。这样就会为企业选择新客户和开拓新市场提供了资料,为企业的进一步发展创造了机遇。随着企业产品同质化日趋严重,企业之间的竞争更趋向于客户服务。在对客户进行管理时,企业也不妨尝试厚此薄彼,为关键客户提供更精细、更全面的服务。除了配合企业为关键客户提供更多服务项目外,推销人员也要有意识地为关键客户争取更周到的服务,比如发放公司宣传品、举办大客户联谊会,以及创造更舒适的消费环境等。

第三,灵活运用。推销人员要根据自己掌握的信息,根据已有资料搜索到一定的范围和数量,推销人员还需要借助各种途径对这些目标客户进行有效筛选,明确哪些客户可能成为关键客户,哪些客户可能成为普通客户。进而展开对潜在关键客户的逐步沟通,直至把潜在客户纳入自己的关键客户之内,之后需要做的就是使这些客户与自己保持长期合作关系。客户资料的收集管理,其目的是为了在销售过程中加以运用。因此,建立好的客户资料不能被束之高阁,一定要加以灵活运用,及时全面地提供给推销人员及其他有关人员,从而使他们能进行更详细的分析,使死资料变成活资料,提高效率。

第四,专人负责。由于许多客户的资料是不宜流出企业的,只能供内部使用,所以客户资料应交给专门人员负责管理。虽然搜集信息的途径四通八达,搜集信息的方法也是无所不能,可是如果只注重资料的搜集和整理,却不注意信息的保密,常常会令竞争对手捷足先登。这时,不但你此前所进行的大量工作都将无效,而且还很可能因此失去一些重要的客户。在这个信息化的时代,企业甚至同事之间的竞争在很大程度上可以说是一种信息处理技能的竞争,谁掌握的信息更充分、更准确、更及时,谁就有可能在竞争中居于有利地位。因此,在这种形势下,企业或者同行、同事之间的竞争便常常演化为信息的竞争,很多企业或个人都在窥视着竞争对手们掌握的信息,所以一定做好信息保密工作。

三、客户关系维护与电子商务的结合

1. 利用数据库对电子商务进行支持

客户关系的管理与维护离不开计算机,而数据库是管理的主要工具。运行在电子商务环境中的数据是根据分析人员的需要而制定的,一旦建立了数据库,电子商务人员的工作效率将会得到很大的提高。利用数据库,电子商务人员就不再是只处于被动地位,而是完全可以充分利用数据库对电子商务进行支持。企业的数据库里存储了大量经过处理的数据,包括汇总数据,推销人员只需直接进入数据库便可以马上找到这些资料。数据库里有大量的源数据,这些数据是可以直接拿来用的。客户的需要随时都在发生变化,推销人员可以根据客户过去的变化情况,总结出某一些客户需求变化的特点,以便于满足他们的需求变化。

数据库给推销人员提供了极大的便利。当了解汇总数据和细节数据之后,决策人员就要对这些数据进行分析,并且要从不同的侧面来分析,以便于进行决策。从一个汇总数据出发,将该汇总数据逐次分解成一组更细致的汇总数据。一般情况下,管理决策人员会选择一条从汇总数据到细节数据的路径,然后逐次进入到下一层进行观察并确定存在的问题。当发现异常情况之后,决策人员需根据数据的路径到出现问题的地方去查看该数据,并找出更容易解释的数据。找出问题数据和更容易解释的数据后,电子商务系统就完全以图形的形式支持向下探查处理。在分析汇总数据和细节数据的时候,要将所有的细节数据保存起来,一旦发生错误后,还可以重新进行分析。

2. 利用因特网同客户进行远距离沟通

企业的推销人员可以选择发送电子邮件的方式与客户进行联系,客户与呼叫中心进行联系也可以选择人工服务或自动服务。如果客户没有多媒体计算机,也可以与客户服务代表通过因特网进行文字交流。在因特网上,文字交流是代替语言交流的一种方式,如果客户只想与坐席代表进行适时的文字交流,也可以进入企业网站专门为客户准备的沟通室进行交流。如果客户对企业有什么要求,也可以通过企业网站,要求呼叫中心的客户服务代表立即或者在约定的时间主动拨打电话进行回复。客户可以在呼叫中心网页的相应位置输入其联系电话号码,以确定希望客户服务代表回复的时间。到指定时间,呼叫中心将主动拨打客户指定的电话号码,解答客户的问题。如果用户端配有相应的软件,能够完成从用户模拟语音到数字 IP 的转换,则客户可以选择使用 VoIP 功能,通过其计算机拨打因特网电话,连接呼叫中心。客户的因特网电话呼叫经过呼叫中心的智能路由选择后,将被转接到合适的客服代表处。客户为寻找需要的信息而对呼叫中心网页进行浏览时,可以选择网页同步方式。网页同步功能适用于不同的适时交流方式,可以大大提高客户服务的效率和质量,是对前面几种联系方式的补充。通过以上电子邮件方式、文字交流方式、客户服务代表回复方式、因特网电话方式和网页同步方式,客户可以和企业实现快捷的沟通,从而实现企业对客户的个性化服务。

3. 利用 Web 向客户提供自助式服务

Web 信息服务是给客户提供个性化服务的有效手段之一。Web 可以让客户足不出户,便能知晓企业的所有产品和服务信息。只要客户在线,就可以随时浏览需要的信息,如果需要的话,企业的搜索引擎还可以帮助客户寻找符合其需要的信息或者服务。Web 的最大好处是,客户可以在网站上按照自己的意愿组装产品,如果觉得合适,只要单击相应的服务链接,Web 马上提供订购和付款等自助服务。在无须任何推销人员的情况下,使客户真正拥有一站购齐的环境。客户可以在网上自己下载订单,下载完订单以后,客户等候企业的服务,随时能够查阅到订单的进展情况,无须再专门打电话去咨询有关的服务人员。例如付款方式、发货时间等情况,客户也可以自己去查询。有关服务的情况,只要客户在线就可以让客户自行选择互动媒体自行解决。客户的个性化需求通过 Web 能够得到很好的满足。在 Web 上的服务是自助式的,所以客户有能力在网站上创造个性化的产品。客户可以随意组合设计自己个性化的产品,之后商家便立即开始定做,以满足客户的个性化需求。

以客户为中心,最大限度地方便客户,这是 Web 自助式服务取得成功的关键。

任务提示:客户维护时应该注意什么?

(1)对客户进行分析,把握关键客户,注意潜在大客户的培育,与关键客户保持经常沟通。

(2)搜集客户相关信息,力求准确,学会辨别虚假信息。搜集的客户信息内容必须为具体的销售目标服务,要学会对重要客户的信息进行科学整理。

(3)利用有效客户信息揣摩客户的购买心理。不同客户的购买心理是不同的,了解客户的购买心理将有助于推销人员在沟通过程中投客户所好,把握成交机会。

(4)你搜集到的信息就是你赢得客户的商业机密,除了工作需要,否则不要轻易向任何人泄露这些机密。

小案例

戴尔重视大客户

对于大客户的竞争,戴尔认为从根本上说是模式的竞争,是整个公司系统的竞争。戴尔的销售方式与大客户的要求非常契合。在戴尔,直接客户的真实需求是所有事件的引发点,部件准备取决于销售预测,生产线是否运转取决于客户订单,客户经理考核的主要内容几乎全部与订单有关(各种产品的销售额、利润和其他销售奖励等)。

1. 重视大客户的划分

由于行业解决方案不在戴尔公司的业务范围计划之内,所以戴尔的客户划分不是根据行业,而主要是根据客户的规模。戴尔基于对单一客户所占的市场份额、客户保持率等因素,根据客户销售成长情况将客户划分为获得阶段、拓展阶段和保持阶段。戴尔采用这种方法进行客户划分的目的在于合理地分布自己的资源——外勤推销人员和内勤推销人员的比例;每个技术支持工程师负责的客户个数;准确地进行销售预测;选择合适的推销人员,制定恰当的销售策略和折扣政策。

2. 强调留住老客户

由于开拓新客户的成本是留住老客户成本的 6 倍。因此戴尔非常重视与老客户的关系维护,关注客户的忠诚度(客户保持率),让老客户产生更大的价值。戴尔维护老客户关系的方式如下:

(1)享受大客户订购主页和呼叫中心专线服务。戴尔为老客户(大客户)定制安装了专门主页,可以使他们在与戴尔协议的基础上直接享受一定的折扣;在网上下单订购戴尔产品,还能为大客户开通呼叫中心销售专线。

(2)白金客户待遇。为了巩固与客户的关系,切实解决大客户的实际问题,戴尔每年都要组织在全球销售量前 5 名的客户(称之为白金客户)出国召开全球会议,讨论他们与戴尔合作中遇到的问题。戴尔负责当场或定期给出解决办法。

(3)多层面的客户关怀。内勤推销人员主要负责老客户的客户关怀,他们定期给客户寄送资料,定期电话访问客户,征询他们对产品及服务的意见。在通过这种方式得到客户新的购买计划后,内勤推销人员再通知外勤推销人员进行面对面的交流。

(4)超级大客户待遇。对于超级大客户,戴尔往往有几个推销人员长驻在客户那里,帮助他们寻求更好的 IT 解决方案,甚至会走访客户的客户,为客户提供更好的服务,同时也比客户更早地知道他们的需求。但戴尔在中国还没有这样的大客户。

(5)开拓新客户。开拓新的大客户一般使用的手段有:高折扣、团队(SME,代表由推销人员、市场人员和工程师所组成的销售团队)、销售活动、销售折扣和样机等。由于对新客户来说,改变产品使用习惯,使之对新品牌的产品质量、兼容性等因素产生认同更重要。因此,工程师的售前支持和样机起到了很大作用。

3. 大客户销售过程的管理

部分大客户则采取网上销售(定制主页)的方式,客户在网上直接下单,按照与戴尔的协议,可以享受一定的折扣,有固定的付款方式。一般大客户的销售流程是:外勤推销人员提出价格建议,若超出推销人员价格权限的价格折扣由具有审批权限的人批复,内勤推销人员向系统输入信息,根据各部门(产品、法律和财务)反馈做出报价单、合同或标书,向客户确认(合同或投标书用 EMS 传递)并收款(现金汇款或信用证方式,80%用户能够满足戴尔的要求),系统各条件满足后,上生产线。特殊情况下也有可能会对部分大客户开特例:大客户订货后,先付一部分定金,规定货到付款或分期付款。

"少花钱多办事,少劳碌多获利"是企业经营的梦想。大客户是企业客户集合中投入/产出存在最优比的客户群,所以如何制胜大客户是所有企业都必须考虑的首要问题。

(案例来源:作者根据相关资料整理)

任务练习

练习项目:客户维护案例——一次的成功与失败都不是最终的结果

王强是一家面包公司的经理,为了将本公司生产的面包推销到纽约的一家大饭店,王强费尽了周折。可是无论他与那家饭店的经理如何协商,饭店经理都不同意购买王强公司的面包,这种情形一直持续了 4 年。这 4 年当中,无论饭店经理对自己的态度多么冷淡,王强都一直坚持着与他保持联系。一个偶然的机会,王强得知那位饭店经理是一个名为"旅馆招待者"组织的成员,并且十分热衷于该组织举行的活动。了解到这些以后,王强再一次来到饭店经理的办公室。王强从一踏进办公室的门口就把话题引入了"旅馆招待者"组织,并且诚恳地向饭店经理请教一些有关这一组织的问题,饭店经理十分热情地一一给予了回答。王强这次和饭店经理聊得十分愉快,看得出饭店经理高兴极了。几天之后,那家饭店的厨师长竟然主动打电话给王强,厨师长给王强带来了一个十分令人高兴的好消息:"我们经理指名要订购你们的面包,请把面包样品和价格表马上送过来!"

(案例来源:作者根据相关资料整理)

问题:王强最终成功的原因是什么?

参考答案与分析提示:

王强之所以能成功,关键在于其坚持不懈的努力,因为一次的成功和失败都不是最终的结果,只要有恒心,再加上正确的方法,总能达到目标。推销人员一定不要怕碰钉子,机会总是垂青有准备的人,要利用一切可以和客户保持联系的机会,随时关注关键客户的需求变化。全美推销冠军汤姆·霍普金斯激励人们:"成功者绝不放弃,放弃者绝不会成功。"对于推销人员来说,一旦确定了明确的目标,就一定不要轻易地放弃与客户之间的联系,并且要利用一切可以利用的机会与客户保持良好的沟通。除了表达你对客户的关注和尊敬之情外,还可以通过你的真诚与客户结成亲密、友好的关系。这样一来,客户一旦有需求就会考虑你的产品,即使他们暂时没有需求,为了报答你的付出,他们也很可能会为你介绍新的客户。如果你在一两次沟通之后就轻易地放弃与客户的联系,那么无论前几次沟通的结果是否成功,你最终都将失去这些宝贵的客户。这一论断是建立在符合事实的分析之上的。试想一下,如果在前面的几次努力之后,你与客户达成了交易,而在交易之后你就不再与客户保持友好的联系,甚至在产品出现问题之后你也摆出一副事不关己的模样,那么客户再有需求时还会考虑购买你的产品吗?如果你因为前面的失败而放弃与客户的联系,那

么客户很快就会把你完全忘记,你在此之前与客户建立的联系也都将被时间淹没,因此你只能再花更大的精力去寻找新的客户。一次或几次的沟通结果都不是最终的结果,与客户保持联系要比开发新客户更加节省成本,如果你总是如此轻易地放弃与客户之间的联系,当然是不能实现你的目标的。因此,王强最终的成功在于其不懈的坚持。世上无难事,只怕有心人。

项目十一 推销团队

【任务目标】

◎**态度目标**

1. 养成认真负责的工作态度。

2. 培养团队意识。

3. 提高执行力。

◎**技能目标**

1. 尝试组建销售团队并进行有效管理。

2. 编写销售团队奖惩方案。

3. 组织拓展训练。

◎**专业知识目标**

1. 理解销售团队的管理技巧。

2. 理解拓展训练的意义所在。

【任务完成步骤】

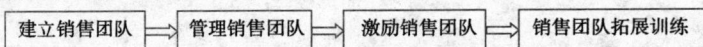

建立销售团队 ➡ 管理销售团队 ➡ 激励销售团队 ➡ 销售团队拓展训练

任务一 建立、管理和激励推销团队

✏ **任务说明**

有人说,销售人才是企业的"金山",有人用"三分天下有其二"来形容销售团队的重要性。销售部门是企业与市场之间的重要纽带,推销人员把产品推向市场,让产品最终体现出价值,对于市场来说,推销人员就是企业的代表。反之,推销人员同时肩负着从市场获取信息并回馈给企业的任务,他们是企业中离市场最近的人。因此,选择好的推销人员,以此组建一支合格的销售团队并对其进行高效管理,在当今日趋激烈的竞争环境下,已成为企业生存发展的必要条件。

任务指导

一、推销团队的组建

组建一支高质高效的推销团队的首要工作是挑选优秀的推销人员,只有优秀的推销人员才能够组成优秀的推销团队。优秀的推销人员之间能够汲取彼此的成功经验,形成良性竞争关系并相互激励。而不合格的推销员只能在推销团队中带来消极负面情绪,使团队中其他成员产生相对的"优越感",并因此失去继续进取的动力。那么,什么是优秀的推销人员呢? 尽管我们不能说成功的推销人员具备一套与不成功推销人员完全不同的特点,但成功的推销人员确实有某些共同之处。这些共同之处也正是挑选优秀推销人员的标准。

1. 优秀推销人员的第 1 个共同之处是好的品质

最近的研究表明,在好的推销员的品质中,诚实排在第一。这种品质也许是当今市场的关键,因为他是建立信任的基础。只有诚实的推销员才能与客户建立长期互信的关系。企业如贪图推销员个人能力而忽视推销员是否具备诚实品质,终将为此付出高昂代价。

好的推销员应具备的第 2 个重要品质就是毅力。毅力是推销人员能否快速从失败中恢复的关键。对于推销员来说,放下一个电话就可能是一次失败;推销员听到的"不"远远超过"是"。今天已经被客户拒绝了 25 次,还敢走向第 26 个客户的推销员才是我们需要的推销员。

好的推销员应具备的第 3 个重要品质是认真、肯吃苦。"业绩好不好,就看你认真不认真;业绩不好,就是你不够认真。"今天的推销或销售工作早已与以前不同,以前推销人员每年只出 3～5 次差,每次最多 1 个月,现在每年要工作 365 天,每天早 8:00 至晚 10:00,还不一定能干出好业绩。认不认真,首先就看能不能吃苦,起早贪黑,早出晚归,每天能扫街多少家,每天能打多少通电话。

好的推销员应具备的第 4 个重要品质是从他人的角度考虑问题的能力。或者可以称其为推己及人,或者更通俗些就是将心比心。只有能与客户平等相待、善于和客户打成一片的"普通人"才是一名合格的推销员。这种能力有助于创造出一种和谐的氛围,有助于推销人员预测客户的行为并与客户建立良好的关系。这是一个基本要求。但从实际情况看,有的推销人员做得并不够好。如果顾客感觉到推销员不了解他们的问题,这种关系就难以建立。客户之所以经销或购买你的产品,是因为你能让他的利益最大化。无论你如何小心伺候客户,可能离客户利益最大化的需求都相去甚远。

2. 优秀推销人员的第 2 个共同之处是具有比一般的推销人员更有效的技能

好的推销员应具备的最重要的技能是沟通。如果你卖的是一枚鸡蛋,鸡蛋本身不值多少钱,但是,如果你用生动的语言描绘一个"蛋生鸡,鸡生蛋"的美好前景,一枚鸡蛋就值钱了——值钱的不是那枚鸡蛋,而是你怎么说。说话是推销人员的日常活动,看似很平常,但要把话说到点子上,说得让人愿听、爱听且乐于接受,却不是一件容易的事。当推销人员说话时,要意识到自己的责任不只是把心中的想法表达清楚就行了,而应考虑到怎样谈话才能使对方感兴趣,使对方乐于和你交谈。对于推销人员来说,如果谈话内容能引起对方的兴趣,就成功了一半,另外一半则是谈吐的风格。此外也不要忘记,沟通是一个听说的双向过程,倾听也许是推销人员最重要的技能。一位推销员说:"这些年来,我通过倾听卖出的东西比通过夸夸其谈多得多!"

好的推销员应具备的第 2 个重要技能是洞察力。推销员应能敏锐地发觉客户的态度变化。要想做到这一点，就需要推销员留心观察，比如一般人吸烟习惯保留大约等长的烟蒂，而特殊情况下你发现客户在烟蒂还剩下很长的时候就将烟放下熄灭，这说明客户已经开始对当前状况感到不耐烦并打算离开了。

好的推销员需要具备的第 3 个技能是其比一般推销人员更加熟悉自身工作。他们熟悉自己所推销产品的特点，包括优点、缺点、价格策略、技术、品种、规格、宣传促销、竞争产品和替代产品等，尤其在客户面前要注意表现出对该产品非常熟悉。此外他们更加熟悉自己推销产品的目标客户，并对这些目标客户进行分类，哪些是核心客户，哪些是非核心客户，哪些是重点客户，哪些是非重点客户，客户可以分成几类，按照什么方式进行分类，以及针对不同的客户类别应该分别采用什么样的策略和方法。他们明确知道对不同类型的客户所分配的时间和精力应该是不一样的。最后，有些特别优秀的推销人员甚至熟悉产品的市场：市场怎样细分？竞争对手有哪些？市场的容量如何？客户的地理分布和产品的时间分布如何？产品市场的短期发展趋势怎样？等等。

3. 优秀推销人员的第 3 个共同之处是比一般的推销人员更加善于学习

作为推销人员，所需要接触的知识非常广泛，从营销知识到财务、管理，以及相关行业知识等，可以说销售绝对是"综合素质"的竞争。面对如此繁多的知识和信息，推销人员必须具备极强的学习能力才能参与竞争。仅以销售技巧为例，就有从引导式销售到倾听式销售、从提问式销售到顾问式销售等不断变化翻新的销售技巧。优秀的推销人员必须不断学习新型销售技巧，才能在激烈的竞争中胜出。当然推销人员要学习的不只是销售技巧，还需具备举一反三的能力。因此，善于学习并且乐于学习也是优秀推销人员的一大共同点。

4. 推销人员的类型

推销人员可以分为 4 种类型，在任何一个销售团队中，这 4 类推销人员都不可缺少。

(1)渠道型。这种类型的推销员有敏锐的眼光发现某些特殊渠道，对渠道的开发具有较强的能力。该类推销人员对于销售团队销售业绩的提升具有较大帮助。在每一个销售团队，都可以发现这样的人才，特别是在快速消费品行业。常规的销售通路，只要有品牌优势和客户资源，再笨的人也能够将产品销售出去。谁会把水果糖推广到药店去销售？谁会把牛奶卖到浴池？只有渠道型人才。他们运用敏锐的目光在发现某些特殊渠道，也在发现新的宝藏。然而，这样的推销人员最大的缺点就是眼高手低，跳槽的概率也最高。对于销售团队来讲，应该认真培养渠道型推销人员，要知道一旦这类人员加入到竞争对手的队伍，给你造成的打击也是最大的。

(2)客户型。这种类型的推销员对于人性心理把握较好，能很好地处理与客户之间的关系。该类推销人员的优点是很容易跟客户打成一片；缺点是太相信客情关系，也太注重客情关系的价值。因此这种推销员经常出现"做大不做小，送多不送少"的现象，也就是重视大客户，忽视小客户，认为投入那么大的精力去维护小客户的客情关系不值得。因此，此种推销员经常不能全面运作市场。

(3)产品型。这种类型的推销员对于产品的推广具有较强的能力，懂得如何围绕产品寻找市场，更能够围绕市场开发产品，为公司研发部门提供较好的产品开发资料。产品型推销人员的缺点是很容易忽视公司的统一性制度，例如产品定价，很多企业会制定产品的统一价格，但经常有一些敢冒天下之大不韪的推销员，肆意更改产品的价格体系。在外人眼里，这些人都是

在险中求胜,但是实际上这些人正在运用只可意会不可言传的敏锐眼光为客户创造财富。做为销售团队,可能很在乎销售的统一性和大局面。但是如果真的碰到这样的推销人员,最好对他们网开一面,因为正是他们在引领企业新产品的不断发展,并最先把胜利的旗帜插在成功的终点上。

(4)执行型。这种类型的推销员会坚决按照公司制定的各项制度去执行,普遍具有吃苦耐劳、踏踏实实的工作精神。执行型推销人员的缺点是工作太过认真,缺乏灵活性。这类推销员是一个销售团队的基础,很多基础工作主要靠他们来完成。像这样的人,可能在销售队伍中不会被领导认可,其发展速度也可能没有其他3种推销员发展快。但是,就是像这样的推销人员在支撑着整个销售团队的正常运作。

二、推销团队的管理

销售团队的管理,从管理学抽象的"计划、组织、领导和控制",到工作中总体的团队组建,宣扬使命感和计划,消除遇到的障碍,听取各方面反馈,维护团队的稳定,保持正确的判断,养成乐观的态度……再具体到销售任务分配、销售区域及行业划分、客户经理和工程师的搭配、每周每月每季的业务回顾,以及销售业绩预测管理等,都有章可循,有书可查。但纲举目张,销售团队管理的关键还在于人的管理,尤其是如何培养和引导每一个推销人员发挥出最大的战斗力。销售管理难,难就难在人分散;销售管理易,易就易在有团队。销售团队是企业攻城略地的尖刀连,市场开拓的小分队。没有他们,企业的产品就卖不出去,没有他们,企业规模就上不去。销售团队对企业的重要作用不言而喻。

无论企业拥有优质的产品,还是制定了正确的销售策略,最终产品能否顺利销售出去,销售策略能否得以正确地贯彻实施,关键在于销售队伍的管理。在销售管理中,人是销售的核心力量。如何建立一支能征善战的销售队伍,并实施有效的管理,这是激烈的市场竞争中永远立于不败之地的根本所在。通过提升销售团队的销售业绩来达成销售目标。

加强销售团队建设,提升团队业绩和销售业绩的根本是建立精英销售团队。通过分析企业中销售代表的业绩分布,大致有以下3种型态:从企业的销售绩效分析中可以看出,较多企业的业绩分布多属于Ⅰ类型态——精英代表(主管)型,即销售业绩主要由少数销售代表(或主管)完成,可能是20%的销售代表(或主管)完成公司80%的销售业绩;Ⅱ类型态,属于常规正态分布,业绩与销售代表呈均态分布,企业应"抓两头,带中间",努力提高优秀销售代表的比例,同时淘汰业绩很差的销售代表;Ⅲ类型态属于精英团队型,这是企业追求的理想状态,销售代表人人业绩卓越。Ⅰ类型态的缺点是部分精英销售代表难以驾驭,易居功自傲,一旦流失,会对企业造成很大损失,企业应努力将优秀销售代表的成功经验共享,"克隆"更多的优秀销售代表,提升销售代表能力和业绩的"均匀度"。使企业由Ⅰ型态向Ⅲ型态过渡。

1. 管理销售团队的方法

(1)先对事后对人,明确责任,事事有人负责。人的管理是最难的,尤其是对有一定阅历的推销人员。销售团队管理的目的是做好事情,达成公司的目标,也就是说管理好事情,让推销人员达成公司期望的目标,就达到了销售团队管理的目的。所以包括销售目标在内的所有目标必须分解到责任人,人人对自己的目标负责。通过对事的管理来达到管人的目的。

(2)以结果为导向,量化管理。各级推销人员对自己的目标负责。导购负责所促销的门店,业务代表负责自己管理的片区,城市经理负责整个城市,省级经理负责全省,大区经理对整个大区销量负责,销售总监则对全国负责。前提是销售目标的制定和分解要科学,可执行性强。可以通过设立较高的目标来充分挖掘销售队伍的潜力,进行目标完成率排名考核,处罚下游,鼓励中游,奖励上游。就像学生考试一样,试题很难,对于每个学生都是一样的,也同样能根据分数的高低排出名次。另外一种是设立较低的目标,大多数人都能超额完成,这样能鼓舞士气,同样进行完成率排名。总之不管考试题的难易,最终优胜者是排名靠前的。一定要考试,不然就不知道好坏。所有的推销人员都参加数字化的目标考核,销售团队的管理就以结果为导向,每个人都要对自己的销售目标负责。

(3)销售同比增长率排名的考核公平,简单地反映出销售团队的业绩。对人员管理的大忌就是不公平,如果销售目标设置得不公平,就先天造成销售队伍的不稳定。比如说两位推销员,一位的工作范围位于繁华商业区,而另一位被分配在城乡结合部,而目标任务设置得一样,造成第二位推销人员因相对业绩较差而受到指责甚至离职。这并不公正,因为要考核的应是销售同比增长率。销售同比增长率就是大家都和自己的过去比,比的是进步的速度,落后就要"挨打"。整体平均增长300%,为什么你的区域只有30%呢? 针对这种市场就要分析原因,对症下药。对于特殊需要整改的市场,可单独设立目标考核。往往需要大力调整的市场,参加一刀切的考核时更会雪上加霜,更不利于市场的培育和调整,只能造成进一步恶化和业务队伍的频繁换人。这种市场可单独报备公司审批独立考核。

(4)销售队伍的热情和士气是高效团队的基本条件。打造一支士气高涨的团队是一个系统工程。首先需要招聘具有乐观精神、勇于挑战、积极进取的员工;二要树立典型和样板,激发销售团队的潜能;三要选好团队领导,如果领导都无精打采,就不要指望下属能生龙活虎;四要做好培训,培养一种赢文化。

此外,经过精心挑选,我们组建的销售团队只是众多合格推销人员的集合,但是还不是一个强大的团队。团队是集众人之力、汇众人之智、协同作战的整体。要打造强大的团队,必须统一规范,服从统一指挥,定期交流信息和经验,小局服从大局,个人服从集体,有坚定的全局观念,新人尊重老员工,老员工乐意带新人。这样的团队才能所向披靡,攻城略地,无往不胜。

一个销售团队必须不断清除并坚决清除以下人员,才能永远保持健康和活力:

(1)目无组织,自由散漫之人。经验表明,越是有能力、有水平的推销人员,越是模范遵守纪律,目无组织、自由散漫的员工纵使有点小聪明,也难成大事。这种人是组织的涣散剂,若留下会后患无穷,"早斩为宜"。

(2)中饱私囊、损公肥私之人。这种人一经发现,"格杀勿论"。凡损公肥私、中饱私囊者,不论金额大小、次数多少,绝不可留。诚信要设高压线,谁触电谁"死亡"。

(3)囤积居奇、哄抬价格之人。这是小聪明的另一种表现,是为了个人利益而损害消费者利益的典型表现,这与企业诚实守信的经营理念是背道而驰的。短期虽有小利,长久必损形象,是故不可饶恕,"斩立决"。

(4)私自窜货、扰乱市场之人。私自窜货是企业渠道管理的天敌,是对企业营销策略的公然挑衅,一旦查证属实,即可以扰乱市场罪"凌迟处死"。

(5)恶意飞单、唯利是图之人。恶意飞单与私通敌国无异,调查属实,以"通敌罪"论处,执行"枪决"也不过分。

(6)内外勾结、出卖企业之人。内外勾结是指飞单之外的其他出卖企业的行为,如出卖企业市场战略、出卖企业渠道、出卖客户资料,以及欲与他人合伙争夺企业市场、客户等行为及图

谋,一旦发现蛛丝马迹,绝不姑息养奸,以内奸罪"五马分尸"。

2. 创造快乐的工作环境

此外,在对销售团队进行管理的过程中应注意创造快乐的工作环境,让推销人员在快乐的状态下进行工作。因为在快乐的状态下,工作的效率是最高的。因此,我们需要从快乐的角度去分析现状,哪些是抑制快乐的,哪些是可以进行改善的,理想的状态应该是什么样的。

那么,推销人员在什么情况下才会快乐呢?

(1)通过跳起来可够得到的目标。成功学认为人在实现目标的时候才会有成功的感觉。在为推销人员设定目标的时候需要考虑目标设定的科学性。没有人会刻意主动地追求失败。如果目标设定得过高,推销员竭尽全力也无法达成,那么他首先能做的就是选择放弃,作为领导者自然也就达不到管理的目的。如果目标设定得过低,推销员会感觉无压力、无挑战、不被信任或不被重视。领导者不能主观地希望推销员的目标越高越好,在考虑团队目标的同时,要考虑推销员的个人现状。最好的办法是与推销员共同商定他的目标,这一目标应该是通过努力可以达到的,同时对他表示出期望并鼓励他。

(2)Support(支持)而不是 Help(帮助)。目标设定合适了,第二步就是支持他。帮助是什么意思呢? 举例而言,你的一位推销人员不小心掉到了具有斜坡的坑里,他顺着斜坡往上爬,试了两次都失败。这时,你可以把手伸给他,把他拉上来,或者你自己也下去,从后面把他推上去。这都是帮助。而支持呢? 在同样情况下,如果你的指导思想是重在支持而不是帮助,那么你可以提供给他一条绳子,或者某些信息如指导等,让他自己想办法上来。支持与帮助相比,更能促进推销员的成长。就像幼儿学走路一样,如果家长一直用手牵着他,他可能需要很长时间才能学会,但如果放手让他自己去体验,家长伸出两只手在他的旁边"暗中"进行保护,他可能很快就掌握了走路的要领。同样,如果推销人员在领导的"暗中"保护下成功掌握一项技能或攻克一个客户的话,那么领导要做的是给他鼓掌,为他叫好。从支持的角度看,对推销人员进行培训分享或集中研讨等,都是不错的办法。对于有些悟性不够的推销人员,可以采取强有力的冲击教育,使其警醒、思考及感悟,但这种办法必须要在第(3)步的基础上进行,否则可能会被误解。

(3)尊重与关心。推销人员特别是那些需要不断外出见客户的推销人员,不但体力支出较大,在精神方面也会承受相当大的压力。因为业务员会经常应对"拒绝",还有绩效目标的压力。试想,在外面跑了一大圈,疲惫地回到公司,他最希望得到什么呢? 那就是尊重与关心。有一点需要注意:尊重与关心一定要出于真心,虚情假意经不起时间的考验,一定会失效。而且一旦被人感知,即便是偶尔的真心关心,其效率也会直线下降。不管订单有没有拿下,合同有没有签订,都要首先感谢推销员的劳动,并毫不犹豫地说出来。比如,你在公司里偶尔看到外出归来的推销员,关心地对他说:"好好休息一会,汇报的事,等会再说。"如此对下属进行心理上的关怀,相信大部分推销员都会马上找你来谈今天的工作。听取汇报时,如果你还能够给他一些建设性的参考意见,相信他会越干越有信心,也就会越能出业绩。反之,如果一见到外出归来的推销员,就"关心"地问:"今天见客户进展怎么样?"当你听到的结果不是自己想要的时候,便表露出不太乐意的神情,或紧接着追问原因,或让推销员说明详细过程,那么推销员会感觉到这是盘问,有一种被审讯的感觉。谁还能快乐起来?"还不如待在公司不出去呢,好像审犯罪嫌疑人似的。"这是谁都不想要的结局。

(4)认同。迈克·勒波尤夫在《21 世纪管理新观念》一书中提到,认同是仅次于金钱,位居第二的有效地对员工出色工作的奖励方法,而且实施起来成本低。

重庆力帆的总裁尹明善认为,"拍拍肩膀永远要比从后面踹几脚更能激励员工前进",他还实践着一种认同感的产生方法,即"当员工进入了你的办公室,你立即站起来,再一起坐下。当员工离开的时候,你也站起来,拍拍他的肩膀,说'加油干'!"这种情况下,员工会有一种被尊重的感觉,起码是没有被人俯视的感觉。职位相差越大的情况下,职位低的员工会越感动,会产生强烈的认同感。

认同感产生以后,相互之间的信任就不会太遥远。只有在信任的基础上,你才能拥有员工的智慧,而不仅仅是他的躯体。

对于人数较少的销售团队,要尽可能地让推销人员参与制定团队目标,或者制订团队工作计划等管理工作。"只有参与了才可能真正认同。"每一位上司都具备使员工对工作高度满意的能力,那就是公开的、不假思索的认同。当众的鼓励与赞美,可能会让下属越做越有兴趣,越做越有信心。

说完如何令推销人员感到快乐,下面再来分析一下令推销人员感到不快乐的几种原因。

德国动物学家霍斯特提出鲦鱼效应:鲦鱼因个体弱小而常常群居,并以强健者为自然首领。将一只稍强的鲦鱼脑后控制行为的部分割除后,此鱼便失去自制力,行动也发生紊乱,但其他鲦鱼却仍像从前一样盲目追随。营销团队的管理者要想做好"鲦鱼首领"的角色,想要建设一个好的团队,就要先建设好自己。管理者必须具备强烈的管理意识,而自我管理是管理者的第一大任务。因此,在一个销售团队中,出现令推销人员感到不快乐的工作环境的最主要原因,主要集中于管理者本身。

(1)"管"得过严。管理带来的是被动地服从,而领导带来的是主动地跟随。领导的关键又是以激励特别是正面的激励为主。实践中,不少的销售团队负责人却仍然以"管"字为先,弄得团队气氛紧张。

管得过严主要表现在两方面:一是管理者的认识。这种类型的管理者是"人主",有强烈的"管"的思想观念,他认为人是需要管的。而实际上除非变态,几乎没有人喜欢被人管。营销学上有句名言,"你无法说服客户去买什么,只能建议,让他自己决定选择买什么",在组织内部的管理上也是一样。二是各种管理制度,如考勤制度、会议制度和台账制度等。一定的强制措施才会产生自觉(积极主动)的行为,但如果认为只要制度严格、完善,就能解决主动性的问题,显然是错误的。以考勤为例,某公司的销售团队采取翻倍罚款的制度,第1次迟到罚20元,第2次罚40元,第3次罚80元,逐次翻倍。假如一个推销员迟到6次,总共要罚款1260元。这家公司的一名推销员,他家离公司很远,道路交通不便且经常堵车,因此常常迟到。当他在某月第6次迟到后,他递交了辞职书。这名推销员是业务非常好的,但制度必须执行,这便是代价。这名推销员离开后,团队内部弥漫着一股压抑的气氛。据悉,该公司目前正在考虑该考勤制度的改善问题。

(2)"训"得过火。有些管理者缺乏领导艺术,他自己就曾一直被前任领导"训",成了优秀的推销员以后提升为团队的负责人。于是很自然地延续了"训"的做法。其"理论"基础是"恨铁不成钢","责之深,爱之切"。抱着这样的想法,对推销人员不是骂,就是训。要知道,不是每个人都是可以训出来的,也不是每个员工都吃这一套,再说训也要掌握时机。铁需要经过一定的工序加工才可以成钢,作为管理者可以引导下属去经历这样的工序,而不仅仅是"训"。当员工亲历了几次领导的"训",却未经历领导给出什么冶炼工序建议的时候,你再训他,他感觉不

到你的"爱",而只会感觉到你的"责",郁闷的感觉油然而生。

(3)"晒"得过多。管理者在组织内部管理的过程中,起先会遇到很多意料之外的事情,比如你一直恪守会前 10 分钟到会的习惯,可是你开销售例会时,却有很多推销员迟到,你是不是也会火冒三丈,恶从心头起,怒向胆边生呢?

管理者需要有自制力,而且是比一般员工更强的自制力。改变一个人的行为很难,何况是管理一个团队?在现实中,很多的管理者都做不好这一点。经常不经思考,而是依赖于内心的瞬间感觉,把感情和成见作为行动及言语的基础,表现出不应有的情绪化。

如果是与个别推销员私下的情绪化表现,影响还要小一些。不可理解的是有些管理者会公开地表现出一些情绪化。有一位销售团队的负责人,在公共的大办公室里,看到推销人员在用 QQ 聊天,于是大声质问。当这位推销员说,我在谈业务,这位领导自觉理屈,最后说谈业务也不准用 QQ……当时其他的推销人员都听到了,让被质问的推销员很没面子。

管理者偶尔晒晒情绪,可使其显得与普通推销人员一样,就像开玩笑一样轻松。但经常晒,不分场合、时机地"晒"情绪,后果将非常严重。

(4)"抠"得过紧。销售团队的管理者不仅要对团队的业绩目标负责,一般还要对降低成本负有一定的责任。因此,在推销员需要支出费用方面往往比较抠。还有少数管理者对自己放得很松,对推销员却抠得紧,让推销员感到自己不被信任。有些公司出差有出差补贴,出门只要是与客户开发或业务有关联的事情,都可以坐出租车,但有些销售团队会让推销员坐公交车,只要打出租就得报批。在有些情况下,报批基本不可能,比如要与客户一起走呢?

除了费用支出以外,还有业务订单的机会。很多销售团队的负责人都将大客户掌握在自己手里,作为公司的营销战略,当然无可厚非,但一直拿着不放,即便是对继任候选人也一点都不放。还有些负责人做业务成瘾,特别是对于那些稍付出努力就可达成交易的业务机会,也不肯放过。结果呢,业务确实成交,但军心不稳。实际上对于那些稍付出努力就可达成交易的业务,应该用来帮助那些需要建立或强化自信心的推销人员。

抠得过紧还表现在各种"机会"上,如接受外界培训的机会,或者在公司内部或外界等公开场合充当销售团队代表的机会等。管理者本身就占据优势地位,理应为团队和团队成员多做奉献,在很多方面应尽可能地成人之美,而不是紧"抠"不放。唯有如此,团队成员才会真诚以报。

三、如何激励推销团队

制定一个公平、公正的激励机制是销售管理体系的核心。做好激励和处罚,表扬先进,鞭策后进,才能使团队销售业绩获得整体提升。为了实现公司销售目标,充分调动推销人员的积极性和创造性,激发员工的工作积极性,必须针对销售部门的管理和推销人员的态度做出调整。为此要从两个方面来做出调整,一是要推动团队气氛的改进,给团队一个积极的气氛;二是要拉动推销人员内心的欲望,让他们从内心迸发出激情。

1. 情感激励

情感激励主要是指能够增强公司归属感的激励,以建立起员工对企业文化的认同。例如应将团队早会作为销售团队每日的例行工作,而早会的主要内容就是激励和调动气氛,让团队推销人员尽快进入工作状态,早会的内容可以包括以下几点:

- 合唱励志歌曲。
- 团队游戏。

- 读励志文章:特别推荐读《世界上最伟大的推销员》。
- 团队口号:作为每天早会的最后一项内容,不断重复具有激励意义的团队口号,加深印象,增强团队凝聚力,另外一个作用就是心理暗示。

另外,有组织地学习各种销售方法,对团队成员进行深化培训,能令推销人员感受到公司对其个人前途的重视,因此组织学习培训活动也能对推销人员起到激励作用。

2. 成就感激励

推销人员不但有薪资的追求,更有事业成就感方面的追求。建议公司借鉴"百万圆桌会议"在公司成立精英俱乐部,并给予优秀员工一些特殊的奖励和荣誉,以作为对员工的激励方式。此外,还可以使用业绩PK的方式,把竞赛范围引入日常销售工作中,有比较才有进步,在团队成员之间开展竞赛,可以提升业绩较高的推销人员的成就感,并激发业绩较低的推销人员的好胜心。

3. 物质激励

物质奖励要不断地重复,更要及时进行。奖励要有新鲜感,奖励要有层次,每日小奖、每周大奖、每月重奖,日奖应以统计数据为颁奖依据,如有效电话量、客户拜访量和有效数据录入量等,周奖应以签单金额、签单数等为依据。周奖和日奖的目的是不间断地刺激推销人员,颁奖时一定要配合爱的鼓励,让没得到奖励的推销员也能得到一些激励。

任务提示:管理销售团队时应注意哪些方面?

(1)先对事后对人,明确责任,事事有人负责。

(2)以结果为导向,量化管理。

(3)销售同比增长率排名的考核方式比较公平,简单地反映出销售团队的业绩。

(4)销售队伍的热情和士气是高效团队的基本条件。

(5)对团队中出现的有害分子应坚决剔除,绝不姑息。

(6)注意营造欢乐的团队气氛。

小案例

斯宾塞的小实验

《快乐教育》的作者斯宾塞在书中提到过这样一个实验:带着两群孩子到德文特河边,告诉其中的一群孩子:我一发出口令你们就跑到教堂那边去,那里正在举行婚礼,先跑到的可能会得到小糖果。告诉另一群孩子:你们要尽快跑到教堂那里,越快越好,谁落后我就会惩罚谁。

一声令下,两群孩子均飞快地跑起来。从河边到教堂不是一段很短的路。结果呢? 第一群孩子,知道教堂正在进行婚礼的孩子,先跑到的很多,而且到了以后,大多还很兴奋。而另一群孩子,有的掉队了,有的干脆跑了一半就停下来了。停下来的孩子多了,大家也就不怕惩罚了。

对于第一群孩子而言,跑到教堂是一件快乐的事;而对于第二群孩子来说,跑到教堂是一

个命令,只是被动地执行。

推销员不是孩子,但他们同样是人。

只要有心,经过思考,任何一名管理者都能想出一种独特的、真正让自己的员工快乐起来的方式。

员工的快乐不一定会有什么社会目的,而快乐管理则是要引导员工得到"有目的的快乐"。对于销售团队的管理者来说,应该先让自己的员工快乐起来,然后再给出可行的目标。因为,在快乐的状态下,工作才是最有效的。

(案例来源:作者根据相关资料整理)

小案例

"好极了"卡片

绩效管理顾问贾尼斯·艾伦在美国陆军部训练一批军官,一名陆军上校对使用奖励刺激表现出极大的抵触。

训练班结束后大约一个星期,上校的上司,一位将军,因为上校对一个重要报告的处理而要表扬他。将军找出一张黄纸,将其对折起来并在正面写上"好极了"。然后,他在里面写了鼓励的话。

这位上校被叫进来,将军赞扬了他并交给他一张卡片。"他接过这张卡片并读了起来",艾伦说,"读完后他头也不抬,突然站起身,避开众人的目光,转身走出办公室。"将军想:"我现在把事搞糟了。"他以为自己可能冒犯了上校。

当将军过去看上校究竟怎么样了时,他发现上校在每一间他经过的办公室门口都停下来,把那张写有"好极了"的卡片给人们看。他微笑着,人人都向他祝贺。

后来,上校经常制作正面写有"好极了"的卡片,它们变成了写有他签名的奖励。

(案例来源:作者根据相关资料整理)

任务练习

练习项目:模拟管理销售团队

步骤1:为参与学生设定不同的性格和能力。

步骤2:依次让学生根据同学们预先设定的性格和能力模拟组建销售团队。

步骤3:设定工作情景,进行模拟管理。

步骤4:设定工作情景,由学生设计激励方式并进行讨论。

步骤5:小组互评,师生讨论,教师评定。

任务二　销售团队拓展训练

任务说明

拓展训练的英文为 Outward Development，又称外展训练（outward bound），原意为一艘小船驶离平静的港湾，义无反顾地投向未知的旅程，去迎接一次次挑战，去战胜一个个困难。户外拓展训练是一种现代人和现代组织全新的学习和训练方法，它借鉴先进的团队培训理论，利用崇山峻岭、瀚海大川等大自然环境本身存在的各种险阻、艰辛和挫折等困难，以及人工创设的特殊场景，通过一系列精心设计的模拟生活与工作场景的活动，在解决问题和应对挑战的过程中，达到"磨练意志、陶冶情操、完善人格、激发潜能、熔炼团队"的培训目的。

任务指导

户外拓展训练项目本着心理挑战最大、体能冒险最小的原则而定。对销售团队进行拓展训练，可以使推销人员认识到自身潜能，增强自信心；克服心理惰性，磨练战胜困难的毅力；启发想象力与创造性，提高解决问题的能力。在特定的环境中去思考、去发现、去醒悟，对自己、对同仁、对团队重新认识、重新定位，学员们在训练营中的体验及感受对他们日后的工作带来了很大的促进，人与人之间的关系拉近了，部门与部门之间的矛盾化解了，人与人之间的信任感更加增强了。

一、拓展训练的特点与理念

1. 拓展训练具备如下特点

（1）综合活动性：拓展训练的所有项目都以体能活动为引导，引发出认知活动、情感活动、意志活动和交往活动，有明确的操作过程，要求学员全身心地投入，如图 11.1 所示。

图 11.1　综合活动性拓展训练

(2)挑战极限:拓展训练的项目都具有一定的难度,表现在心理考验上,需要学员向自己的能力极限挑战,跨越"极限"。

(3)集体中的个性:拓展训练实行分组活动,强调集体合作,力图使每一名学员竭尽全力为集体争取荣誉,同时从集体中吸取巨大的力量和信心,在集体中显示个性。

(4)高峰体验:在克服困难,顺利完成课程要求以后,学员能够体会到发自内心的胜利感和自豪感,获得人生难得的高峰体验。

(5)自我教育:培训师只是在活动进行前把活动的内容、目的、要求,以及必要的安全注意事项向学员讲清楚,活动中一般不进行讲述,也不参与讨论,充分尊重学员的主体地位和主观能动性。即使在活动后的总结中,培训师也只是点到为止,主要让学员自己来讲,达到自我教育的目的。

(6)综合素质的提高:认识自身潜能,增强自信心,改善自身形象;认识群体的作用,增进对集体的参与意识与责任心;改善人际关系,学会关心,更为融洽地与群体合作;学习欣赏、关注和爱护大自然。

2. 拓展训练遵从以下理念

(1)课程注重"体验→反思",强调"真正实践＋合理引导",而非单调的理论灌输。

(2)心理挑战为主,体能挑战为辅,团队智慧决定成败。

(3)大量特设的个人及团队行为体验项目,能够帮助学员在行动中发现自身问题并引起反省。

(4)通过"分享→提升→实践",促使学员深入探讨团队协作模式,反复尝试,加以总结,达成共识,并运用到工作实践中。

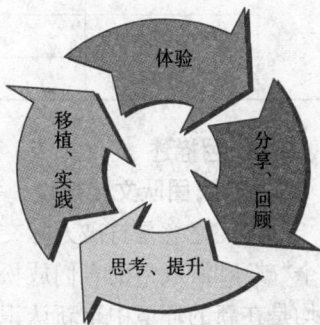

图 11.2 所示为拓展训练的理念。

图 11.2　拓展训练的理念

二、为推销团队设计拓展训练

1. 推销团队参加拓展训练的目的

(1)建立一支更有能力,更加自信,更高效运转的销售团队。

(2)挑战自我,挖掘个体潜力,提高销售团队个体的积极性,训练个体的勇气、自信、影响力和意志力。

(3)通过加强销售团队的个体能力的建设来塑造销售团队,提升销售能力,从而为公司带来持续不断的业绩。

(4)提高队员对团队的认同感、归属感和信任感,加强并提高团队之间的协作和沟通能力,锤炼出一支精品销售团队。

(5)调适身心状态,乐观面对工作与生活的挑战。

2. 推销团队拓展训练的设计思想

在活动中融入时尚的体验式培训项目(以团队项目为主),二者有机结合,兼顾活动的趣味性。在活动中,一方面增强参训者的分析问题能力、解决问题能力、人际交往能力、团队协作能力和沟通的能力;另一方面,在活动中激发潜能,增进公司内部的情感交流,让公司对自己的员工有一个更全面的认识。同时,在繁忙工作后的日子里,为所有的参训者提供一个到户外享受阳光及绿色的机会。

表 11.1 所示为一个培训安排设置的实例。

表 11.1 培训安排设置表

时 间		活动内容	活动方式	活动要求		
				体力	心理	智力
1天	08：00	指定地点集中乘车出发	集体			
	08：50—09：00	到达基地，稍加整理	集体			
	09：00—10：00	破冰＋团队文化建设＋分组	集体	中	中	中
	10：00—11：00	活动项目：孤岛求生—沟通、领导力和执行力	分队	较高	中	高
	11：00—12：00	活动项目：巨人天梯—挑战、坚持、协作	分队	极高	高	中
	12：00—13：30	中餐、稍休息	集体			
	13：30—14：00	团队热身	集体	中	中	中
	14：00—15：00	活动项目：生死电网—团队、沟通、资源分配	集体	较高	中	高
	15：00—16：00	活动项目：无敌战车—目标、沟通、协作	分队	中	高	高
	16：00—17：00	毕业项目：毕业墙—团队、责任、协作	集体	较高	高	较高
	17：00—17：30	活动总结、照集体照	集体			
	17：40	集中乘车返回	集体			

三、体验项目描述

1. 破冰，团队文化建设

"破冰"之意是打破人际交往间怀疑、猜忌和疏远的篱樊，就像打破严冬厚厚的冰层一样。这个"破冰"游戏帮助人们放松并变得乐于交往和相互学习。不管任何形式的破冰游戏，其目的均是在新的环境中重新认识与了解队友，打造良好的团队氛围。破冰游戏能够提高学员的开放能力，打破学员间的隔阂，提升对自己和团队的作用的认识。此外，在这一阶段应使队员了解培训的相关信息，做好心理准备。

(1)趣味性破冰游戏之缩小包围圈。这是一个不可能完成的任务，但是它会给游戏者带来无尽的欢笑。具体步骤如下：

①让队员们紧密地围成一圈。

②让每个队员把自己的胳膊搭在相邻同伴的肩膀上。

③告诉大家我们将要面临一项非常艰巨的任务。这项任务是大家要一起向着圆心迈3大步，同时要保持大家已经围好的圆圈不被破坏。

④等大家都搞清楚了游戏要求之后，让大家一起开始迈第1步。迈完第1步后，给大家一些鼓励和表扬。

⑤现在开始迈第2步。第2步迈完之后，你可能就不必挖空心思去想那些表扬与鼓励的词语了，因为，目前的处境已经使大家忍俊不禁了。

⑥再迈第3步，其结果可能是圆圈断开，很多队员摔倒在地。尽管很难成功地完成任务，但是这项活动会使大家开怀大笑，烦恼尽消。

(2)趣味性破冰游戏之翻叶子。参加项目的学员都必须站在指定大小的塑胶帆布上，然后需要将塑胶帆布翻过来。整个项目操作过程中，所有学员均不得接触地面，必须在塑胶帆布上进行。具体步骤如下：

①参加游戏的人都必须站在塑胶帆布上,然后需要将塑胶帆布翻过来。

②规则:所有人都必须站在叶子(塑胶帆布)上,只要有一个人的身体任何部分碰触到地面就要重来。

③帆布面越小越难,可计算难度系数。

④有条不紊地进行讲解,及时反馈,确保学员都了解了任务要求。

⑤观察学员的整体行动与个别出现违规的状况。

⑥在学员轻易完成之后,可以换更小的帆布或者让更多的人加入尝试。

⑦当团队总是倾倒时,可以适当提示稳定技能,比如不要让所有的人都单脚站立,可以双脚交叉分腿站立。

2. 孤岛求生

孤岛求生是拓展训练针对企业管理设计的最经典的项目之一,看似简单的活动蕴含的道理、揭示的问题,以及对人的震撼等,能够让我们回味无穷。在孤岛上发生的场景,生活、工作和学习中随处可见。所要的结果就是学员以此为鉴,扬长避短,对生活、学习和工作有所帮助。

(1)项目描述。大家在同一艘航船上,在海上遭遇了暴风雨,被冲向不同的3个岛屿。每个岛屿上只有一张任务单和相关物品,团队被冲散到3个小岛上,学员应根据任务单的提示使用相关物品,由珍珠岛(健全人)上的学员指挥哑人岛上的学员帮助盲人岛上的学员转移到珍珠岛。游戏适宜人数为9~18人,如图11.3所示。

图11.3 孤岛求生训练

(2)安全保护。注意观察盲人岛上的学员,在等待救援时及时提示他们注意自己在岛上的位置,不要掉下木板。在木板搭好后,盲人向其他岛上移动的时候,严密监控盲人,以防掉下木板,应跟随移动学员移动以做保护,张开双臂进行保护,但是要与移动学员保持一定的距离,不能影响学员移动。当一个岛上集中的人过多的时候,应尽量将盲人安排在中间部位,提醒盲人在摘眼罩时要先闭上眼睛,慢慢透光睁开或者捂住眼睛睁开。哑人运用杠杆原理搭板时,提醒其不要压伤手指,同时注意监控不要压伤学员的脚,木板搭好后防止成跷跷板状态。随时提醒岛上的人要相互保护。

(3)项目目标。令成员理解销售团队中服从的重要性。增强销售团队的执行力,提升销售团队的协作能力,建立团队信任感。

3. 巨人天梯

(1)项目描述。巨人梯又称天梯,要求队员两人一组搭配完成这项任务。全队学员每两人一组,穿好安全保护装备后,从天梯的最下端向上攀爬,一直爬到第5根圆木之上为完成任务。下来后,另外一组的两人开始攀爬,直到所有的小组都完成任务。梯子之间的距离是1.5米,越往上越难,要求队员之间默契的配合和团结的力量,奋力攀登到顶点,如图11.4所示。

图 11.4 巨人天梯训练

(2)安全保护。仔细检查安全保护设备,安排多个队员进行保护操作(一个主保护,多个副保护)。

提醒学员放绳时动作要慢,下降时,请其他学员推开横木,以防止天梯晃动伤人。

时刻注意保护者的手法和动作是否正确。学员攀爬至高处下降时,应将攀爬者依次放下,禁止两人同时放下。

(3)项目目标。体会相互合作的重要性,体现同事(队员)在面对困难和挑战的时候相互支持,相互帮助,共同进退,通过相互合作来发现对方及自己的长处,利用长处来弥补各自的短处。通过两人的互相帮助来增进两人的相互沟通和彼此的了解,通过团队的鼓励和支持来增强团队的凝聚力。体会通过帮助别人和被别人帮助达到成功的成就感。

4. 生死电网

(1)项目描述。在行进的路上突然遇到了野兽,就在大家慌忙逃跑的途中,一个电网挡住了大家的去路,要想活命,只能钻过去了。可是时间紧迫,万一触网就会被"电死",如何一起逃离困境,考验我们的团队精神。

这也是一个团队合作项目,在全体队员面前悬挂一张"电网",网上的洞口大小不一,要求学员在规定时间内,从网的一边依次通过到达另一边。在此过程中,队员的任何部位都不允许碰网,否则洞口将被封闭,每一洞口只能用一人次,如图11.5所示。

(2)安全保护。检查场地是否有坚硬物,确定网绳与立柱的牢靠性。要求学员把身上的硬质物品放在安全的地方。学员被托起后任何时候不得将其抛起或者松手,放下时先放脚,待其站稳后所有保护学员才能松手。重点关注第一位和最后一位通过的学员,第一位要严格,最后一位可以适当放松。如有体重过大的学员,应在腰高的部位适当调整出相对容易的网眼。

图 11.5 生死电网训练

(3)项目目标。团队不同于集体,它有着自身的结构,不同单元之间有机地结合才能使团队展现出令每个队员自豪的力量。摆正个人在团队中的位置(角色定位),是团队成功的基础。确立方案,明确分工,认识每个人在团队中扮演的角色及其作用,高效的组织和协调是团队成功的关键。资源是有限的,对独立作战的团队资源更是宝贵的。高效的资源策划将把有限的资源发挥到极致,有效地利用并搭配资源,是团队成功的保障,只有相互协调和精心操作,才能保障计划的顺利实施。所谓没有用,只意味着放错了地方。培养团队合作精神,增进沟通,体现协同工作在解决问题中的作用,把队员团结在一起学会克服看似难以解决的问题,完成看似不可能完成的任务。

5. 无敌战车

(1)项目描述。无敌战车通称无敌风火轮,给每队学员一定量的报纸和一卷胶带,工具剪刀一把,不能借助其他材料。30分钟内完成一个大的履带,最后比赛。比赛时所有的队员站在履带上,开动履带前进。先到者为胜利队。在比赛过程中,如果履带断裂或有队员的脚接触地面,将接受培训师相应的惩罚,如图11.6所示。

图 11.6 无敌战车训练

(2)培训目的。培养学员的动手能力,让每一位学员都参加,共同制作自己队的"风火轮战车"。提高学员对事物的认知,尤其是不熟悉的事物的判断。帮助学员学会规划,根据不同的环境、条件和限制因素等完成布置的任务。合理地利用有限资源,不浪费也不能不够用,将活动的准备工作做到最好。通过游戏,学员在人员协调、合理分工和检测试验等方面的能力都必然得到提高。

6. 毕业墙

(1)项目描述。毕业墙有时也称海难逃生,因为常常将它安排在最后一个项目,所以也称毕业墙或者胜利墙,国外通常称14英尺墙。这个项目让学员懂得个人目标与团队目标的关系,只有团队获得胜利才是真正的胜利。全队所有成员在规定的时间内翻越一面高4米左右的光滑墙面,在此过程中,大家不能借助任何外界的工具,包括衣服、皮带和绳子等,所能用的资源只有每个人的身体,如图11.7所示。

图 11.7 毕业墙训练

(2)安全保护。检查海绵垫是否完好无损,上面是否有硬物,检查墙头是否松动。带领学员充分热身;对攀爬者、搭人梯者、墙上提拉者和外围保护者的安全要求应不断强调,做到安全事故防范于未然;在搭救最后一名学员时对下挂学员的安全要不断强调和监控,并要求学员讲出他们的安全措施,对此进行判断,可以否决或者补充要求;最后一名学员离地时,脚上举或者做其他动作,教练应站在学员的侧后方,一方面避免他的头朝下坠落,另一方面避免脸或者头磕在墙上,如坠落则顺势帮助调整姿势接住或者揽到垫子中间,必须休息一会儿再次尝试;有安全隐患时应果断鸣哨或者叫停。女学员未经特殊训练一般不做中间连接。提醒学员在被队友往上提拉时不要用脚蹬墙,以免磕伤腿及面部;活动中不得逗乐玩笑,不得在墙面后的平台上蹦跳打闹,完成后照相时注意站在边角的学员的安全。

(3)项目目标。提高队员分析问题和解决问题的能力。培养队员的全局意识,以及整体的分析和处理问题。合理的方案对解决问题起着重要作用,使学员体会到项目计划的重要性。提高危急时刻的生存技能,提高安全意识和保护意识。培训团队内部及团队之间的凝聚力。认同差异,合理分工,学习最优配置资源。更深地感受信任和帮助的重要性,尝试完成不容易完成的任务。

任务提示:设计拓展训练时应注意哪些方面?

1. 安全永远是第1位的。
2. 学员无法完成任务时要多进行鼓励,不要轻易放弃。
3. 注意协调团队成员间的关系。
4. 根据学员身份及性格分配角色。
5. 游戏结束后应进行讨论,明确通过游戏我们理解了什么,这个很重要。

小资料

关于拓展训练的命名,"拓展训练"的创始人之一,现任北京人众人拓展训练有限公司副董事长,对这个问题进行了解释。他说,其实"拓展"一词是受英文翻译的"外展"启发。"外展"在新加坡与中国香港等地非常流行,引进中国内地后,考虑到语言习惯和思维方式,最后取名为"拓展",它不光强调在户外做运动,现在有很多活动也在室内进行,但都是围绕体验式培训来做。后来把"拓展训练"注册为公司的商标,"拓展训练"就成为行业中的最早开创者为自己设立的一个品牌。

(资料来源:娱乐信报)

任务练习

练习项目:拓展训练小游戏
步骤1:选择几种简便易行的拓展训练小游戏,如翻叶子、风火轮等。
步骤2:组织学生完成游戏。
步骤3:让学生说说在游戏中学到了什么。

项目十二　买卖合同的签订

学习指南

【任务目标】

◎**态度目标**

1. 慎重地对待买卖合同的制作。

2. 以严谨的态度对待合同细节。

◎**技能目标**

1. 能够理解合同的基本意义。

2. 能够识别合同中的问题。

◎**专业知识目标**

1. 学会编写买卖合同。

2. 能够根据特定情况制定合同的样式。

【任务完成步骤】

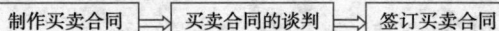

```
制作买卖合同 ⟹ 买卖合同的谈判 ⟹ 签订买卖合同
```

任务一　制作买卖合同

任务说明

对于推销业务来说,有一项重要的任务就是制作买卖合同,在本任务中,将系统学习买卖合同的制作流程及注意事项。

任务指导

一、正确制作合同

1. 合同名称

合同名称应当规范,应与合同内容相符。

2. 正确使用合同文本

如有必要,企业可以制定统一规范的合同文本,但使用时仍应视具体情况进行相应的修改。

3. 合同的本方主体资格

本方工作人员、下属的不具备法人资格的办事机构或部门皆不得擅自以自己名义代表企业对外签约。法定代表人签约时应当查看一下对方的营业执照和企业参加年检的证明资料(皆为原件),了解对方有无法人资格,执照当年是否年检。如有必要,还可到工商登记部门核实,有些地市可通过工商部门网站查询企业简要信息。不要轻易相信对方提供的工作证、名片、介绍信、授权书和营业执照复印件等书面材料。

合同签订及履行有资质要求的,还要审查对方是否具备相应的资质。

4. 严防对方主体混淆

在签约时应避免同一合同事项与对方多家关联企业签订合同书面文件,应从经济实力、权益主张便利等角度选择其中一家签约并对其履行,或者要求其相关关联企业共同或者各自承诺承担连带责任。在履约过程中,最应注意的是:防止签约时是一个主体,履行合同或者对账、付款时,又是另一主体。

5. 明确合同双方的基本信息

合同中应当明确当事人的姓名、单位、家庭地址和联系方式等,公司或公民都要出示相应的身份证件、营业执照、组织机构代码证、法定代表人身份证复印件、开户银行、账号、财务部门联系人和联系方式。合同签订主体必须与其银行账户相一致。

6. 合同主体名称变更

在合同签订过程中,任何一方出现主体名称的变化,应当及时书面通告对方并提供相关证明,办理相应的变更手续。

在合同开头就应确定合同双方的名称,在后面的使用中应当保持一致,避免混乱。不要轻易用法定用语作为当事人的简称。用"甲方"和"乙方"作为当事人的简称时要避免混乱使用或者出现打印错误。

7. 金额的核算及正确书写

(1)合同签订前,要核算金额和日期。

(2)写数额时要文字和阿拉伯数字并用。比如,"壹佰贰拾伍"宜加括号注明为"(125)",大小写金额应保证一致。

(3)合同金额的币种应明确约定。

8. 争议解决途径

(1)确定管辖法院。如果事先在合同中确定了管辖法院,便会避免管辖权引发的争议。根据《民事诉讼法》的有关规定,合同双方当事人在不违反诉讼法中对级别管辖和专属管辖规定的情况下,可以在书面合同中协议选择被告住所地、合同履行地、合同签订地、原告住所地或标的物所在地人民法院其中之一管辖。

(2)慎重选择仲裁机构。应从仲裁费用、便利快捷等角度综合考虑是否选择仲裁。仲裁协议中应当具有下列内容:请求仲裁的意思表示、仲裁事项和选定的仲裁委员会。

9. 签名和盖章应规范

在合同签署过程中,经常出现签字盖章不规范的情况,如签名难以识别,签署时间错误或者空白,多页却不盖骑缝章,没有保存原件,只有一方盖章,以及以传真件代替合同原件等情况。

10. 合同生效条款

合同中应约定合同生效时间、附加条件或者限期。若约定合同在双方签字盖章后生效,应为企业盖章加其法定代表人或者其授权代理人的签章。

二、合同制作中的注意事项

1. 应注意合同的有效性

保证合同的有效性是律师义不容辞的责任。律师要特别注意《中华人民共和国民法通则》第五十八条的规定和《中华人民共和国合同法》第五十二条的规定。判断合同有效还是无效,除了上述规定外,还要注意一些特别法的相应规定。只要不违背我国法律法规强制性和禁止性规定,合同的有效性就得到了保障。律师在起草和审查某一合同时,应特别注意相关法律、法规和司法解释当中强制性和禁止性规定。关于合同的有效性问题,事实上包括 3 个方面的问题,一是合同主体是否合格;二是合同目的是否正当;三是合同内容、合同形式及程序是否合法。合同个别条款无效并不导致整个合同无效,整个合同无效并不导致合同约定的仲裁条款无效。当合同个别条款无效时,律师只需修改该个别条款;当整个合同无效时,律师就要放弃当事人提供的合同草稿,重新起草一份新的合同。

2. 应注意合同的平衡性

所谓合同的平衡性,是指合同一方权利与义务要相对平衡,合同双方权利与义务要相对平衡。没有只有权利而没有义务的合同,一方享受了权利,就必须承担相应的义务,权利与义务必须“匹配”,不应出现有权利主体而没有义务主体、或有义务主体而没有权利主体的情形,一方当事人的权利内容应与另一方当事人的义务相对应。过分强调一方的权利而忽略合同相对方的利益的合同草稿,要么得不到签署,要么变成“显失公平”。虽然律师是受合同一方委托,律师当然要注意委托方的利益,但若不考虑合同相对方的利益,或者不注意合同的平衡性,就绝对不是一个好律师。有的律师在起草合同时,还往往为合同相对方设立了诸多陷阱而沾沾自喜。殊不知,你的“聪明才智”迟早会被“发现”。要么你辛辛苦苦起草的合同草稿被改得面目全非或被“束之高阁”,要么你起草的合同虽然得到了签署,但在履行过程中由于这些陷阱会逐步暴露而遭到合同相对方的种种刁难。最终,导致当事人的合同目的不能实现。吃亏的,还是你的当事人,甚至是你本人。“机关算尽反误了卿卿性命”,这种教训不可不吸取。

3. 应注意合同的可操作性

实践中,大量合同缺乏可操作性,具体表现在:对合同各方权利的规定过于抽象原则,对合同各方的义务规定不明确、不具体,或虽对各方的义务做了详细规定,但没有违约责任条款或对此规定不清,合同虽规定了损失赔偿但没有计算依据,整个交易程序不清晰,以及

合同用语不确切等。"实现合同可操作性是合同得以有效利用、完成交易和实现利益均衡的具体保证",尤其像建设工程合同、合作开发房地产合同和 BOT 合同诸如此类的履行周期长、影响因素多、风险大的合同,更需要对于可操作性做出更高的要求。关于合同可操作性问题,西方发达国家律师的经验值得我们借鉴。在美国,一份"简单"的个人房屋租赁合同可能长达十几页,各方权利义务规定得清清楚楚,违约责任非常详尽,对可能产生歧义的名词还单独用一章做出"定义",虽然读起来有点拗口,但执行过程中不容易产生歧义、误解和扯皮。对于工程建设,如果规划不当,设计不周,后果可以想象,同样,如果合同缺乏可操作性,后果也就不言而喻了。

4. 应注意合同结构的合理性

合同结构是指合同各个组成部分的排列、组合和搭配形式。合同通常由 3 部分组成,即首部、内容和结尾。合同首部一般包括标题、合同编号、双方当事人名称、住所、邮政编码、法定代表人、电话、传真、电子信箱、开户行和账号等;合同内容一般包括签订合同的依据和目的(常见的鉴于条款)、标的物、数量和质量、价款或酬金、履行方式、地点和期限、违约责任、合同生效及终止、不可抗力、争议的解决方式、法律适用、保密、权利放弃、权利转让、继承者和受让人、修订、可分割性、全部协议(常见的取代条款)、未尽事宜、通知、合同正副本份数及保存,以及附件等;合同结尾一般包括签约单位盖章及签约单位授权代表签字、签约时间和签约地点等。

实践中,严格按上述顺序排列的合同并不多见,对一般条款或通用条款,如不可抗力、争议的解决方式、法律适用、保密和通知等,大部分合同均未叙述。

合同内容繁多,并无固定模式,如何编排取决于律师的个人习惯、经验和对合同所涉事项的精湛理解,乃至律师的心境和态度。

合同各方的权利和义务无疑是合同内容的重中之重,以各方权利和义务为中心编排合同的其他内容,通常做法是:在对合同标的物、数量和质量、价款或酬金、履行方式,以及地点和期限等合同必备条款进行叙述后,采取专章的形式对各方权利与义务进行界定,然后就是各方的保证和承诺,紧接着就是违约责任条款及争议解决方式,其他条款统统放在合同后半段或以"一般规定"做单章叙述。这样做有 3 个好处,一是能抓住重点,二是叙述方便,三是能够保证合同整体框架的协调。

追求合同结构合理性就是要让合同整体框架协调,各条款功能互补,从而避免和减少合同条款之间的矛盾和歧义。

5. 应注意合同体例的适用性

合同体例通常是指合同简繁及合同各条内容的排列形式。有的合同需要方方面面的内容都要涉及,有的合同力求简要;有的合同采取先有"章",后有"条","条"下面是"款","款"下面是"项",有的合同只有"条"、"款"、"项",有的合同干脆就按"一、二、三……"的顺序进行排列。合同体例既要视委托人要求和委托人情况而定,又要与合同所涉事项、金额、履行方式、有效期,以及操作难易程度等因素相一致,即因人而异,因事而异,不能千篇一律。

由上可知,一份好的合同应该是目的正当,内容、形式和程序有效,各方权利与义务关系均衡,具有可操作性,并且结构合理,体例适应。

> **任务提示:** 在制作合同时一定要严格按照制作要求进行制作,因为合同是具有法律效力的凭证,不能存在任何差错,所以也要求学生在做买卖合同时要认真严谨

1. 要注意合同的格式是否符合正规合同的要求。
2. 要注意合同的结构是否合理。
3. 要注意合同是否具有有效性。
4. 要注意合同的适应性是否良好。

小资料

买卖合同文本范例

买方:_____(下称甲方)   卖方:_____(下称乙方)

法定代表人:_____   法定代表人_____

地址:_____   地址:_____

电话:_____   电话:_____

甲乙双方经充分协商,本着自愿及平等互利的原则,订立本合同。

第一条　名称、品种、规格和质量

1. 名称、品种和规格:_____。

2. 质量,按双方要求,具体为:_____。

第二条　数量、计量单位和计量方法

1. 数量:_____。

2. 计量单位和计算方法_____。

3. 货物合理损耗的计算方法:_____。

第三条　价格与货款支付

1. 单价:_____;总价:_____(明确币种及大写)。

2. 货款支付:

货款的支付时间:_____。

货款的支付方式:_____。

运费和其他费用的支付时间及方式:_____。

3. 预付货款的支付时间及方式:_____。

第四条　包装方式_____

第五条　交货方式

1. 交货时间:_____。

2. 交货地点:_____。

3. 运输方式:_____(注明由谁负责代办运输)。

4. 运输费用:_____(谁承担)。

5. 保险：_____（约定谁投保，保险金额，保险险种）。

第六条　验收

1. 验收时间：_____。

2. 验收方式：_____。

3. 验收如发生争议，由_____检验机构按_____检验标准和方法，对产品进行检验。

第七条　乙方的违约责任

1. 乙方不能交货，应向甲方偿付不能交货部分货款的____％的违约金。

2. 乙方所交产品品种、型号、规格、花色和质量不符合规定的，如果甲方同意利用，应当按质论价；如果甲方不能利用，应根据产品的具体情况，由乙方负责包换或包修，并承担修理、调换或退货而支付的实际费用。

3. 乙方因产品包装不符合合同规定必须返修包装的，乙方应负责返修或重新包装，并承担支付费用。甲方不要求返修或重新包装而要求赔偿损失的，乙方应当偿付甲方该不合格包装物低于合格包装物的价值部分。因包装不符合规定而造成货物损坏或灭失的，乙方应当负责赔偿。

4. 乙方逾期交货的，应参照中国人民银行有关延期付款的规定，按逾期交货部分货款计算，向甲方偿付逾期交货的违约金，并承担甲方因此所受的损失费用。

5. 产品错发到货地点或接货人的，乙方除应负责运交合同规定的到货地点或接货人外，还应承担甲方因此多支付的一切实际费用和逾期交货的违约金。

6. 乙方提前交货的，甲方接货后，仍可按合同规定的交货时间付款；合同规定自提的，甲方可拒绝提货。乙方逾期交货的，乙方应在发货前与甲方协商，甲方仍需要的，乙方应照数补交，并负逾期交货责任；甲方不再需要的，应当在接到乙方通知后15天内通知乙方，办理解除合同手续。逾期不答复的，视为同意发货。

第八条　甲方的违约责任

1. 甲方中途退货，应向乙方偿付退货部分货款____％的违约金。

2. 甲方未按合同规定的时间和要求提供应交的技术资料或包装物的，除交货日期得以顺延外，应参照中国人民银行有关延期付款的规定，按顺延交货部分货款计算，向乙方偿付顺延交货的违约金；如果不能提供的，按中途退货处理。

3. 甲方自提产品未按供方通知的日期或合同规定的日期提货的，应参照中国人民银行有关延期付款的规定，按逾期提货部分货款总值计算，向乙方偿付逾期提货的违约金，并承担乙方实际支付的代为保管和保养的费用。

4. 甲方逾期付款的，应按中国人民银行有关延期付款的规定向乙方偿付逾期付款的违约金。

5. 甲方违反合同规定拒绝接货的，应当承担由此造成的损失和运输部门的罚款。

6. 甲方如错填到货地点或接货人，或对乙方提出错误异议，应承担乙方因此所受的损失。

第九条　不可抗力

甲乙双方的任何一方由于不可抗力的原因不能履行合同时，应及时向对方通报不能履行或不能完全履行的理由，以减轻可能给对方造成的损失，在取得有关机构证明以后，允许延期履行、部分履行或者不履行合同，并根据情况可部分或全部免予承担违约责任。

本合同自_____年___月___日起生效，合同执行期内，甲乙双方均不得随意变更或解除合同。合同如有未尽事宜，须经双方共同协商，做出补充规定，补充规定与合同具有同等效力。

本合同正本一式二份,甲乙双方各执一份;合同副本一式____份,分送甲乙双方的主管部门、银行(如经公证或签证,应送公证或签证机关)……等单位各留存一份。

购货单位(甲方):_____(公章)　　供货单位(乙方):_____(公章)

法定代表人:_____(公章)　　法定代表人:_____(盖章)

地址:_____　　地址:_____

开户银行:_____　　开户银行:_____

账号:_____　　账号:_____

电话:_____　　电话:_____

任务二　买卖合同的谈判

任务说明

合同谈判无论是买方还是卖方,无论双方前期做了多少准备工作,只有洽谈才是双方合作的实质性接触的第一步。这一步至关重要,一旦洽谈成功,双方便结成了利益的共同体。

任务指导

一、合同谈判的原则

谈判双方一旦进行洽谈,往往会发现需要洽谈的东西比预想的还要多。即使对方一再强调:"这已经是我们的底线了,再不接受,那就只有放弃了。"其实,洽谈依然是可以继续进行的,直至双方达成彼此满意的协议为止。无论洽谈如何艰难或曲折,双方都应当遵守以下原则:

(1)要把人和事区分开来。分清利益与关系,引导对方的看法,并在讨论中充分顾及对方的颜面。

(2)要以利益为中心。把焦点集中在利益上面,淡化立场的争论。在争取己方利益的同时,识别双方的利益所在,并加强双方利益的沟通。

(3)要提供多种选择,把构思与判断分开。充分发挥想象力,提供扩大选择的领域和天空,也使对方易于做决定。

(4)要坚持客观标准。援引先例或惯例,或者利用客观模式,尽量设计客观标准来解决所遇到的难题。既不屈服于对方的压力,也不要把己方标准教条化而强加于人。

二、合同谈判技巧

1. 对该客户的状况做个详细的调查

该公司的财务状况如何?该公司在行业内的声誉如何?该公司参与谈判的人员怎么样?很强硬还是很直率?对方谈判人员是否有时间上的压力?为什么?为什么该客户对我公司的产品感兴趣?感兴趣程度如何?我们能给对方提供什么?以上这些问题可以帮助你了解客户和自己的情况。

2. 回顾以前的谈判

如果与谈判者已建立了生意关系,彼此都很熟悉,我们并不需要花费大量的精力再去收集

客户的资料。但是,我们要用更多的时间去回顾过去与该客户的谈判过程。想一想过去的谈判是否顺利? 有什么经验值得吸取? 在谈判陷入僵局时你做的哪些让步使客户最满意? 清晰回顾过去这些谈判要点会对你的准备工作有非常大的帮助。

3. 列出要谈判的技巧

把所有要与客户谈判的内容都一一列出来,然后把它们分为重要和非重要两类。这样在谈判的时候你可以清楚地知道所谈内容的重要程度,并由此来判断是否该让步,以及让步的尺寸,同时也要洞查对方的真正企图。

4. 设定谈判要达到的目标

作为一个优秀的谈判专家,只要在合理的范围内,你应该尽可能地设置你的谈判目标条件。当一旦突破自己的底线,这个议题可以先放下来,留到下次来时再谈,不能让对方谈判人员咬住不放。当然我们也有必要来看一下对方制定谈判目标的策略,大部分谈判人员会说:不要怕提要求,你要求得越多,你得到得也越多。他们通常会分解目标,把指标变成 2%+3%+2%+1%+2%,而不是一上来就要求 10%。

5. 制定谈判策略和战术

谈判时很重要的一个准备工作就是在谈判前制定好谈判的策略和战术,包括你的总体目标,你在谈判中的态度,以及你采用的谈判速度是速战速决还是慢慢来,哪种方式对自己的优势大些等。当然,谈判中的技巧在很多书籍中都已介绍了很多,在此不多做说明。

6. 最好提供可供客户选择的方案

不管我们给客户提供什么样的条件,在谈判的过程中还是会常常陷入僵局。此时,我们要想还有没有更好的方案,如果有就提供更好的方案给客户,此时如果能拿出第二套方案供客户选择,我们在谈判中就会争取到主动权。

7. 如何让步

在谈判开始前,一定要考虑好,在哪些方面可以让步,在谈到何种程度时才做出让步,按什么步序对让步的条件做出让步,以及做出多大程度的让步等。让步的基本步序有:一步到位法,小小大,大大小。不管你采用何种方式让步,都要把握住:最好的让步就是那些对你来说损失很小,可是对客户来说却很重要的让步。同样也要善于找出对我们很重要,可对客户来说损失又很小的让步,这样才能达到共赢。

8. 设定谈判时间表

在谈判时最好设定谈判时间表,有时谈判时间表本身也是一种谈判技巧,因为谈判的双方都想按自己最有利的顺序来安排谈判的内容。一个清楚的谈判时间表对谈判的双方都是有利的工具,同时要让对方知道制定好的时间表。

小案例

精明的合同谈判:拉法基北美公司

节省费用:高达 7 位数。

方法:与 AT&T、惠普等 IT 供应商签订更优惠的合同。

没有人想多付钱给 IT 供应商,但拉法基北美公司却一度这样。拉法基北美公司是由法国拉法基集团控股的一家私人公司,生产混凝土、石膏、铺路材料及其他建筑材料,年销售额达60亿美元。

拉法基北美公司IT副总裁兼CIO Patrick Kys当初觉得,他们公司并未从AT&T、惠普和微软等主要的IT供应商那里得到应有的定价优势。Kys表示,自己及其他几名高级经理并不知道应该得到哪种幅度的折扣,因而不确信自己在谈判过程中是不是体现出了应有的强势态度。"技术经理个人很难获得相关的可靠信息,不清楚供应商的价格底线。供应商的合同常常规定:客户不得讨论价格。在谈判桌上与供应商进行周旋和谈判确实需要经验和技巧。"Kys说。

为了应对这一难题,拉法基北美公司去年聘请了NPI财务咨询公司,专门用于开支管理咨询。NPI用了几周时间审阅拉法基与AT&T及其他IT供应商的合同,最后得出的结论是:拉法基付给IT供应商的费用过多。于是,NPI马上着手洽谈更优惠的交易。

NPI为许多客户提供咨询服务,也替一些客户去谈判,它收集了各行各业供应商报价方面的基准数据,同时对每个客户的数据予以保密。Kys说:"他们了解内幕。"

NPI的代表指导拉法基如何谈判,有时还会直接介入,替拉法基与对方谈判。拉法基北美公司的IT审计员Sepehr Kousha说,NPI在替拉法基与AT&T谈判合同时,要求这家供应商在价格方面"优惠些";在与惠普洽谈之前,NPI提供了基准数据,对我们大有帮助。

拉法基公司大量使用了惠普的产品,包括惠普台式计算机、笔记本式计算机、服务器、打印机、存储产品和各种实用软件。Kousha表示,拉法基与惠普续订维护和服务协议时,NPI用了两周时间,将拉法基目前的合同与第三方提供商提供的类似条款、条件和价格进行了一一对照,还与惠普提供给其他客户的服务做了对照。

Kousha说:"这不但帮助我们降低了当年度的价格,还谈成了一笔多年协议,那样我们的价格不会在接下来的24个月被定死。"这些谈判花了大约6个月的时间,确定高昂的软件价格确实很复杂。

在与AT&T新签订的网络和数据电信协议中,拉法基省下了"7位数的费用"。Kys表示,节省的幅度比自己原先预料的还多20%,这完全归功于NPI。电信合同谈判起来通常很费劲,但由于掌握了更多信息,拉法基的员工避免了被对方宰一刀。"对方试着把你拖垮,不会很快拿出一个最终价格。他们就是想让你放弃,我们则采取了与对方磨到底的战术。"Kousha说。接下来,摆在Kousha和Kys面前的是存储设备合同及思科的Smartnet技术支持合同。

Kys劝告CIO,应当为技术部门增加一名审计员或者财务经理。大多数IT经理与供应商的谈判"纯属业余",缺乏成功谈判的种种战术。Kousha向Kys直接报告,与公司财务主管则是间接报告关系。

(案例来源:作者根据相关资料整理)

任务三 签订买卖合同

任务说明

合同是确定双方权利与义务的协定,一经签订就会具有法律效力,同时也是解决双方纷争

的依据。合同法务评审是企业合同评审的重要内容,也是企业风险事前控制的主要手段,事前控制得成功与否,决定了企业风险控制的成败。因此,必须全力做好合同签订工作。只有做好了合同签订工作才能保障合同当事人双方的合法权益。合同所具有的法律效力也是制约双方当事人的书面依据。

任务指导

一、在合同签订时要注意一些原则性问题

(1)坚持资质调查在先,谈判和签约在后的原则。合同承办部门应审查企业营业执照、税务登记证、法定代表人身份证明、授权委托书和特种行业生产经营许可证书等文件,以及依据合同性质和类别所要求的其他资质证明材料,审查对方有关生产规模、技术实力、施工或供货能力方面的相关资料,以确定其履约能力。

(2)合同条款不得随便约定预付款或定金。

(3)合同会审。合同承办人牵头,首先由项目经理、预算部(侧重经济审核)、业务部、副总经理、财务部(监察审计)及法律顾问进行部门会签,然后交由总经理审批后实行。

(4)合同约定内容到货或竣工后3天内,合同承办部门应通知公司副总经理、预算部和财务等相关部门对合同项下的工程或项目进行验收。合同履行期间有违约事件的,应写明违约情况及处理意见,最后送总经理审查并签署意见。

二、与客户签订合同的技巧

(1)勇敢面对比逃避更有助于解决问题。所有的合同签订的过程中都伴随着反对的声音,只要存在交易行为,就会有客户的拒绝、抱怨和投诉相伴随,对于这一点,从事销售工作的人们必须要有十分清醒的认识。如果因为害怕客户拒绝而放弃与客户签订合同,那么无论多么紧俏的商品都不会从你的手里成功地销售到客户的手中。要想成功地与客户签订合同,就必须选择积极地面对客户毫不留情的拒绝和他们对你的产品的相关抱怨和投诉,逃避将使你永远无法和他们实现成功的交易。

(2)对客户拒绝签订合同进行换位思考,接受拒绝才有机会成交。对于所有潜在客户的拒绝都要真诚地接受,因为你不知道谁最终会成为你合同签订的大客户,往往对你拒绝最多的、让你想放弃的人恰恰是最有需求的客户。客户的拒绝需要你的积极响应,有时他们的拒绝本身就是在向我们寻求相关的信息,此时轻易放弃岂不大为可惜。无论客户拒绝我们的方式是怎样的,只要他们愿意与我们进行沟通,那便是给了我们一次成交的机会,抓住机会,成功就不会太远。

(3)挖掘藏在拒绝背后的隐情。很多时候,客户最初向你提出的拒绝原因都是推脱你的借口,如果盲目相信这些借口,那么下一步的推销活动就可能与成交目标发生重大偏离,一旦找到客户拒绝你的真正原因,那么就要围绕这些原因与客户进行沟通,尽可能地不要偏离主题,这是能够成功签订合同的重要方式。

(4)弄清楚你的客户最关心什么。只要你认真研究揣摩,就不难发现客户最关心的问题有哪些,把这些问题及时有效地解决好,成交的机会就会大大增加。

(5)任何时候都不要与客户进行争论。要学会控制自己的情绪,得到尊重和关心是客户在交易过程中最起码的要求,当他们的反对意见遭到推销人员不客气的驳斥时,客户会产生不被尊重的感觉。所以即使在销售过程中产生与客户意见相左的情形,推销人员也要在内心深处保持理智,展现给客户热情、谦虚的一面。

（6）了解并充分展示产品的魅力。在通常的情况下,无论多么详细的产品数据都无法打动客户,记住,在推销的过程中,产品数据只能被当做道具出现,而不能用来做推销的主角。如果你的一切说辞都不足以增强产品对客户的吸引力,那么不妨通过演示或让客户实际感受等方式来激发客户对产品的兴趣。

（7）在谈判的过程中要注意谈判的气氛和节奏。尽可能地确保整场谈判围绕一个大的主题进行,不要因为一些小的问题而影响整个谈判的进程,随时注意客户的表现,以促使他们跟上谈判的进程,并确保客户的注意力一直集中于这场交易过程中。整个谈判的进程要结合种种客观因素而定,如果客户缺乏耐心,就要尽可能地速战速决;如果客户疑虑太多,那也不要过分勉强,要给客户足够的考虑时间。

任务提示：谈判买卖合同时的注意事项有哪些？

（1）要客户仔细阅读合同文本的内容,要注意有关客户的权利和义务方面的条款。

（2）对存在疑问的地方,仔细地询问后再做出是否签订合同的决议。

（3）在签订合同时,必须是合同双方当事人到场签订,不能由他人代签。

（4）要明确合同双方当事人的权利义务关系。

小案例

2010年7月,山东潍坊某大型成套设备制造企业与广西百色市某造纸企业签订造纸制浆设备买卖及安装合同,合同的主要条款都相对比较全面,前期履行也比较顺利。但是合同履行过程中广西企业因经营不善,新上的造纸项目被迫停工,单方终止合同且不能按期向潍坊企业支付设备工程款,而潍坊企业为履行本合同做了很大投入,对方的违约行为给其造成极大的损失,也造成了资金的周转困难。纠纷发生后,潍坊的企业找到潍坊经济律师李志平代理此案,他发现虽然合同条款比较完善,但具体细节没有约定清楚,尤其是合同解除的条件及违约责任,这样对潍坊企业非常不利。为此,他一方面跟广西企业积极沟通,另一方面让潍坊的企业在最短时间内核查损失,有关设备可以转让处理（处理前拍照留证）,同时向业务人员了解合同的实际履行情况,综合各个方面,制定了一套完备的法律方案,最终决定起诉该广西企业。经过将近4个月的审理,广西壮族自治区百色市中级人民法院审结本案,支持了潍坊诉求,对方不但支付了设备工程款,还支付了70余万元违约赔偿款,本案大获全胜。

律师提醒如下:

（1）企业在签订合同前,一定要调查对方的基本资质（营业执照、组织机构代码证、税务登记证和行业的前置许可等）。

（2）了解对方项目的基本情况,例如发改、环保、建设和规划等方面的审批情况,防止项目违法而致使项目终止。

（3）了解对方企业的资信情况,即对方的偿债能力。为了以后能更好地履行合同,可以要求对方提供担保。

（4）签订合同时,一定要注重细节,一定要请有关法律、财务和业内专家进行审核,否则出现违约情形时可能很被动。

（案例来源:作者根据相关资料整理）

附某房地产公司房屋销售表单:

客户问询表

客户问询表		编号	
		日期	
填表人		签字	
问询人细节		问询来源	
问询性质			
所需行动			

到访征询单

日期:_____年__月__日　　　　　　　　　　　　编号

来访者姓名			
性别	○男　　○女	年龄	
联系地址		邮编	
工作单位及职务			
联系电话			

本次访问是:　□初次　　　□预约　　　□再访问

访问目的:　□索取资料　　□看楼盘及户型　　□进一步洽谈　　□签约及交款　　□售后事宜
□咨询价格　　□预订

为您推荐最合适的物业

1. 您需要的房型:□二室一厅　　□两室两厅　　□三室一厅　　□三室两厅　　□四室两厅

2. 您需要的面积:□80～100 m²　　□100～120 m²　　□120～140 m²　　□140～160 m²　　□160～220 m²

3. 您选择的楼层:□1层　　□2～3层　　□3～5层　　□6～9层　　□10～12层　□高层

4. 您的家庭人数:□1人　　□2人　　□3人　　□4人　　□5人以上

5. 您希望的付款方式:□一次性付款　　□分期付款　　□公积金、按揭组合贷款

6. 您是通过何种途径获取本楼盘信息的:　□报纸广告　　□路牌广告　　□电视和电台广告　　□朋友介绍　　□随意经过　　□其他

7. 希望得到你的意见:

_____

_____

客户问询总结

客户问询总结		编号		填表人	
		日期		签字	
问询者姓名	联系细节	问询来源	问询性质	所需行动	已采取的行动

电话接听记录表

姓名	性别	需求面积	户型			认知途径			现居住(工作)区域	几口之家	对价格的反应		询问内容	是否看过其他小区	电话	记录人
			复式	三室两厅	四室两厅	广告	介绍	其他			高	低				

序 号	姓 名	性 别	需求面积	需求户型	询问内容	记录时间	电 话	记录人

保留楼盘控制表

序 号	楼 号	客户姓名	销售代表	预定时间	保留截止时间	备 注

销售情况日报表

日期:＿＿＿＿年＿＿＿月＿＿＿日

日 期		1	2	3	4	5	6	7	8	9	10	11	12	13	14	15	16	17	18	19	20	21	22	23	24	25	26	27	28	29	30	31	总计	累计
接听电话																																			
留有电话																																			
接待来访客户	合计																																		
	其中 A																																		
	B																																		
	C																																		
	D																																		
销售情况	单位																																		
	面积																																		
	合同金额																																		
	回款金额																																		

注:A代表普通客户,仅拿资料或看楼盘。

　　B代表客户,多次看过该楼盘。

　　C代表有购买意图客户,详细了解楼盘情况及观看样板房。

　　D代表实际客户,讨论价格及折扣。

销售主管＿＿＿＿＿＿＿＿＿

销售日报表达式

项次	来访客户	访问时间				交款	签约	询问	看房	砍价	其他	访问目的			备注
		到达		离开								决定	未决定	失败	
		时	分	时	分										
总结												市场情报			
工作检讨建议												竞争者情报			
												指示			

销售日报统计表

日期：_____年___月___日

推销人员		销售员 A	销售员 B	销售员 C	合计
共接待客户组数					
其中	客户 A				
	客户 B				
	客户 C				
	客户 D				
接听电话组数					
留有电话组数					
电话跟踪组数					
回访客户组数					
销售情况	单位				
	面　积				
	合同金额				
	回款金额				
欠款金额					

销售主管_____

销售情况周报表

_____年第___周___月___日至___月___日

星　期			星期一	星期二	星期三	星期四	星期五	星期六	星期日	总计	累计
接听电话											
留有电话											
接待来访客户	其中	A									
		B									
		C									
		D									
销售情况	单　位										
	面　积										
	合同金额										
	订　金										

销售主管_____

本周来访人数统计表

_____年_周___月___日至___月___日

星　期	星期一	星期二	星期三	星期四	星期五	星期六	星期日	总计	累计
到访人数									
查询电话									
平均逗留时间									

销售主管_____

客户情况周报表

项目名称：　　　　　　　　　　销售部主管：　___年___月___日至___年___月___日

星　期		星期一	星期二	星期三	星期四	星期五	星期六	星期日	总计	累计
客户区域	报纸									
	友人介绍									
	大庆									
	齐市									
	牡丹江									
	开发区									
	其他									
客户年龄	青年									
	中年									
	老年									
客户关系	朋友									
	夫妻									
	家人									
	单独									
将来置业区域	大庆									
	齐市									
	牡丹江									
	开发区									
	其他									

业主交款情况登记表

编号	单位	业主	面积	定价	认购价	成交日期	付款方式	经手人	结算日期	备注

新客户登记表

日期：___ 年_____月___日

时间	姓名	工作单位	住址	家庭人数	户型及面积	电话	销售代表	客户等级

老客户登记表

日期：___ 年_____月___日

时间	姓名	意向户型面积	来访洽谈内容	电话	销售代表	客户等级	备注

客户进场登记表

日期：___ 年___月___日

编号	日期	姓名	联系电话	现在区域	欲购买户型及面积	信息途径	年龄层次	销售跟进人	备注

价 目 表

日期：___ 年___月___日

户型编号		A座						B座					
销售面积		01	02	03	04	05	06	01	02	03	04	05	06
户　型													
楼层　朝向														
2	单价												
	总价												
3	单价												
	总价												
4	单价												
	总价												
5	单价												
	总价												
6	单价												
	总价												

按揭贷款月供额表

年数	期数(月)	利率(%)	月供款额(元)
1	12		
2	24		
3	36		
4	48		
5	60		
6	72		
…	…		
30	360		

装修标准一览表

项 目	内 容
外墙	
内墙天花	
地面	
门扇	
窗户	
阳台	
厨房	
浴室	
电视	
电话	
煤气	
供水	
供电	
公共设施	

计 价 表

拟购买 座 楼 单位 面积: 平方米 朝向: 原价:

付款方式\手续	一次性付款 折 元	分期付款 折 元	银行按揭付款 折 元	轻松付款 折 元
签署认购书时付定金	元			
签署认购书后 10 天内___月___日前共同签署《房地产预售合同》	缴付30% 元 税费:	缴付20% 元 税费:	缴付20% 元 税费:	
房款70% 2个月内	缴付30% 元	缴付15% 元	缴付10% 元	
4个月内	缴付30% 元	缴付20% 元 缴付40% 元分4期 月 日前 月 日前 月 日前 月 日前 每期付出10% 元	缴付70% 元 办理银行按揭: 5 年月供 元 10 年月供 元 15 年月供 元 20 年月供 元 30 年月供 元	
收到《收楼通知书》14 天内付清	付清5% 元			

接待人: 售楼电话: 日期:

付款方式一览表

付款方式\手续	一次性付款 折	分期付款 折	银行按揭付款 折	轻松付款 折
签署认购书时付定金				
签署认购书后 10 天内___月___日前共同签署《房地产预售合同》				
房款70% 2个月内				
4个月内				
6个月内				
8个月内				
10个月内				
12个月内				
收到《收楼通知书》14 天内付清	付清5% 元			

备注:此付款方式从___月___日开始执行,如有变动,恕不另行通知

销 控 表

单元	A	B	C	D	E
建筑面积	144.62 m²	144.62 m²	144.62 m²	133.5 m²	123.22 m²
景观	正对江、正对花园	正对江、正对花园	正对江、侧望花园	正对江、侧望花园	侧对中大
户型 楼层	四室两厅	四室两厅	四室两厅	四室两厅	三室两厅
6楼					
7楼					
…					
20楼					

注:打"√"为已售单元

销售经理自我检查表

	编号	项 目	日月	类别	答案
第一天 应做的事	1	每天把工作上的事记载下来了吗			
	2	每天收集推销员的销售日报了吗			
	3	顾客资料卡做了吗			
	4	全体推销员都熟悉了主要商品类别的销售重点吗			
	5	每个推销员都能各自独立了吗			
每周	6	依顾客类别做了信用调查表了吗			
	7	失败原因分析表做好了吗			
	8	定期收集潜在顾客情报了吗			
	9	全体推销员的访问计划做好了吗			
	10	"应付拒绝的话语"写好了吗			
每月	11	个人类别的销售分配做好了吗			
	12	是否继续制作营销地图			
	13	正在开发潜在客户战略计划吗			
	14	举办"作战会议"了吗			
	15	进行推销的时间活用研究了吗			
	16	销售效率检查表每月做成一份了吗			
	17	推销员类别销售效率雷达网做成了吗			
	18	利用销售效率雷达网和推销员面谈了吗			
	19	销售总结表你每月做一份了吗			
随时	20	彻底实行收账款的管理吗			
	21	10个主要竞争者的分析表做出来了吗			
短期	22	依顾客的诉说来改了吗			
	23	推销员的短期成绩评价了吗			
	24	全体推销员都做了自我管理雷达网吗			

	编　号	项　目	日月	类别	答案
次年	25	个人类别的销售区域决定了吗			
	26	公司用的"推销员行动基准"制定了吗			
	27	推销员的"能力开发教育进行表"制定了吗			
	28	部属的固定率提高了吗			
其他	29	激发下属努力地工作了吗			
	30	使困扰中的推销员积极地工作了吗			
	31	推销员自我启发的奖励工作做了吗			
	32	申怨处理的能力进步了吗			
	33	推销员的销售促成能力提高了吗			
	34	是否公正地制定了推销员的薪酬			

月份楼盘销售分析表

年　　月　　日

商品类别＼人员类别		A小组	B小组	C小组	D小组
A型	目标				
	实绩				
	达成率％				
B型	目标				
	实绩				
	达成率％				
C型	目标				
	实绩				
	达成率％				
…	目标				
	实绩				
	达成率％				
H型	目标				
	实绩				
	达成率％				

抱 怨 单

编号：_____ 日期：_____

客户	编号：		名称：		
时间	日期： 年 月 日			时间： 午 时 分	
抱怨问题	1. 抱怨事项： 2. 拟采取之行动：				

1. 有关部门意见：

2. 处理结果

核示	主管	销售部	填表人

参考文献

[1] 曼狄诺,安辽. 世界上最伟大的推销员. 北京:世界知识出版社,2006.

[2] 卡耐基. 卡耐基推销的艺术:开发潜能赢得客户的智慧. 刘祜,译. 北京:中国城市出版社,2007

[3] 科特勒,凯勒. 营销管理. 13版. 王永贵,于洪彦,译. 上海:格致出版社,2009.

[4] 孟韬. 营销策划:方法、技巧与文案. 北京:机械工业出版社,2008.

[5] 龚荒. 商务谈判与推销技巧. 2版. 北京:清华大学出版社,北京交通大学出版社,2010

[6] 刘必荣. 中国式商务谈判. 北京:北京大学出版社,2011.

[7] 邓琼芳. 保险推销员心理学读本. 北京:时事出版社,2011.

[8] 唐纳德森. 谈判高手. 2版. 张寿峰,译. 北京:机械工业出版社,2010.

[9] 马淑贞. 推销口才特训. 广州:暨南大学出版社,2005.

[10] 海阔. 营销总监实战手册. 北京:广东省出版集团,广东经济出版社,2011.

[11] 方其. 商务谈判:理论、技巧、案例. 3版. 北京:中国人民大学出版社,2011.

[12] 张照禄. 谈判与推销技巧案例评析. 成都:西南财经大学出版社,2009.

[13] 屈云波,李奕霏,黄盛. 营销企划手册. 北京:企业管理出版社,2009.

[14] 列维奇,桑德斯,巴里. 国际商务谈判. 5版. 方萍,译. 北京:中国人民大学出版社,2008.

[15] 于翠华. 推销技术. 北京:清华大学出版社,2011.

[16] 李俊杰,蔡涛涛,屈云波. 销售管理:知识、方法、工具与案例大全. 北京:企业管理出版社,2011.

[17] 吴健安. 现代推销理论与技巧. 2版. 北京:高等教育出版社,2008.

[18] 平怡. 推销理论与实务. 北京:北京理工大学出版社,2010.

[19] 彭先坤,梅艺华,彭志红. 推销技巧. 北京:北京理工大学出版社,2011.

[20] 赵欣然,王霖琳. 推销原理与技巧. 北京:北京大学出版社,2011.

中国铁道出版社
CHINA RAILWAY PUBLISHING HOUSE

教 师 服 务 登 记 表

填表日期：_____

教师姓名		□先生 □女士	出生年月		职务		职称 □教授 □副教授 □讲师 □助教 □其他		
学校			学院			系别			
联系电话	办公：			联系地址及邮编					
	移动：			E-mail					
学历		毕业院校		国外进修及讲学经历					
研究领域									

	主讲课程	现用教材名	作者及出版社	教材满意度
课程1 □专□本□研 人数： 学期：□春□秋				□满意 □一般 □不满意 □希望更换
课程2 □专□本□研 人数： 学期：□春□秋				□满意 □一般 □不满意 □希望更换
课程3 □专□本□研 人数： 学期：□春□秋				□满意 □一般 □不满意 □希望更换
著书计划				

希望提供的样书

注：申请的样书必须与本表填写的授课情况相符。

书 号	书 名
ISBN 7-113-□□□□□	

意见和建议

此表请填写人据实填写，以详尽、清晰为盼。填妥后请选择以下任何一种方式将此表返回：(如方便请赐名片)

地　址：北京市西城区右安门西街8号　　　中国铁道出版社综合编辑部　　　邮编：100054

电　话：(010)51873014　　　　　　　　E-mail：book@tdpress.com

图书详情可登录http://www.51eds.com网站查询